Vivette Samuel beschreibt in ihrem Buch ein Kapitel des französischen Widerstands gegen die Nazis, das bis vor etwa zehn Jahren auch in Frankreich weitgehend unbekannt war: die Rettung Tausender jüdischer Kinder durch das Kinderhilfswerk OSE (Œuvre de secours aux enfants). Die Organisation wurde Anfang des Jahrhunderts von jüdischen Intellektuellen in Rußland gegründet, zunächst nach Berlin und schließlich 1933 nach Paris verlegt. In Frankreich kümmerte sich OSE anfänglich um die Kinder der osteuropäischen jüdischen Einwanderer, dann vor allem um die Kinder der aus Deutschland und Österreich geflohenen Juden, die von der französischen Regierung in Lager gesperrt wurden. Als die Deportationen begannen, richtete OSE neben seiner offiziellen Arbeit einen illegalen Zweig ein, der zunehmend wichtiger und größer wurde, bis die legale Arbeit nur noch als Tarnung für den Widerstand diente. Die MitarbeiterInnen organisierten Verstecke, Lebensmittelkarten, Geld, falsche Papiere und eine Fluchtroute in die Schweiz und retteten so etwa 5000 Kinder vor dem sicheren Tod.
Parallel zur Geschichte dieser Organisation erzählt die Autorin ihre eigene Geschichte. Lebhaft und anschaulich beschreibt sie ihre Kindheit in einer liberalen, intellektuellen russisch-jüdischen Familie, ihre Abenteuer als Studentin an der Sorbonne und im spanischen Bürgerkrieg. Im November 1941 trat sie ihre erste Arbeitsstelle an, die ihr ganzes Leben verändern sollte. Als Mitarbeiterin von OSE im Sammellager Rivesaltes wurde sie Zeugin der unmenschlichen Bedingungen, unter denen Tausende ausländischer Juden und ihre Kinder gefangengehalten wurden. Die Erfahrungen dort beeindruckten sie tief, und aus der bis dahin unbeschwerten, verwöhnten jungen Frau wurde eine aktive Widerstandskämpferin.

**Vivette Samuel** wurde 1919 als Kind russisch-jüdischer Eltern in Paris geboren und studierte zunächst Philosophie an der Sorbonne. 1941 begann sie ihre Arbeit bei OSE und widmete sich ab 1942 ganz den Geheimaktionen von OSE zur Rettung jüdischer Kinder. Nach der Befreiung arbeitete sie als Sozialfürsorgerin und ging 1954 zu OSE zurück, dessen Direktorin sie seit den 80er Jahren ist.

»Die Kinder retten« wurde mit dem PRIX MÉMOIRE DE LA SHOAH 1995 ausgezeichnet.

Vivette Samuel

# Die Kinder retten

Aus dem Französischen
von Michael Bischoff

Fischer
Taschenbuch
Verlag

Die Frau in der Gesellschaft
Herausgegeben von Ingeborg Mues

Mit Ausnahme der Fotografien von Georges Garel,
Georges Loinger und Pierre Dreyfus
entstammen alle Dokumente und Bilder
dem Privatarchiv von Vivette Samuel,
das zum größten Teil bei der OSE verwahrt wird.

Deutsche Erstausgabe
Veröffentlicht im Fischer Taschenbuch Verlag GmbH,
Frankfurt am Main, Oktober 1999

Die Originalausgabe erschien 1995 unter dem Titel
›Sauver les enfants‹ bei Editions Liana Levi

Gesamtherstellung: Clausen & Bosse, Leck
Printed in Germany
ISBN 3-596-14005-6

# Inhalt

**Das Kriegsende**



**Wege der Kinder**

Wie ein Hirt aus dem Rachen des Löwen
nur zwei Wadenknochen rettet oder den Zipfel eines Ohrs,
so werden Israels Söhne gerettet.

Amos 3.12

## Vorwort

Ich helfe meiner Großmutter Vivette Samuel, Ordnung in ihr Archiv zu bringen, und tippe ihre Texte in dem Bewußtsein, daß ich heute ebenso alt bin wie sie damals, als sie nach Rivesaltes kam.

Bruchstücke einer Familienerinnerung, vage und ungenau, tausendmal erzählt und niemals festgehalten, gewinnen plötzlich die klaren Konturen der Geschichte. Schon als Kind wußte ich, daß mein Großvater aus dem Zug gesprungen war, der ihn deportieren sollte; davon hatte er eine empfindliche Wirbelsäule zurückbehalten. Ich wußte, daß seine Schwester Nelly mit ihren Kindern umgekommen war. Ich wußte, daß mein Urgroßvater der Miliz nicht hatte entkommen können. Aber all diese Ereignisse waren für mich nicht mit bestimmten Daten verbunden, sie besaßen keine Chronologie, blieben ohne Zusammenhang.

Mit jedem Schritt im Fortgang ihrer Erzählung wird die Geschichte klarer und findet ein Echo in der meinigen. Ich übernehme dieses »ich« für mich selbst, denn auch ich bin zweiundzwanzig Jahre alt und lebe in der Wohnung, in der sie einst als junges Mädchen gelebt hat und in der heimlich die jungen Zionisten sich um meinen Urgroßvater versammelten, bevor sie dann während des Krieges requiriert wurde.

Gemeinsam setzen wir die Erinnerungs- und Trauerarbeit meiner Urgroßmutter, ihrer Mutter, fort, die sich nach dem Krieg darangemacht hatte, ihrem Mann einen »Grabstein aus Papier« zu setzen, wie sie es nannte. Ihrem Mann Nahum, dessen Tod während der Deportation sich in diesem Jahr zum fünfzigsten Mal jährt.

Oft frage ich meine Großmutter, ob es Mut war oder Ausdruck einer unbewußten Entscheidung, diese freiwillige Internierung 1941 als nichtregistrierte Jüdin im Lager Rivesaltes, diese Heirat, diese Schwangerschaft mitten im Krieg und die grausame, aber segensreiche Gewißheit, daß es nur eine Möglichkeit gab: die Kinder unter allen Umständen von ihren Eltern zu trennen, um ihr Überleben zu sichern.

Und mitten in alledem die gewaltsamen Trennungen: ihr Vater deportiert; noch lange hält sie an der Hoffnung auf seine Rückkehr fest; ihr Mann verhaftet; sie muß sich aufmachen, ihn zu retten, unter Anwendung jeder erdenklichen List, und ihr Baby, meine Mutter, bei einem Pfarrer zurücklassen, unter falschem Namen und im Bombenhagel; ihre schwangere Schwägerin mit ihren Kindern ermordet, weil sie sich nicht von ihnen trennen wollte (Nelly, von der ich immer das dunkle Gefühl hatte, daß ich für sie lebe).

Sie antwortet mir, das alles sei sicher unbewußt geschehen.

Das Gedächtnis ist zur Stelle, um sie daran zu erinnern. Manche Einzelheiten haben der Zeit widerstanden, ein Straßenname, eine geistreiche Bemerkung, die Farbe eines Mantels. Als stellte die Deutlichkeit der kleinen Erinnerungen sich manchmal wie ein Schirm vor die schlimmen. Als wären sie das Gegenstück zu gewaltigen Bereichen, die dem Vergessen anheimgefallen sind: etwa die Razzien auf die Kinder gleich nebenan, und sie weiß nicht mehr, daß sie davon gewußt hat.

Das Wissen um das ganze Ausmaß des Schreckens hätte die Gefahr der Lähmung heraufbeschworen.

Ich kenne diese Gefahr, eine schreckliche Verbitterung gegenüber der Geschichte, die Angst, die meine Großmutter offenbar verschont hat. Wie dieser Schrecken, den ich mit acht Jahren während einer winterlichen Klassenfahrt nach Chamrousse plötzlich tief in meinem Bauch spürte. Ich war mir ganz sicher: Man hatte mich meinen Eltern entrissen, ich würde sie niemals wiedersehen. Die Geschichten über die OSE, über den Krieg, über Nelly klangen mir noch in den Ohren. Der Wunsch, daß Kinder ohne ihre Eltern weiterleben sollten, war mir immer etwas absurd erschienen. Ich fühlte mich innerlich vollkommen leer, konnte nicht einmal mehr weinen. Ich betrachtete die Kinder auf der Straße mit den Augen einer Waise. Erst viel später erfuhr ich, daß man während des Krieges Kinder von Deportierten heimlich nach Chamrousse gebracht hatte.

Kinder wurden von ihren Eltern weggeholt, in Gruppen zusammengeführt, dann voneinander getrennt und in ganz Frankreich versteckt, dann wieder aus ihrer neuen Familie gerissen; sie mußten sich ständig neuen Umständen anpassen, sich eine neue Identität zulegen, immer wieder. Welch eines unglaublichen Glaubens an das Leben bedurfte es, damit ihr Leben überhaupt erst beginnen konnte.

Schon fünfzig Jahre ist das her; bald wird man an diese menschliche Tragödie wie an eine Geschichte aus dem letzten Jahrhundert denken. Die geretteten Kinder sind heute Großeltern und leben in aller Welt. Es fällt schwer, das Schreckliche zu glauben, es sich als Geschehen vorzustellen; wir sollten besser an jene denken, die gegen diesen Schrecken gekämpft haben. An den verbissenen Kampf in Organisationen wie der OSE (für mich von jeher von dem Verb *oser*, »wagen«, abgeleitet). An den verzweifelten Mut und die Willenskraft all derer, die es gewagt haben, der Einsicht zu folgen, daß nur die Trennung ein Überleben ermöglichte, und die alles getan haben, um die Kinder zu retten.

*Judith Elbaz, März 1995*

## Odessa – Paris

### 1889–1919. Meine Eltern

Meine Eltern wurden 1889 geboren; meine Mutter in Jarmolinsk, mein Vater in Chargorod, zwei jüdischen Marktflecken in der Ukraine, die heute verschwunden sind. Beide haben zur selben Zeit in Odessa studiert. Mein Vater, Nahum Hermann, war damals mit Rivka, einer jüngeren Schwester meiner Mutter, verlobt. Während des Ersten Weltkriegs trafen sie sich in Paris wieder. Sie heirateten 1918; meine Mutter war bereits schwanger mit mir.

In einem Text, den Rachel Spirt, meine Mutter, für ihre »Kinder und Enkelkinder« verfaßt hat, beschreibt sie ihre Eltern als »national denkende Juden«, die eher aus Tradition als aus Respekt vor der Religion die jüdischen Feste feierten.

Meine Mutter, die Älteste von sieben Kindern – drei Mädchen und vier Jungen –, ist die Lieblingstochter ihres Vaters. Von ihren Brüdern und Schwestern werde ich nur die beiden jüngsten kennenlernen, weil sie in den zwanziger oder dreißiger Jahren gleichfalls als Flüchtlinge nach Paris kommen: Charlotte, die mit einem Nichtjuden verheiratet ist, wird den Völkermord überleben; Isaac, der davon träumte, Arzt zu werden, wird in einem Konzentrationslager umkommen. Was Rivka betrifft, so werde ich erst lange nach dem Krieg erfahren, daß sie nach Auschwitz deportiert wurde und dort 1944 starb, im selben Monat wie mein Vater.

Der Flecken Jarmolinsk vegetiert in größter Armut dahin, ist aber bekannt für seinen Jahrmarkt im Juli: »Für den Jahrmarkt tat man alles; man weißte die Zimmer neu, und die Frauen putzten sich für die Händler heraus, die dann ins Dorf kamen. Das ganze Jahr über sah man überall im Dorf nur

Armut, aber beim Jahrmarkt wirkte der ganze Ort plötzlich respektabel.«

In Jarmolinsk erhält meine Mutter Russischunterricht vom Sohn eines orthodoxen Priesters. Der Junge kommt eigens dazu aus dem Nachbardorf, läuft »sechs Kilometer zu Fuß, die Schuhe über der Schulter ... Nach der Stunde erhält er zum Lohn ein Glas gezuckerten Tee mit Weißbrot und ein paar Münzen.« Aber schon bald reicht ihr dieser Unterricht nicht mehr aus. »Ich wollte immer mehr lernen«, schreibt sie, »immer mehr wissen. Ich wollte Hebräisch lernen, aber wie? Es gab keinen Lehrer dafür; darum begann ich, Religionsunterricht zu nehmen. Da der *Heder* (die Religionsschule) den Jungen vorbehalten war, kam der Lehrer zu uns nach Hause, um neun Uhr abends, nach einem harten Tag mit seinen verstreuten Schülern. Er war müde und hungrig. Es kam oft vor, daß er während des Unterrichts einschlief ...«

Zweifellos von ihrer Mutter dazu ermutigt – die gerne sagte, es sei besser, »etwas im Kopf als auf dem Kopf zu haben« –, beschließt sie, das Dorf zu verlassen und nach Odessa zu gehen. Dort lebt sie sehr bescheiden, gibt Kindern aus bessergestellten Familien Nachhilfeunterricht. Nach dem Gymnasium möchte sie Medizin studieren, aber der für Juden geltende Numerus clausus hindert sie an der Verwirklichung dieses Wunsches. Statt dessen schreibt sie sich an der philosophischen Fakultät ein. Sie erwirbt ein Diplom in Pädagogik, verkehrt in zionistischen Kreisen und beschließt, Hebräisch zu unterrichten. 1914 begibt sie sich mit einer Gruppe von Studenten und Professoren auf eine, wie sie es ausdrückt, »Exkursion nach Palästina«, das damals noch unter türkischer Herrschaft steht. Als sie – nach einer Zwischenstation in Istanbul – in Haifa an Land gehen, erhalten sie die Nachricht von der Kriegserklärung. Da eine Rückkehr nach Rußland nicht möglich ist, zerstreut sich die Gruppe; meine Mutter wird von einer Familie in Petah Tikvah als Au-pair-Mädchen aufgenommen, damit sie den Kindern Hebräisch beibringt. Später geht sie nach Port Said, wo sie ebenfalls

Hebräisch unterrichtet; dann über Alexandria und Genua nach Paris.

Auch in Frankreich wird sie ihre Jugendträume nicht vollkommen verwirklichen können, zweifellos wegen meiner Geburt. Ganz im Unterschied zu meinem Vater.

Auch er hat in seinem Geburtsort Chargorod Armut und eine feindselige Umgebung kennengelernt. Mit dreizehn Jahren schließt er sich einer jüdischen Selbstschutzgruppe an, die bei einem Pogrom die Synagoge mit Waffengewalt verteidigt. Als militanter Zionist besucht er eine *Jeschiwa*[1] in Odessa, in der nicht nur die traditionellen religiösen Inhalte, sondern auch weltliche Fächer unterrichtet werden. Er besteht sein Abitur mit Auszeichnung und hofft wie meine Mutter, studieren zu können. Doch die Tore der Universität bleiben ihm wegen des Numerus clausus verschlossen. Er beschließt, nach Paris, in die »Hauptstadt der Aufklärung«, zu gehen, während viele seiner Kameraden sich für Berlin oder die Vereinigten Staaten entscheiden.

Mein Vater ist damals dreiundzwanzig Jahre alt. Er schreibt sich an der Sorbonne ein und verdient sich seinen Lebensunterhalt mit Privatstunden. Nach dem Lizentiat in Geographie und Geschichte wird er zum offiziellen Schüler der Sektion Religionswissenschaften an der Ecole pratique des hautes études ernannt. Er wird Journalist, arbeitet als Korrespondent für das *Morning Journal* in New York und den *Davar* in Jerusalem; er beteiligt sich weiterhin an den jüdischen Bewegungen, insbesondere an der Jeunesse sioniste, die ihre Mitglieder unter den Neuankömmlingen aus Osteuropa rekrutiert. Nach dem Ausbruch des Weltkriegs werden die Beziehungen zum Ausland schwierig. Er schreibt von nun an in zionistischen französischen Zeitschriften, zunächst in *La Renaissance juive*, dann in *Le Peuple juif*. Er beteiligt sich sehr aktiv an zahlreichen Debatten und an der Entwicklung der Organisation juive.

1 Traditionelle jüdische Akademie, die sich hauptsächlich dem Studium des Talmud und der rabbinischen Literatur widmet.

Wenn ich es recht sehe, begegnen meine Eltern einander 1916, mitten im Krieg, in Paris. Frankreich ist für sie das »Land der Freiheit und der Menschenrechte«. Gemeinsam haben sie eine russische Kindheit, zionistische Überzeugungen und dieselben Interessenschwerpunkte. Sie sprechen fließend Russisch, Hebräisch, Jiddisch und Französisch. Diese Gemeinsamkeit der Geschichte und des Denkens bringt sie ohne Zweifel einander näher, zumal sie beide im Exil leben. Sie versuchen sich in die französische Kultur zu integrieren, ohne deshalb auf ihre jüdische Identität zu verzichten, und erhalten nach dem Krieg die französische Staatsbürgerschaft.

Mein Vater erhält die Zuständigkeit für die Spalte russische Politik in der Tageszeitung *Le Temps* (Vorläufer von *Le Monde*), in der er auch über den Zionismus schreiben darf. Er kümmert sich um finanzielle Transaktionen, die dem Aufbau des jüdischen Staates dienen sollen, und übernimmt für Frankreich die Leitung des Keren Hayessod (des Nationalfonds für Wiederaufbau). Neben diesen Aktivitäten arbeitet er noch als Versicherungsvertreter, um den Unterhalt für seine Familie aufzubessern.

## 1919–1936. Die Zwischenkriegszeit

Ich werde im Mai 1919 geboren, einige Monate nach dem Waffenstillstand, im Entbindungsheim von Port-Royal. Meine Mutter, die wegen einer Venenentzündung vierzig Tage im Krankenhaus liegen muß, leidet sehr unter der Fremdenfeindlichkeit und der Verachtung, denen sie im Krankenhaus begegnet. Ohne den Rückhalt der Familie und schlecht auf ihre neue Rolle vorbereitet, erweist sie sich als eine überängstliche Mutter. Als ich eines Tages auf dem Boulevard Saint-Michel auf ihren Armen einschlafe, glaubt sie allen Ernstes, ich sei tot ...

Meine Schwester José wird 1924 geboren. Wir ziehen in eine große Wohnung im Quartier Latin, durch deren Fenster wir Notre-Dame sehen können. Die Miete für diese Wohnung wird mein Vater noch bis zu deren Requirierung 1943 weiterzahlen, obwohl wir Paris schon drei Jahre zuvor verlassen haben. Voller Optimismus wird er sagen: »So können wir nach dem Krieg wieder dort wohnen.« Ob er wirklich daran glaubte?

Meine ganze Kindheit ist vom Ersten Weltkrieg geprägt, den ich selbst gar nicht erlebt habe. Ich höre von Patrioten sprechen, die 1872 ins »innere Exil« gegangen seien, um Franzosen zu bleiben, während andere »dort« gegen die Assimilation durch Deutschland gekämpft hätten. Mit Tränen in den Augen lese ich in der Schule »Die letzte Klasse« in den Montagsgeschichten von Alphonse Daudet. Meine Kindheit ist erfüllt von Geschichten aus dem Krieg: die »Dicke Bertha«, deren Granaten Paris bedrohten; die Schlacht um Verdun, die Marne-Taxis, Foch und Pétain, »die uns den Sieg geschenkt haben«, das 1872 vom Deutschen Kaiserreich annektierte Elsaß-Lothringen wieder befreit. Der Versailler Vertrag, von den Deutschen nur widerwillig akzeptiert, vermag dennoch den Franzosen keinen Frieden zu bringen, allzu schwer lastet der Verlust von nahezu anderthalb Millionen Landsleuten auf ihnen.

Ich bin ein kleines braves Mädchen und empfinde große Bewunderung für meinen Vater, aber soweit ich auch zurückdenke, immer schien er mir im Gegensatz zu meiner Mutter zu stehen. Ich fand sie seltsam, allzu verschieden von den Müttern meiner Freundinnen und ohne Zweifel allzuwenig französisch ... Sie macht sich große Sorgen um unsere Gesundheit; jeden Winter unserer Kindheit werden meine Schwester und ich das Recht auf einen täglichen Löffel Lebertran haben und auch auf rohes Pferdefleisch. Ich bedauere, daß sie keine so gute Hausfrau ist wie die Mütter meiner Freundinnen. Sie läuft durch die Geschäfte und holt Möbel oder andere Dinge ins Haus, deren Wert ich nicht zu schätzen vermag; sie beschäftigt sich mit Seidenmalerei, sie ist Vegetarierin ... Sie erzählt uns biblische Geschichten, während ich die Bücher der Comptesse de Ségur vorziehe.

Heute weiß ich, als wie frustrierend sie ihr Leben empfunden haben muß und wie weit sie mit ihrer Suche nach geistiger und künstlerischer Betätigung ihrer Zeit voraus war.

In den dreißiger Jahren wird sie Anhängerin der Isadora Duncan und nimmt uns nun am Wochenende oft mit in ein Schloß in der Nähe von Meudon, das von Naturisten geführt wird. Mein Vater hängt diesen Ideen nicht wirklich an, aber er begleitet uns. In diesem Schloß muß man griechische Togen tragen und Sandalen aus Wolle. Ich fühle mich bei alledem sehr unwohl. Ich erinnere mich auch an Ferien in Kinderheimen, die nach der damals gerade modischen Coué-Methode geführt wurden. Abends in unseren großen Schlafsälen rezitierten wir vor dem Zubettgehen einen gebetsähnlichen Text, dessen Tenor ich vergessen habe und der mit folgendem Satz endete: »Heute geht alles gut. Morgen wird alles noch besser gehen ...« Keine meiner Freundinnen verbringt die Ferien in solch einem Heim. Ich mag es nicht, mich als anders zu empfinden. Ich bin Jüdin, das ist schon viel. Lieber wäre ich keine ...

Das besondere Verhältnis zu meinem Vater ist ganz unverzichtbar für mich. Es dämpft das Schuldgefühl, das ich empfinde, weil meine unerwünschte Geburt meine Mutter daran gehindert hat, ihr Studium fortzusetzen. Meinen Vater dagegen hat meine Geburt mit neuer Energie erfüllt; er übernimmt die Verantwortung für den Unterhalt der Familie mit einer Dynamik, die seinem persönlichen und beruflichen Leben neuen Schwung verleiht.

## Das Ausmaß der Ausschließung

Nach 1933 werden meine Erinnerungen präziser. Auch wenn ich mir noch nicht vorstellen kann, welche Gefahr Hitlers Machtergreifung darstellt, bemerke ich doch die Beunruhigung in meiner Umgebung. Ich begreife nach und nach, daß der kommende Krieg nicht so sein wird wie der Krieg, von dem ich in der Schule gehört habe. Der Wunsch der Deutschen nach einer Revanche für das »Versailler Diktat« und die Passivität der Demokraten sind nicht zu übersehen. Die Verfolgung der Juden verstärkt sich.

Eine zusammen mit meiner Mutter und meiner Schwester unternommene Reise nach Palästina, inzwischen unter britischer Mandatsherrschaft, löst einen wahren Schock in mir aus. Mit meinen vierzehn Jahren habe ich Frankreich noch nie verlassen. In den unteren Decks des auf dem Weg nach Haifa befindlichen Schiffes reisen junge Emigranten, die aus Deutschland flüchten. Ihr Leben scheint schwierig zu sein. Sie dürfen nicht aufs Oberdeck hinauf; das ist den Reisenden der ersten und zweiten Klasse vorbehalten. Trotzdem singen und tanzen sie unablässig. Ein Graben trennt mich von ihnen: Es ist mir unmöglich, mich mit diesen jungen Leuten auf dem Weg ins gelobte Land zu identifizieren. Ich empfinde mich entschieden als Französin und will mich in meiner Identität sicher fühlen. Frankreich ist mein Land, mein Bauch sagt es mir, und nichts soll mich von Frankreich trennen. Nichts?...

Erst sehr viel später werde ich begreifen, was der lange Weg bedeutet, den diese Emigranten trotz aller Schwierigkeiten, trotz der Fallstricke und trotz der restriktiven Einwanderungsquoten eingeschlagen haben. Noch lehne ich es ab, mich mit diesen jungen Leuten zu identifizieren, die, kaum älter als ich, einem ungastlichen Vaterland den Rücken kehren. Nach meiner Rückkehr werde ich sogar aufhören, Hebräisch zu lernen.

Unsere Wohnung in Paris steht allen offen. Meine Eltern empfangen dort häufig zionistische Kämpfer, Studenten aus Palästina und den Vereinigten Staaten, andere, die aus Nazideutschland geflohen sind. Ich wohne diesen lebhaften abendlichen Diskussionen bei, beteilige mich aber kaum daran, weil ich zu jung bin. Ich entdecke eine Welt der Schikanen und der Ausschließung, die mir bis dahin unbekannt war. Die Namen einiger Familien, mit denen meine Eltern befreundet sind, sollten den Historikern der Okkupation zum Begriff werden. Die einen überlebten, wie Marc Jarblum,

Joseph Fischer, Ruven Grimberg; andere fielen den Nazis zum Opfer: Léo Glaeser, David Rapoport ...

Die Nachrichten zirkulieren damals natürlich anders als heute. Fernsehen gibt es noch nicht, und wir hören nur selten Radio. Auch das Telefon benutze ich kaum; ich wachse auf, ohne mich allzusehr um das Weltgeschehen zu kümmern.

Ich gehe weiterhin ins Lycée Fénelon; ich bin keine glänzende, aber doch eine fleißige Schülerin. Am Gymnasium herrscht strenge Disziplin. Wir alle tragen Kniestrümpfe (Söckchen oder Damenstrümpfe sind verboten), ein langer Kittel verdeckt unsere Kleidung, und draußen müssen wir eine Baskenmütze tragen, die ich erst abzusetzen wage, wenn ich zu Hause bin.

Meine jüngere Schwester hat mit ihrer Rolle einige Schwierigkeiten. Während ich mich eher anpasse, läßt sie sich häufig auf Konflikte ein, und es fällt ihr schwer, im klassischen Schulsystem ihren Platz zu finden. Dr. Robin, den meine Eltern deswegen konsultieren, gibt ihnen den Rat sie ins Internat zu schicken, und zwar ins Collège médical von Annel bei Compiègne, dessen Leiter, Robert Préaut, Arzt ist. Seine Frau ist Sportlehrerin. Während der Schulferien besuche ich meine Schwester dort. Die Schule bevorzugt Unterricht in kleinen Gruppen, das Leben an der frischen Luft, Gymnastik und Schwimmen. Die Schlafräume tragen die Namen von Blumen und führen auf einen großen Park hinaus, in dem die Laufspiele veranstaltet werden ... Nach dem Abendessen spricht man das *Vaterunser* und das *Schema Israel.* In Annel gehe ich zum erstenmal in die Kirche, in der Weihnachtsnacht. In Annel lerne ich Achtung vor den Regeln, ein Gleichgewicht zwischen Rechten und Pflichten – und Toleranz. Ich lerne auch, eine Gruppe von Kindern zu betreuen, denn Dr. Préaut hat mich eingeladen, in den Ferien dort als Gastbetreuerin zu arbeiten.

Im Philosophieunterricht werde ich neuerlich mit dem Gefühl des Ausgeschlossenseins konfrontiert. Wir müssen einen Aufsatz über den Einfluß bestimmter Kindheitsereignisse auf die Bildung unseres Charakters schreiben. Meine Freundin

Charlotte schreibt einen Aufsatz, von dem ich eine Kopie aufbewahren werde.

Ihre Eltern stammten aus Rußland und gingen zum Studium nach Deutschland, doch wegen des Kriegs von 1914 und der Revolution von 1917 konnten sie nicht in ihre Heimat zurückkehren. Charlotte, in Berlin geboren, ist 1933 dreizehn Jahre alt. Als man eines Tages an der Schule das *Horst-Wessel-Lied* singt, sagt ihr die Musiklehrerin: »Du darfst unser Lied nicht mitsingen, du bist keine Deutsche.« Über diesen Vorfall schreibt Charlotte in ihrem Aufsatz.

> »Du bist keine Deutsche«, und plötzlich schien der Raum wie verdunkelt, meine Klassenkameradinnen wurden zu Fremden, der Lehrer rückte in die Ferne, und ich spürte, wie mir die Schamröte ins Gesicht stieg. »Du bist keine Deutsche«, das war, als hätte man mich vor versammelter Klasse des Diebstahls bezichtigt. Als hätte man mir gesagt: »Du liebst deine Eltern, du bewunderst sie, aber sie sind gar nicht deine Eltern, du bist die Tochter eines Säufers und einer Irren, oder du bist ein Bastard, oder ...« Was? Ich sollte keine Deutsche sein? Ich hätte lachen sollen, ich hätte etwas erwidern sollen, ich hätte sagen sollen, daß ich ebenso Deutsche sei, wie mein Haar blond ist, daß die Zugehörigkeit zu diesem Land, das ich als das meine erachte, nur von mir abhänge, doch ich schwieg. Kann man sich sein Vaterland nicht auswählen? Einige Monate später ging ich nach Frankreich. Ich hätte Frankreich lieben können, weil es ein schönes Land ist, weil es das Land der Menschenrechte ist, aber ich will nicht mehr. Ich habe zu sehr gelitten, ich habe zu große Angst, daß man mir auch hier eines Tages verbieten wird, die Nationalhymne zu singen, und mir ins Gesicht wirft: »Du bist keine Französin.« Ich bin keine Russin, ich bin keine Deutsche, ich bin keine Französin, ich habe keine Heimat, ich habe kein Vaterland, wie andere keine Eltern haben; aber da man irgend etwas sein muß, bin ich eben Jüdin. Nach all diesen Negationen bleibt doch immerhin etwas Positives. Jüdin sein heißt für mich, Teil dieser Schicksalsgemeinschaft zu sein, Opfer des uralten Fluchs, diese schmerzliche Allegorie, dieses Symbol der Menschheit, die immer auf dem Weg zu einer un-

wahrscheinlichen Befreiung ist, die immer wieder verletzt wird und leidet und sich dennoch immer wieder erhebt, um weiterzugehen.

Von der Situation im faschistischen Italien erfahre ich von einer Klassenkameradin, die aus Rom schreibt; sie zeichnet uns ein sehr positives und sogar begeistertes Bild der Veränderungen, die dort im Gange sind. Doch erst mit der Volksfront 1936 beginne ich, mir Sorgen wegen der politischen Lage zu machen: Die Deutschen besetzen das Ruhrgebiet, in Spanien beginnt der Bürgerkrieg. Die deutschen Flüchtlinge, mit denen wir Kontakt haben, versichern, daß Frankreich schnellstens eingreifen müsse. Mein Vater meint wie viele seiner Freunde, daß Léon Blum das Amt des Ministerpräsidenten nicht hätte annehmen dürfen: Ein Jude solle sich nicht in den Vordergrund drängen.

Der Beginn meines Studiums an der Sorbonne fällt mit dem Ausbruch des spanischen Bürgerkriegs zusammen. Ich habe mich entschlossen, Philosophie zu studieren, doch ich befasse mich hauptsächlich mit dem Studium der Psychologie und der Soziologie, die zu dieser Zeit noch im Rahmen der Philosophie gelehrt werden. Mit meinem Studium verbinde ich vor allem den Wunsch nach finanzieller Unabhängigkeit. Auf diese Weise umgehe ich den Weg, den meine Mutter gegangen ist, und verwirkliche am Ende doch, was sie einst für sich gewünscht hatte …

1937 nimmt sie meine Schwester und mich mit in den Sommerurlaub nach Österreich. Ich liebe dieses Land und seine Bewohner. Es ist ein großer Schock, als ich von der Annäherung Österreichs an Deutschland, vom »Anschluß« des Landes am 12. und 13. März 1938 und von dem Beifall erfahre, mit dem man diese Annexion dort begrüßt. Es gibt nicht einen Schatten von Widerstand, und keine der Signatarmächte des Versailler Vertrages reagiert, obwohl sie darin die Unabhängigkeit Österreichs festgeschrieben haben. Aber wie sollte man sich dem Selbstbestimmungsrecht der Völker widersetzen?

Mein Vater ist zu dieser Zeit eher zuversichtlich als besorgt.

Den Sommer 1938 verbringe ich bei einer Familie in Oxford. In meinen Gesprächen mit Engländern beginne ich, das Ausmaß der Gefahr zu erkennen. Alle scheinen überzeugt, daß der Krieg unmittelbar bevorsteht. Man verteilt sogar schon Gasmasken an die Bevölkerung.

Hitler fordert das Sudetenland. Wird man ihm nachgeben? In der Nacht vom 29. auf den 30. September unterzeichnen Chamberlain für Großbritannien und Daladier für Frankreich den Münchener Vertrag. Als ich Anfang Oktober nach Frankreich zurückkehre, bin ich erstaunt über die Atmosphäre »feiger Erleichterung«. Auch ich bin erleichtert. Dann geht das Leben wieder seinen gewohnten Gang …

Die Studenten an der Sorbonne sind mehrheitlich links, vor allem Kommunisten. Was mich betrifft, so sehe ich keine Notwendigkeit, mich in einer Partei zu engagieren. Meine Sorgen gelten zu dieser Zeit mehr der Situation in Spanien als der in Deutschland. Der antifaschistische Charakter dieses Krieges ist mir seit 1936 klar, weil sich viele junge Franzosen und Deutsche den Internationalen Brigaden anschließen, um auf der Seite der Republik zu kämpfen. Besorgt über den Anstieg des Faschismus und die schreckliche Unfähigkeit der Volksfront, ihn einzudämmen, stehe auch ich »links«, denke recht vage, mit achtzehn könne man nur Sozialist sein, wie ich meinen Vater habe sagen hören. Wie lächerlich erscheint mir heute unser damaliges Tun, als wir im offenen Taxi durchs Quartier Latin fuhren und mit erhobener Faust riefen: »Der Faschimus wird nicht durchkommen. *No passeràn*«…

Die Kinowochenschau hält uns über die Situation in Spanien auf dem laufenden. Ich habe auch Juliette Parys Buch *Mes 126 gosses* gelesen, und das Schicksal der Kinder geht mir nach. Ich beschließe, mich mit einer Gruppe von Studenten der Sorbonne an einer Sammlung zu beteiligen, von deren Erlös Milch für die spanischen Kinder gekauft werden soll. Die französische Regierung versucht offenbar, sich nicht in den Krieg hineinziehen zu lassen, und verhängt ein Waffenembargo über Spanien. Die linken Studenten sammeln Geld für die Kinder; ich werde in eine Delegation gewählt, die nach Barcelona fahren soll. Ich begreife sehr schnell, daß ich diese Wahl meinem »apolitischen« Status verdanke. Die Kommunisten versuchen, ihr Publikum zu erweitern; darum ist es wichtig für sie, auch einen Repräsentanten zu haben, der nicht der Partei angehört.

Ich habe mich für diese Aktion aus humanitären Gründen engagiert, wie man heute sagen würde, und es ist das erste Mal, daß ich solch eine Verantwortung übernehme. Ich bin glücklich, daß man mich gewählt hat, aber paradoxerweise bin ich mir gar nicht sicher, ob ich wirklich Lust habe, nach Barcelona zu fahren.

Wie soll ich es meinen Eltern beibringen? Ich werde ganz gewiß nicht fahren, wenn mein Vater dagegen ist. Seine Ansicht ist für mich von entscheidender Bedeutung; ich bin weder mutig noch abenteuerlustig. Tatsächlich haben meine Eltern gar nichts gegen meine Fahrt; sie sind sogar sehr stolz auf ihre brave, vernünftige Tochter, weil sie sich auf ein Engagement einläßt, das sie an ihre eigene Jugend erinnern muß. Und schließlich geht es ja nur um eine Woche in Barcelona. Also ermuntern sie mich hinzufahren.

## Januar 1939. Barcelona

Wir sind acht Studenten – sechs Jungen und zwei Mädchen. Die Regierung in Barcelona hat uns eingeladen, um sich für die »Hilfe für die spanischen Kinder« zu bedanken. Ein Empfangskomitee geleitet uns in ein stillgelegtes Luxushotel ohne Wasser und Strom, in dem ich erfahren werde, was Hunger ist.

Wir hatten aus Paris Lebensmittel (Brot, Kaffee, Schokolade) mitgenommen, doch an der Grenze nahmen uns Studenten, die uns zur Begrüßung entgegengekommen waren, unser Gepäck ab; sie würden es in unser Hotel bringen …

Wir sollten es nicht wiedersehen. Wahrscheinlich landete alles auf dem Schwarzmarkt.

So kommt es, daß wir in Barcelona den Hunger kennenlernen, aber auch den Schrecken der Bombenangriffe und die Angst in den Luftschutzräumen. Als die acht Tage unseres geplanten Aufenthalts vorüber sind, teilt man uns mit, daß wir nicht nach Frankreich zurückfahren können; die Grenzen sind geschlossen. Die französische Botschaft soll sich um unsere Rückkehr kümmern, doch es gibt keine Flugzeuge. Keine einzige Nachricht von meiner Familie erreicht mich während dieses Zwangsaufenthalts. Ich bin wie betäubt, doch diese Lähmung hilft mir, die Ruhe zu bewahren. Ich fühle mich sicher, als könnte mir nichts geschehen.

Von Barcelona bringt man uns per Schiff nach Valencia. In eine Decke gehüllt, hocke ich auf dem Oberdeck und weigere mich, nach unten zu gehen. Flugzeuge fliegen über das Schiff hinweg. Freund oder Feind? Habe ich Angst? Und wovor? Mehr als mögliche Bombenangriffe fürchte ich die Zudringlichkeit mancher Seeleute gegenüber einem sehr jungen Mädchen, wie ich es bin.

In Valencia heißt es weiter warten. Als Frau könnte ich von dem Privileg Gebrauch machen, als erste evakuiert zu werden, aber ich will nicht. Möglicherweise möchte ich dieses Abenteuer auch bis zum Ende auskosten.

Wir haben Hunger. Es gibt nur Orangen und Mandarinen. Der Geruch von Olivenöl liegt über der Stadt. Auf unseren Spaziergängen sehen wir zerbombte Kirchen; man hatte sie zuvor in Munitionsdepots verwandelt. Erst ein halbes Jahr später, im Februar, bringt man uns nach Madrid, und von dort fliegen wir nach Paris zurück.

Nach unserer Rückkehr organisiert man eine Versammlung in der Mutualité. Man erwartet Offenbarungen von uns. Ich bereite noch meine Ansprache vor, als ein kommunistischer Student zu mir kommt und mir rät, ich solle sagen, die francistischen Flugzeuge bombardierten Kirchen. »Diese Kirchen dienen als Munitionsdepots und werden deshalb bombardiert; ich kann nicht über die bombardierten Kirchen sprechen, ohne auch das zu sagen ...« Man wird mir nicht das Wort erteilen, und ich werde das unangenehme Gefühl haben, manipuliert worden zu sein. Von da an werde ich gegen den Kommunismus immun sein.

Nach dieser ersten politischen Erfahrung setze ich mein Studium an der Sorbonne fort; als Thema meiner Diplomarbeit wähle ich: *Die Rachsucht, eine sozialpsychologische Untersuchung.* Doch in all dieser Zeit stehe ich weiterhin unter dem Eindruck der Erfahrungen, die ich in Spanien gemacht habe und die mir, wahrscheinlich deutlicher als meinen Kameraden, vor Augen geführt haben, wie schwer es ist, den Wunsch nach Frieden und die Solidarität mit den Opfern des Faschismus unter einen Hut zu bringen. Wir haben keinerlei Einfluß auf das Geschehen. Die Angst, die wir empfinden, die Furcht vor Bombenangriffen, die vergrabenen Erinnerungen an Berichte aus dem letzten Krieg mit all seinem Schrecken verhindern vielleicht, daß wir überhaupt den Versuch machen zu verstehen ...

Wie jedes Jahr seit Beginn der Volksfront verbringe ich die Ferien in Jugendherbergen; dort kann ich Arbeiter, die zum erstenmal einen bezahlten Urlaub genießen, und aus Deutschland oder Österreich geflohene Antifaschisten kennenlernen. Wir singen »Ma blonde, entends-tu dans la ville ...« und »Il va vers le soleil levant notre pays ...«; wir entdecken die Gedichte von Prévert und die Schriften von Giono; wir lernen, mit unserer Verschiedenartigkeit umzugehen. Ich liebe diese Begegnungsstätten einer Jugend, die nach den Worten Léo Lagranges, des Ministers für Sport und Freizeit in der Volksfrontregierung, »die wirkliche Einheit einer neuen Welt vorbereitet«.

1939 endet der spanische Bürgerkrieg mit dem Sieg Francos. Zu Zehntausenden drängen ganze Familien, spanische Republikaner und Kämpfer der Internationalen Brigaden an die Grenze, um in Frankreich Zuflucht zu suchen. Ich werde erst sehr viel später erfahren, welches Schicksal sie dort erwartet.

# Der Krieg, der Exodus und die Okkupation

## September 1939. Der Krieg

Was bedeutet für mich der Krieg von 1939? Im September kehre ich aus einem Urlaub nach Paris zurück, der sich von den Ferien, wie ich sie seit meiner Kindheit erlebt habe, kaum unterscheidet: gesundes Leben, Sonne, Übernachtungen unter freiem Himmel in Pinienhainen, mitternächtliches Baden auf der Insel Sainte-Marguerite vor Cannes. Zwei Monate lang waren wir von allem abgeschnitten. Nicht einmal von dem Nichtangriffspakt haben wir erfahren, den Deutschland und die Sowjetunion am 23. August 1939 für die Dauer von sechs Jahren abgeschlossen haben. Aber zweifellos hätten wir darin nur ein hoffnungsvolles Zeichen für Frieden gesehen ...

Erst als ich per Anhalter nach Paris zurückfahre, höre ich von der Gefahr eines drohenden Krieges. Trotz all der Konzessionen, die man eingegangen ist, um ihn zu verhindern. Von 1935 bis 1939 sprengt Hitler das Sicherheitsschloß des Vertrags von 1919, führt die allgemeine Wehrpflicht wieder ein und remilitarisiert das Rheinland, ohne auf irgendeinen Widerstand zu stoßen. Nicht anders ist es 1938, als er Österreich annektiert. In dem Wunsch nach Frieden hat sich ein Teil des französischen Volkes dem Wahlspruch verschrieben: »Lieber Hitler als Stalin«, das heißt: lieber Knechtschaft als Krieg. Faktisch besteht eine Allianz zwischen den Sozialdemokraten und den Neopazifisten der nationalistischen Rechten: Man ist nicht bereit, einen neuen Krieg zu riskieren. Am 15. März marschieren deutsche Truppen in die Tschechoslowakei ein. Am 23. August besiegelt der deutsch-sowjetische Vertrag eine Aufteilung der Einflußzonen zwischen Deutschland und der Sowjetunion. Eine Woche später folgt der Angriff auf Polen. Erst da entschließen sich Engländer und Franzosen einzugreifen, während Hitler und Mussolini sich zu wechselseitigem Beistand verpflichten.

Wie geht man vom Frieden zum Krieg über? In der letzten Friedensnacht gehe ich mit einem Freund, den ich in einer Jugendherberge kennengelernt habe, durch Paris. Die Hauptstadt liegt in völliger Dunkelheit. Die Fenster sind verdunkelt, die Straßen verlassen. Wir gehen an der Seine entlang, und die Schönheit der schlafenden Stadt verschlägt mir den Atem.

Am 3. September dann die Kriegserklärung. Die Generalmobilmachung. Das Chaos der aufbrechenden Massen. Die Angst vor Bombenangriffen. Die Evakuierung der Kinder aus Paris.

Meine Mutter, meine Schwester und ich fahren mit dem Zug in die Normandie. Wir beziehen ein Privatquartier. Ich melde mich auf dem Bürgermeisteramt und biete an, bei der Aufnahme der Flüchtlinge zu helfen.

Nach vierzehn Tagen ohne Bombenangriffe fühlen wir uns sicher genug, nach Paris zurückzukehren.

Die Männer bewachen die Grenzen. Mein Vater ist fünfzig und wird deshalb nicht eingezogen. Er scherzt: »Du hast Glück ... Dein zukünftiger Ehemann ist sicher eingezogen worden, aber da du ihn nicht kennst, brauchst du dir keine Sorgen um ihn zu machen.«

Im Oktober bittet mich die Schule von Annel, inzwischen nach Orléans verlegt, drei Tage in der Woche für einen Lehrer einzuspringen, der eingezogen worden ist. Diese Arbeit verschafft mir finanzielle Unabhängkeit. Mein Vater ermutigt mich: »Wer weiß, was noch alles geschieht?« Den Rest der Woche arbeite ich an meiner Diplomarbeit.

Meine Arbeit nimmt mich so sehr in Anspruch, daß ich kaum auf das Geschehen draußen achte. Trotzdem dringen manche Nachrichten bis zu mir. Die Teilung Polens, der Fall Warschaus am 26. September, der sowjetische Angriff auf Finnland am 30. November, der Friedensvertrag zwischen Finnland und der Sowjetunion am 12. März 1940. Die Sowjetunion wird unser Feind, geradeso wie Deutschland. Am 20. Januar 1940 werden die französischen Kommunisten aus der Abgeordnetenkammer ausgeschlossen. Am 9. April 1940 besetzen deutsche Truppen Dänemark und Norwegen; am 10. Mai sind Belgien und die Niederlande an der Reihe.

Vier Tage nach dem Einmarsch der Deutschen in Belgien, am 14. Mai 1940, verteidige ich meine Diplomarbeit. Darin heißt es zum Schluß: »Ein Problem, das wir nicht behandelt haben, ist die Rolle der Rachsucht in den Beziehungen zwischen Völkern. Da es sich um ein Problem von brennender Aktualität handelt, können wir uns jedoch zum Schluß unserer Arbeit nicht enthalten, zumindest einige Worte darüber zu sagen. Aus den Themen, die wir in unserer psychologischen und soziologischen Untersuchung angesprochen haben, können wir einen Hinweis für die Zukunft entnehmen. Wir werden morgen einen Frieden schließen müssen, der dauerhaft sein soll. Es scheint uns wesentlich, nicht nur zu siegen, sondern auch einen Frieden zu sichern, der Rachegedanken und den Wunsch nach Revanche ausschließt. Die Christen hofften die Einheit der Menschheit durch die Liebe zu einem gemeinsamen Gott herzustellen. Hoffen wir, daß aus der Liebe zu einem gemeinsamen Ideal der Gerechtigkeit am Ende ein Friede erwachse, den die Menschheit zutiefst herbeisehnt.« Ich erhalte mein Diplom mit der Note »Sehr gut«.

Ende Mai verlasse ich Paris und kehre ins Collège d'Annel zurück. Meine Eltern fahren zu meiner Schwester, die seit Beginn des neuen Schuljahrs das Gymnasium in Cusset bei Vichy besucht; es gelingt ihnen ohne weiteres, eine Unterkunft zu finden.

## Mai – Oktober 1940. Zu Tausenden auf den Landstraßen

Der deutsche Vormarsch und die Kapitulation der belgischen Armee am 15., der niederländischen Armee am 23. Mai treiben Zehntausende von Flüchtlingen auf die Landstraßen,

Männer, Frauen und Kinder, aber auch Jugendliche machen sich allein auf den Weg, weil ihre Eltern fürchten, die Deutschen könnten sie zum Militär einziehen. Ein unablässiger Strom, zu dem noch Franzosen aus dem Norden hinzukommen, die vor den eindringenden Deutschen flüchten. Am 17. Mai wird Pétain zum Vizepräsidenten des Staatsrats ernannt.

Am 13. Juni wird Paris zur offenen Stadt erklärt, und die Regierung weicht nach Tours aus. Wir empfinden eine gewisse Erleichterung, daß unsere Hauptstadt nicht zerstört werden wird, aber dieser Schritt ist zugleich auch das erste schmerzhafte Zeichen der Niederlage. Am 14. Juni besetzen die Deutschen Paris.

Die wenigen Kinder, die in Annel geblieben sind, müssen evakuiert werden. Unsere vier Autos können gerade noch die Loire-Brücke in Orléans überqueren, bevor die Franzosen sie wie auch die übrigen Brücken sprengen, um den deutschen Vormarsch zu stoppen – die letzte wird am 17. Juni gesprengt.

Wir sind in zweifacher Hinsicht privilegiert; einmal weil unsere Direktorin schon seit mehreren Wochen Benzin gehortet hat, und zum anderen, weil wir der großen Flüchtlingswelle auf den Landstraßen Frankreichs vorausfahren. Überall auf unserem Weg gewähren uns Freunde oder Unbekannte Unterkunft, die sich morgen schon selbst auf den Weg machen werden.

Von den Flüchtlingsmassen auf den Landstraßen, von den Bombenangriffen, den wegen Benzinmangel aufgegebenen Fahrzeugen, den umherirrenden Kindern werde ich erst sehr viel später durch Filme oder Bücher erfahren.

Ich erlebe diese Tage recht wirr, beschäftige mich mehr mit den Kindern, die mir anvertraut sind, als mit den Nachrichten, die zu uns dringen.

Ich bemerke jedoch die heftigen Reaktionen und englandfeindlichen Äußerungen nach dem Rückzug der englischen Truppen und ihrer Evakuierung aus dem Kessel von Dünkirchen.

Wir schauen ohnmächtig zu, die Dinge kommen uns unwirklich vor. Die Erinnerung an die noch recht gut organisierte Evakuierung von Paris im September 1939 steht in deutlichem Gegensatz zu dem Bild der Auflösung, das sich im Mai und Juni 1940 bietet. Wir haben das Gefühl, gar keine Regierung mehr zu haben und von allen verlassen zu sein. Es wird immer schwieriger, zwischen Gerüchten und Wirklichkeit zu unterscheiden und überhaupt noch etwas zu glauben. Angesichts dieser Katastrophe werden wir von Angst und Hoffnungslosigkeit überwältigt.

Paul Reynaud hatte gesagt: »Wir werden siegen, weil wir die Stärkeren sind«, und nun waren wir zu jeder Kapitulation bereit. Wir alle haben den Gedanken an die Niederlage bereits verinnerlicht. Die Würfel sind gefallen; von einem Waffenstillstand erwarten wir die Demobilisierung der Soldaten und können uns nicht vorstellen, daß es noch mehrere Jahre dauern wird, bis sie heimkehren.

Die zunehmende Panik, die Angst vor Bombenangriffen, der fortdauernde Exodus, all das sorgt dafür, daß wir gar nicht mehr an Krieg denken mögen und mit gewaltiger Erleichterung die Rede aufnehmen, die Marschall Pétain am 17. Juni hält: »Tief bedrückt muß ich Ihnen heute sagen, daß wir den Kampf einstellen müssen.« Am 22. Juni wird in Rethondes der Waffenstillstand unterzeichnet.

Einige finden den Mut, Frankreich zu verlassen, um den Kampf fortzusetzen; andere, darunter ich, möchten Frankreich auch in der Niederlage nicht allein lassen. Meine Eltern erhalten wie meine Schwester und ich ein »Notvisum« für die Vereinigten Staaten. Doch da wir bleiben wollen, verzichten auch sie auf die Ausreise.

Am 29. Juni erfahren wir in Saint-Jean-de-Luz, daß die Regierung Bordeaux verläßt und über Clermont-Ferrand nach Vichy geht. Inzwischen befinden sich die Kinder des Collège d'Annel in Sicherheit.

## Die Angehörigen der Feindstaaten

Ich weiß zu dieser Zeit noch nicht, daß Südfrankreich seit einigen Monaten voller Lager ist. Die Namen bislang unbekannter Dörfer gehen in die Geschichte ein: Argelès, Barcarès. Seit März 1939 wurden die Anhänger der spanischen Republik, die vor den vorrückenden Franco-Truppen flohen, auf den Stränden dieser Orte interniert und dann ins Lager Rivesaltes gebracht. Und seit den ersten Septembertagen des Jahres 1939 internieren die kriegführenden Staaten alle »Angehörigen feindlicher Staaten«, die sich auf ihrem jeweiligen Staatsgebiet befinden. Die große Furcht unserer Regierung ist die Einschleusung von Spionen: »Achtung, Feind hört mit ...« Der Begriff des »Feindstaaten-Angehörigen« wird durch die Anwesenheit politischer Flüchtlinge kompliziert. Da man sie nicht beizeiten von der wirklichen fünften Kolonne (den angeblichen deutschen Spionen) hat trennen können, inhaftiert man eine große Zahl von Nazigegnern ohne gerichtliche Untersuchung, darunter selbst solche, die ihr Land haben verlassen müssen, weil man ihnen dort die Staatsbürgerschaft aberkannt hat.

Die Männer von achtzehn bis fünfundfünfzig Jahren sind die ersten, die es trifft. Da sie der festen Überzeugung sind, daß in diesem Land des Rechts und der Freiheit eine gerichtliche Untersuchung selbstverständlich ist, folgen sie der Vorladung, werden interniert und verbringen einen langen Winter, frierend und zur Untätigkeit verdammt, während die wirklichen Mitglieder der fünften Kolonne durch die Maschen des Netzes schlüpfen. Die Kinder sind die ersten, die unter dieser Situation zu leiden haben. Während der Franzose Soldat wird, Held und Verteidiger des Vaterlandes, gilt der Flüchtling als feindlicher Ausländer ... Im Mai 1940 verfügt ein Erlaß auch die Internierung der Frauen. Selbst wenn Mütter meist schnell wieder freigelassen werden, reichen diese wenigen Tage – oder auch nur wenigen Stunden – Abwesenheit aus, um die Kinder für ihr Leben zu zeichnen und ihr Bild von Gerechtigkeit zu prägen.

Zu diesen Angehörigen von Feindstaaten kommen noch die Ausländer »am Rand des Wirtschaftskreislaufs« hinzu[1], die Flüchtlinge aus Belgien, die dem Vormarsch der Deutschen zu entkommen versuchen. Die Familien wandern von Aufnahmestelle zu Aufnahmestelle, von zugewiesenem Wohnort zu zugewiesenem Wohnort, bis sie schließlich in Rivesaltes landen. Im Oktober 1940 sind 7000 aus Baden und der Pfalz ausgewiesene Juden im Lager Gurs interniert. Seltsamerweise sind die jüdischen Kinder aus Deutschland[2], die von ihren Eltern seit 1938 allein nach Frankreich geschickt worden sind, privilegiert, denn sie sind bereits »evakuiert« worden und leben in Mittelfrankreich in Kinderheimen der OSE (Œuvre de secours aux enfants – Kinderhilfswerk).[3]

Wie die meisten meiner Landsleute mache ich mir damals nicht klar, wie verwirrt diese Kinder sein müssen, die, aus ihrer Heimat vertrieben, durch den Krieg hindurch müssen, allein oder mit Eltern, denen man ihre Staatsangehörigkeit genommen hat.

## Das Judenstatut

Schon am 27. September 1940 bestimmt ein Erlaß der Deutschen, daß die jüdische Bevölkerung in der besetzten Zone registriert werden soll. Der Erlaß geht auf einen Befehl des Führers zurück, so daß viele Nichtjuden der Ansicht sind, daß die Regierung Marschall Pétains nichts damit zu tun habe. Am 3. Oktober verabschiedet dann die Vichy-Regierung ein Gesetz, das die Rechtsstellung der Juden in beiden Zonen regelt und sie einer massiven Diskriminierung unterwirft; es verwehrt den französischen Juden den Zugang zum öffentlichen Dienst (mit Ausnahme jüdischer Kriegsveteranen, soweit es subalterne Stellungen betrifft) und bestimmt einen

1 So bezeichnet man die »volkswirtschaftlich überzähligen Ausländer«, das heißt jene, die keine feste Arbeit haben.

2 Siehe den Bericht von Gerda Einbinder im Kapitel »Wege der Kinder«.

3 Siehe den Abschnitt »Die OSE und ihre Geschichte« im folgenden Kapitel.

strengen Numerus clausus für alle freien Berufe. Am 4. Oktober gibt ein weiteres Gesetz den Präfekten in beiden Zonen die Möglichkeit, »Ausländer jüdischer Rasse« zu internieren. Am 7. Oktober nimmt man den algerischen Juden die französische Staatsangehörigkeit (die ihnen das Crémieux-Dekret von 1870 zuerkannt hatte) und schließt sie aus dem Staatsverband aus.

Der am 18. Oktober veröffentlichte zweite deutsche Erlaß betrifft die jüdischen Wirtschaftsunternehmen, die unter Zwangsverwaltung und damit unter deutsche Aufsicht gestellt werden sollen. Als Wirtschaftsunternehmen im Sinne dieses Erlasses gelten alle Industrieunternehmen, Handelsgesellschaften, Banken, Versicherungsgesellschaften, Immobiliengesellschaften, die Kanzleien von Notaren, Anwälten, Börsenmaklern ... Zur Einstufung als jüdisches Unternehmen genügt ein jüdischer Teilhaber oder ein jüdischer Geschäftsführer oder bei Aktiengesellschaften ein jüdisches Vorstandsmitglied. »Im übrigen gilt jedes Unternehmen als jüdisch, das vom zuständigen Präfekten die amtliche Mitteilung erhält, daß es unter überwiegend jüdischem Einfluß steht«, heißt es in dem Erlaß. All diese Unternehmen sind verpflichtet, detaillierte Auskünfte über Geschäftstätigkeit, Lagerbestände, Umsätze und den Firmenbesitz zu geben ... Die Juden und selbst die mit Juden verheirateten Nichtjuden sind verpflichtet, ihren Besitz an Aktien und Beteiligungen offenzulegen. Jeder Verstoß gegen diese Vorschriften wird schwer bestraft, mit Gefängnis und Einziehung des Besitzes. Der Erlaß löst bei den Betroffenen Panik aus. Jüdische Industrielle entschließen sich, ihr Unternehmen einfach aufzugeben, um den Schwierigkeiten aus dem Weg zu gehen, die ihnen aus diesen drakonischen Maßnahmen erwachsen können. Es entstehen Konsortien, deren Zweck es ist, jüdische Unternehmen aufzukaufen. Für viele Familien bedeutet der Erlaß den Ruin, und er ist ein schwerer Schlag für die französische Wirtschaft.

Die ausländischen Juden erkundigen sich meist bei ihren Konsulaten, wie sie sich verhalten sollen. Die amerikanischen, russischen, spanischen und griechischen Konsulate raten ihren jeweiligen Staatsbürgern, sich nicht registrieren zu lassen. Viele aus Bessarabien und dem Baltikum stammende Juden, die für die UdSSR optiert haben, stehen tatsächlich unter dem Schutz der sowjetischen Botschaft. Alle jüdischen Unternehmen, französische und ausländische, sind zur Offenlegung ihrer wirtschaftlichen Aktivitäten verpflichtet, aber viele ausländische Juden fügen ihrer Erklärung einen eigens zu diesem Zweck ausgestellten Schutzvermerk ihres Konsulats bei. So stehen denn vor allem die einheimischen jüdischen Unternehmen ohne jeden Schutz da.

Vom 15. Oktober bis zum 1. November 1940 bin ich in Paris. Anschließend fahre ich nach Vichy. Dort schreibe ich zwei Texte, die zweifellos für meinen Vater oder für Professor Meyerson bestimmt sind. Sie betreffen die antijüdischen Maßnahmen der deutschen Behörden in der besetzten Zone, soweit sie damals in Paris bekannt sind.[4]

»In den ersten Tagen zögerten die Juden, sich im Kommissariat ihres Quartiers oder in der Präfektur ihres Departements registrieren zu lassen. Sie empfanden diese Maßnahme als erniedrigend. Aber die Reaktion der nichtjüdischen Bevölkerung ist der Art, daß die Juden eine Welle der Sympathie erleben und die Dinge von der guten Seite nehmen ... Auch die Haltung der zwanzig Pariser Polizeikommissare ermutigt die Juden, so daß sie die Kommissariate beschämt betreten und erhobenen Hauptes wieder verlassen. Paris hat seinen Sinn für Humor nicht verloren. So gingen die Schüler einer großen Pariser Schule, Juden und Nichtjuden, gemeinsam aufs Kommissariat, um sich registrieren zu lassen. (›Bei einer Großmutter weiß man ja nie‹, sagen sie lachend.) Ein ganzes Kloster mit Nonnen jüdischer

4 Bei der Abfassung dieses Abschnitts und des Abschnitts über das besetzte Paris stützte sich die Autorin auf Texte, die sie damals geschrieben hat. Die Texte fanden sich im Nachlaß des 1983 verstorbenen Professor Meyerson: Archives nationales. 521 AP 58. Zehn handschriftliche Briefe. Ein maschinenschriftlicher Brief (16. Juli 1939). Ein von Vivette Hermann unterzeichneter Text über die Verfolgungen und die antijüdischen Maßnahmen seitens der französischen Behörden. Acht Schreibmaschinenseiten, datiert vom 11. November 1940.

Herkunft ging geschlossen aufs Kommissariat, um sich registrieren zu lassen. Am 20. Oktober wurde die Registrierung abgeschlossen, und seit dem 22. Oktober bestellt man die registrierten Personen wieder ein, um ihnen den Zusatz ›Jude‹ oder ›Jüdin‹ in großen roten Buchstaben in ihre Ausweispapiere zu stempeln. Bemerkenswert ist auch, daß alle Zeitungen mit Ausnahme von zweien (die Pariser Zeitungen sind bekanntlich ›gleichgeschaltet‹) diesen Erlaß kommentarlos veröffentlicht haben.«

Über einen Erlaß, der das Tragen der »Armbinde«[5] betrifft, schreibe ich im November 1940:

»Wie es scheint, gibt es den Erlaß bereits, aber seine Durchführung wird aufgeschoben. Warum? Anscheinend ist eine ähnliche Maßnahme in Anvers schlecht aufgenommen worden; die Mehrzahl der nichtjüdischen Einwohner dieser Stadt gingen mit einer Armbinde auf die Straße und bezeugten damit ihre Sympathie für die Juden und ihre Solidarität. Man kann sich vorstellen, daß viele Franzosen ähnlich handeln würden ... [...] Außerdem sei angemerkt, daß die oben genannten Maßnahmen nur die besetzte Zone betreffen. Die Regierung des Marschall Pétain begnügt sich für den Augenblick mit der Durchführung des Judenstatuts und erklärt ausdrücklich, daß sie für die Juden in der besetzten Zone und für deren Besitz nichts tun kann. Etwas Erfreuliches: In Paris haben nichtjüdische Studenten sich aus eigenem Antrieb bei ihren Professoren für die Zulassung ihrer jüdischen Kommilitonen zum Lehrerexamen eingesetzt. Auch wenn sie nach dem Statut nicht Lehrer werden können, haben sie wenigstens ihren Abschluß und damit auch etwas Hoffnung ... Die Professoren waren beeindruckt von dieser Solidaritätsbekundung und haben ihrer Bitte entsprochen. Die algerischen Juden, die das Examen schon abgelegt haben, aber nicht als Lehrer eingestellt werden dürfen, erhalten übrigens Forschungsstipendien.«

Die rassische Diskriminierung setzt sich in Etappen durch.

5 Es handelt sich um den späteren gelben Stern.

Das zweite Judenstatut vom 2. Juni 1941 wird den Juden die Ausübung eines freien Berufs und die Führung eines Geschäfts nahezu vollkommen verbieten, ebenso den Zugang zum Studium an einer Hochschule. Im selben Monat wird auch die Registrierung der Juden in der freien Zone obligatorisch werden. Im Juli 1941 wird ein Gesetz alle in jüdischem Besitz befindlichen beweglichen und unbeweglichen Güter enteignen. Im Juni 1942 wird man in der besetzten Zone alle Juden, die älter als sechs Jahre sind, zwingen, den gelben Stern zu tragen. Und am 11. Dezember 1942 wird man in der »freien« Zone, die nach der Landung der Alliierten in Nordafrika gleichfalls besetzt worden ist, eine neuerliche Registrierung durchführen und die Ausweise sowie die Lebensmittelkarten der Juden mit dem Stempel »Jude« versehen. Die französischen Juden können nicht begreifen, daß eine rechtmäßige französische Regierung unter Führung von Marschall Pétain solche Maßnahmen gegen Veteranen des Krieges von 1914–1918 ergreifen kann, gegen Mitbürger, die in die französische Gesellschaft integriert sind – oder »assimiliert«, wie man damals sagte –, die häufig aus Mischehen stammen und, das soll nicht verschwiegen werden, nur wenig Affinität zu den osteuropäischen Juden empfanden.

Sollten die Juden, die gerade erst eingewandert sind, die antisemitischen Maßnahmen besser voraussehen können? Ich denke eher, sie vertrauen auf dieses Frankreich, das trotz der Dreyfus-Affäre in ihren Augen das Land der Menschenrechte ist und der Gerechtigkeit zum Sieg verholfen hat. Sie lassen sich registrieren, um in der Legalität zu bleiben ...

Zum Ausschluß der Juden aus dem öffentlichen Dienst bleibt mir ein Ausspruch meines Vaters in Erinnerung: »Das ist ein Vertragsbruch.« Aus seinem Munde klang das wie das Totengeläut auf Frankreich als »Rechtsstaat«.

Meine Ablehnung ist eher emotional. Ich lasse mich nicht registrieren, weil ich nicht einsehe, warum ich mich zwingen lassen sollte, meine Religionszugehörigkeit auf einem amtlichen Dokument anzugeben: Das ist Privatsache und gehört zu den Dingen, die den Staat nichts angehen, weil die Identität jedes Menschen darin gründet. Damals, im Juni 1941, bewegt mich jedoch nicht der Gedanke, auf diese Weise einem schrecklichen Räderwerk zu entgehen, das man sich nicht einmal vorzustellen vermag ...

## Das besetzte Paris

So schwer sich auch definieren läßt, wer Jude ist und warum, reagiere ich doch als Jüdin auf die antijüdischen Gesetze. Dennoch bin ich auch und vielleicht in erster Linie eine junge Französin von einundzwanzig Jahren, die im Oktober 1940 ihre Geburtsstadt besetzt vorfindet.

Frankreich ist in zwei Zonen geteilt: Die eine steht in permanentem Kontakt mit den Besatzern und muß täglich deren Gesetze ertragen, während die andere nur von französischen Behörden verwaltet wird. Nur sehr schwer und nach mehreren Tagen Schlangestehen erhält man von den Deutschen die Genehmigung, von einer Zone in die andere zu reisen. Der Briefverkehr zwischen beiden Zonen ist auf die – eigens dafür erfundene – Familienpostkarte beschränkt, eine vorgedruckte Karte, die nur Mitteilungen zur Gesundheit gestattet und auf der man lediglich Nichtzutreffendes durchstreichen darf.[6] Der Austausch weitergehender Nachrichten ist nur über das Ausland möglich, hauptsächlich über Genf. Die besetzte Zone ist vom Ausland vollständig abgeschnitten, die einzige Informationsquelle ist das Radio. Die Journalisten dürfen ihre Kollegen in der anderen Zone nicht zitieren. Offenbar liest das Pariser Publikum nur noch wenig Zeitung. Es gilt als Zeichen schlechten Geschmacks, in der Öffentlichkeit eine Zeitung zu lesen ... An die Mauern von Paris geklebte Zettel zeigen deutlich, was man davon hält: »Sage mir, wer dich autorisiert, und ich sage dir, wem du dienst.«

Natürlich befinden sich alle Propagandainstrumente in der Hand der Deutschen. Sie requirieren die gesamten Papier-

6 Siehe S. 5 im ersten Bildteil.

vorräte, so daß keine Zeitung, keine Zeitschrift, kein Buch ohne ihre Genehmigung erscheinen kann.

Um die Druckerlaubnis zu erhalten, braucht man in einen Artikel lediglich einen Satz gegen England oder gegen die Juden oder gegen die Mischlinge einzustreuen ... Die beiden wirklich antisemitischen Blätter sind *Le Cri du peuple* von Doriot und *Le Pilori*; die übrigen begnügen sich damit, die Verordnungen abzudrucken, die ihnen die deutschen Behörden übermitteln. Die Zeitungen, die man dennoch liest, um zum Beispiel zu erfahren, an welchem Tag man seine Lebensmittelkarten abholen kann, sind *Le Matin*, *Paris-Soir* und *L'Œuvre*. Die übrigen werden nicht ernst genommen. Man erzählt sich, *Le Pilori* habe einmal eine Liste von zehn Juden veröffentlicht, um sie an den Pranger zu stellen. Es zeigte sich, daß neun von den zehn genannten Personen keine Juden waren; die Zeitung mußte eine Richtigstellung abdrucken und sich entschuldigen.

Um das Publikum zu bewegen, Zeitung zu lesen und Radio Paris zu hören, veranstaltet man ein großes Gewinnspiel. Sämtliche Zeitungen veröffentlichen gleichzeitig einen (meist gegen England oder die Juden gerichteten) Satz aus einem bekannten Buch oder Theaterstück, und die ersten zehn Leser, die sich melden und sagen können, woher das Zitat stammt, gewinnen hundert Francs. Am nächsten Tag verliest Radio Paris den Absatz, aus dem das Zitat stammt, und gibt den Autor bekannt. Aber niemals hat jemand die Liste der Gewinner gesehen. Vielleicht weil niemand sich daran beteiligte?

Das Radio ist natürlich in der Hand der Deutschen, und es ist verboten, ausländische Sender zu hören (deutsche und italienische Sender gelten nicht als ausländisch).

In den Pariser Kinos werden keine amerikanischen oder englischen Filme mehr gezeigt. Die deutsche Wochenschau löst immer wieder einmal feindselige Demonstrationen aus, in deren Gefolge manche Kinos geschlossen werden ... Gleich zu Beginn der Okkupation hat man die Juden aus der Filmproduktion und dem Filmverleih entfernt. Nun zögern sie sogar, ins Kino zu gehen, aus Angst, für Demonstranten gehalten und als solche bestraft zu werden.

Die Deutschen setzen ihre »Säuberung« fort. Geschichte und Geographie dürfen nicht mehr gelehrt werden. Alle alten Schulbücher sind aus dem Verkehr gezogen worden, neue sollen in Vorbereitung sein. Außerdem besuchen inzwischen recht viele deutsche Kinder aus Offiziers- oder Beamtenfamilien die französischen Schulen. Ihre Anwesenheit beeinträchtigt auch die Möglichkeit der Lehrer, frei zu sprechen, vor allem in den höheren Klassen.

Die Theater sind gleichfalls »gesäubert« worden. Jüdische Künstler haben Auftrittsverbot; in den Ensembles der staatlich subventionierten Theater erhalten sie jedoch weiterhin ihr Gehalt. Generell gehen die Menschen wenig ins Theater; die Franzosen bleiben zu Hause, und die Deutschen gehen lieber ins Kasino oder ins Kabarett, wo sie einen Gutteil der Nacht verbringen.

Die Geistesverfassung der Franzosen verändert sich. Zu Beginn der Okkupation betrachteten sie die Deutschen mit Nachsicht. Der eigentliche Krieg war zu kurz gewesen, um tiefen Haß zu erzeugen. Zwanzig Jahre pazifistischer Propaganda hatten ihre Spuren hinterlassen, und es gab bei uns einen sehr aufrichtigen Wunsch nach Annäherung. Die deutschen Soldaten, jung, gut gekleidet, äußerst korrekt, sympathisieren mit der Bevölkerung. Außerdem zeigen die Besatzungsbehörden eine gewisse Fürsorge für die Einheimischen: Volksspeisung, Lebensmittel ... All das hat zur Entstehung eines positiven Vorurteils bezüglich der Deutschen beigetragen. Man ging sogar soweit zu meinen, Frankreich habe unrecht gehabt, sich von England ins Schlepptau nehmen zu lassen. Aber es liegt in der Natur der Sache, daß eine Besatzung immer schwerer auf dem besetzten Land lastet, je länger sie andauert. Die deutsche Besatzung ist nicht nur militärischer Art; die Besatzer versuchen methodisch, in alle Bereiche des nationalen Lebens einzudringen. Die Deutschen haben nicht nur Soldaten und die Gestapo nach Frankreich geschickt, sondern einen ganzen Troß von Beamten und Funktionären, die sich auf Kosten des besetzten Landes in Banken, Gerichten, Fabriken, Finanzämtern, Radiostationen usw. eingenistet haben, und sie alle haben ihre Familien mitgebracht (... die deutschen Städte werden bombardiert).

Die schönen Pariser Viertel erleben eine wahre Invasion. Zunächst hat man die Wohnungen der Juden beschlagnahmt, dann die übrigen.

Nur wenige deutsche Soldaten wohnen in Paris; für sie ist die Stadt meist nur eine Durchgangsstation. Aber die Villen und Schlösser am Stadtrand mit all ihrem modernen Komfort sind sehr beliebt. Manche Häuser sind verschont worden, weil die Besitzer das (übrigens falsche) Gerücht verbreitet haben, sie würden von Tuberkulosekranken bewohnt. Oft haben die Besitzer die Inneneinrichtung vollständig demoliert, Gas- und Stromleitungen unterbrochen und die Toiletten herausgerissen, damit »sie« dort nicht wohnen können ... Unnötig zu sagen, daß alle großen Hotels, die Ministerien, das Parlament (Deputiertenkammer und Senat) von der deutschen Verwaltung mit Beschlag belegt worden sind. Es ist bei Todesstrafe verboten, englischen Soldaten Unterkunft zu gewähren, doch die Bevölkerung kümmert sich um die von den Deutschen internierten englischen Zivilisten. Das gilt besonders für die Franzosen, die Englisch sprechen, zum Beispiel die Lehrer der Pariser Gymnasien. Sie haben einen Hilfsdienst organisiert, schicken ihnen unter eigenem Verzicht Kuchen und Tee, stricken ihnen Strümpfe und Pullover, adoptieren vorübergehend ihre Kinder ... Man erzählt sich auch, die Gräber der in Frankreich gefallenen britischen Flieger seien stets mit Blumen geschmückt, und auf ihren Beerdigungen drängten sich die Menschen. Paris hat sich sehr verändert. Überall finden sich deutsche Schilder, und die Straßen sind fast menschenleer. Die meisten Wagen, die man noch sieht, sind deutsch. Die wenigen französischen Fahrzeuge, die eine Fahrerlaubnis besitzen, dienen der Versorgung der Bevölkerung. Ihre Zahl nimmt von Tag zu Tag ab.

Benzin ist knapp. Man sieht vor allem deutsche Lastwagen, Militärtransporter und solche, auf denen deutsche Soldaten die klassische Stadtrundfahrt absolvieren: Invalidendom, Place de la Concorde, Louvre, Eiffelturm, Notre-Dame, Panthéon ... Damit man auf den Ladeflächen etwas bequemer sitzt, haben die Deutschen hier und da Sessel requiriert ... Einen höchst sonderbaren Anblick bieten diese Lastwagen mit ihren Renaissance-Stühlen und Louis-Seize-Sesseln, auf denen Soldaten sitzen. In den Gewölben des Panthéon, wo einige illustre Franzosen begraben liegen, fordert man die deutschen Soldaten auf, vor dem Grab von Jean Jaurès in Hab-Acht-Stellung zu gehen, der »1914 Opfer seines Pazifismus« wurde ...

Die Pariser dagegen fahren mit der Métro – in der zweiten Klasse, denn die deutschen Soldaten haben kostenloses Anrecht auf die erste. Man sieht keine französischen Autos mehr, dafür aber Rudel von Fahrrädern mit kleinen Anhängern zum Transport von Waren aller Art. Das Pariser Stadtbild hat sich vollkommen verändert. Man hat Fahrradabstellplätze schaffen und die Straßenverkehrsordnung ändern müssen. Es gibt sogar Fahrradtaxis, die an Sänften oder chinesische Rikschas erinnern.

Das alltägliche Leben ist schwierig geworden. Der Zugriff der Deutschen auf die französische Wirtschaft macht sich bemerkbar. Die Deutschen haben einen Generalbevollmächtigten in der Nationalbank und Bevollmächtigte in allen Banken eingesetzt ... Ohne Genehmigung dürfen die Banken keinen Scheck auszahlen. Schließfächer dürfen nur im Beisein eines Deutschen geöffnet werden, der Devisen, ausländische Valuta und ungefaßte Edelsteine an sich nimmt.

Es heißt, die Deutschen hätten sich an alle wichtigen Firmen (Maschinenbau, Rüstung, Elektrizitätsversorgung, Chemie) gewandt und ihnen ihre Zusammenarbeit angeboten, wobei sie als erste Bedingung die Eliminierung der Juden genannt hätten. Sie forschen in den Archiven des Handelsregisters nach. Sie lassen sich alle deponierten Patente aushändigen.

Zu Beginn der Okkupation wurden die Deutschen in Besatzungsmark bezahlt, deren Kurs willkürlich auf zwanzig französische Francs festgelegt wurde. Ein einfacher Soldat erhielt zwei Mark pro Tag, die er im besetzten Gebiet ausgeben durfte ... Bei diesem Kurs können sie die Geschäfte leerkaufen: Schokolade, Likör, Champagner, Wein, seidene Wäsche, Pelze, Schuhe, Seidenstrümpfe, Lederwaren ... Aus Deutschland kommen zahlreiche Zivilisten, um Einkäufe zu tätigen.

Offenbar hat man eine strenge Preiskontrolle eingeführt. Preiserhöhungen sind nicht möglich. Seit die Banque de France vierhundert Millionen Francs jährlich für Besatzungskosten zahlt, ist die Mark aus dem Geldverkehr verschwunden; da die Deutschen nun die Taschen voller Francs haben, können sie weiterhin alles kaufen.

Auch die deutschen Frauen kaufen ein. Auf der Straße erkennt man sie leicht ... Da sind die Offiziersfrauen und die Frauen der hohen Beamten, die neu eingekleidet aus den besten Pariser Boutiquen kommen; und die Soldatenfrau in einfacher Kleidung, die ihre Wollstrümpfe nicht gegen Seidenstrümpfe hat tauschen können. Sie kauft für die Zeit nach dem Krieg ein. Die Krankenschwestern tragen lange Lodenmäntel und graue Kittel. Aber langsam werden die Mäntel kürzer, manche haben begonnen, sich die Lippen zu schminken. Die Luft von Paris!...

Das Lebensmittelproblem beschäftigt vor allem die Pariser. Die Kartoffeln, die von den Deutschen besonders geschätzt werden, sind seit der Besetzung knapp geworden – weshalb man die Deutschen auch »Kartoffelkäfer« nennt.

Milch ist – in kleinen Mengen – nur für Kinder und Kranke zu haben. Aber man erzählt sich, die Schwestern geben sie auf den Bahnhöfen an deutsche Soldaten aus. Kaffee gibt es nicht mehr, nur noch ein ungenießbares Gebräu. In den Städten, in denen deutsche Truppen stationiert sind, wird dennoch Kaffee geröstet ..., und die Händler, die von den ständigen Nachfragen aus der Bevölkerung genug haben, hängen deshalb Schilder ins Fenster, auf denen steht: »Der Kaffee, den wir rösten, kann nicht verkauft werden; er ist für die deutschen Truppen bestimmt.« ... Manche bleiben stehen, nur um wieder einmal den Duft guten Kaffees einzuatmen.

Nichts bringt die »Besetzten« so sehr in Rage wie der Anblick der Deutschen, die sich ein vollständiges Frühstück mit Schinken, Eiern, Butter und Milchkaffee servieren lassen, während sie selbst unter der Lebensmittelknappheit zu leiden haben. Zwar haben auch die Deutschen Lebensmittelkarten, aber die Leute sind – zu Recht oder zu Unrecht – davon überzeugt, daß sie so viele Marken bekommen, wie sie wollen. Sie rauchen gute englische Zigaretten, die aus riesigen, von den englischen Streitkräften zurückgelassenen Vorräten stammen und für den einfachen französischen Zivilisten unauffindbar sind. An den drei Tagen der Woche, an denen Kuchen erlaubt sind, füllen die Deutschen die Patisserien und lassen es sich schmecken, während ein schweigendes Volk, das kaum seinen Hunger stillen kann, vor dem Fenster steht und ihnen zuschaut.

Mit Sorgen sieht man dem Winter entgegen, denn die Not ist groß in Paris, wo letztens siebenhunderttausend Arbeitslose gezählt wurden, und ihre Zahl wird noch weiter zunehmen. Es gibt keine Kohle, und die Arbeitslosen sind gezwungen, einen Teil ihrer Lebensmittelmarken zu verkaufen, um an etwas Geld zu gelangen. Sie müssen jede Arbeit annehmen, die ihnen angeboten wird; so haben die Deutschen begonnen, Facharbeiter anzuwerben, die sie nach Deutschland schicken. Die ersten Konvois und die Maschinen einiger Fabriken sind schon auf dem Weg nach Deutschland.

Unter den vier Millionen Einwohnern von Paris werden Anekdoten und Gerüchte von Mund zu Mund weitergegeben.

Eines Tages erzählt man überall in Paris, ein deutscher Offizier, der von einer französischen Krankenschwester sehr gut gepflegt worden sei, habe ihr, als er ging, diesen Rat gegeben: »Wenn wir Paris verlassen müssen, suchen Sie sich ein gutes Versteck, und nehmen Sie für achtundvierzig Stunden Proviant mit, denn wir haben Befehl, alle zu massakrieren und die Stadt zu plündern.«

Das Volk glaubt, zahlreiche mit dem Fallschirm abgesprungene Engländer hielten sich, als Deutsche verkleidet, in Paris auf. Eine Frau erzählt, sie habe einen deutschen Soldaten getroffen, der sehr sympathisch wirkte, und sie fügt hinzu: »Das muß ein verkleideter englischer Soldat gewesen sein.«

Die Pariser versuchen, das Kriegsgeschehen, das man vor ihnen verheimlicht, aus äußeren Anzeichen im Verhalten der Deutschen zu erschließen: »Sie sind traurig heute, wahrscheinlich weil es mit England nicht gutgeht.« Oder: »Die Seine-Lastkähne, die sie beschlagnahmt hatten, sind wieder da; wahrscheinlich weil die Landung in England gescheitert ist oder weil sie diese Idee aufgegeben haben.«

Mit unverwüstlichem Optimismus schreibe ich in einem Brief vom November 1940:

»Die besetzte Zone scheint der nichtbesetzten zu sagen: ›Ihr, die ihr nicht unter dem Joch der Besatzungsbehörden steht und die ihr daher freier seid als wir, warum reagiert ihr nicht?‹ Aber die Wahrheit ist, daß es sich im Augenblick nur um eine Attitüde und nicht um eine wirkliche Reaktion handeln könnte. Man hat das Gefühl, daß Frankreich sich schon herauswinden wird, ohne daß man genau wüßte, wie das geschehen soll. Man wartet und hofft.«

# Das Engagement einer Zwanzigjährigen

## Ein Winter in Toulouse

Nach diesem Aufenthalt in Paris fahre ich zu meinen Eltern nach Vichy, wo sie dank des in Orléans erhaltenen Ausweises seit Mai leben. Meinem Vater ist es gelungen, sich als Korrespondent des New Yorker *Morning Journal* akkreditieren zu lassen; seine Artikel muß er der Zensurbehörde vorlegen; dennoch bemüht er sich, möglichst viele Informationen über die Politik der Vichy-Regierung unterzubringen, und läßt sich von mir ausführlich über das Geschehen in Paris berichten.

Ich habe nicht vor, in Vichy zu bleiben. Ich versuche vor allen Dingen, ein festes Standbein zu finden. Ich antworte auf eine Annonce im *Figaro*, in der ein Philosophielehrer für Lons-Le-Saunier gesucht wird. Meine Eltern wissen noch nicht, ob sie in Vichy bleiben oder den Winter in Lyon verbringen sollen, wo meine Schwester die letzte Klasse des Gymnasiums besucht. Es ist auch möglich, daß die Regierung nach Paris zurückkehrt, und in diesem Fall würde mein Vater gleichfalls dorthin gehen, um seine journalistische Arbeit fortsetzen zu können. Professor Meyerson rät mir, nach Toulouse zu kommen, wo ich Arbeit finden und mein Studium fortsetzen könne.

Ende November 1940 fahre ich nach Toulouse und finde ein Zimmer in der Nähe des Bahnhofs. Professor Meyerson vermittelt mir den Kontakt zu einer jungen Doktorandin, die eine Dissertation zum Thema »Verzeihen« vorbereitet. Ich soll die Literatursuche für sie erledigen. Das ist eine aufregende Arbeit, für die ich ganze Tage in der Universitätsbibliothek verbringen muß, und die Bezahlung reicht für mein Studentenleben.

Als meine Schwester zu mir nach Toulouse kommt, mieten wir uns in einer Pension ein, in der viele aus Paris geflohene Studenten wohnen, zu einem Gutteil kommunistische Studenten, die sich seit dem deutsch-sowjetischen Nichtangriffspakt nicht wohl in ihrer Haut fühlen. Aus ihren Reihen werden sich die ersten Widerstandskämpfer von Toulouse rekrutieren.

Manche Studenten, die aus dem Gefängnis geflohen sind und völlig mittellos dastehen, engagieren sich im Jugendaufbauwerk. Ich sehe einige von ihnen, wie sie durch die Straßen von Toulouse ziehen und singen: »Une fleur au chapeau, à la bouche une chanson ...« In unserer Pension begegnen wir Clara Malraux, die sich mit ihrer acht- oder neunjährigen Tochter dorthin geflüchtet hat. Gesprochen wird so gut wie nichts. Alle warten. Jean-Pierre Vernant rät uns, Steckrübenblätter zu essen: »Da sind viele Vitamine drin.« Er ist Philosophielehrer am Gymnasium von Toulouse und fährt an den Wochenenden nach Narbonne, wo seine Frau und sein kleines Kind leben.

In dieser Gruppe, die aus Juden und Kindern aus Mischehen besteht, hat jeder gute Gründe, nicht nach Paris zurückzukehren.

Im Juni 1941 erfolgt in der Südzone die Registrierung der Juden – ich weiß nichts davon oder tue zumindest so ... Wir alle sind im stillen gegen Vichy, aber wir reden nicht darüber. Ich arbeite, ich schließe erfolgreich einen Englischkurs ab. Das Studienjahr geht zu Ende.

Mein Vater hat nach der Registrierung nicht in Vichy bleiben können. Er reist nun viel in der freien Zone umher. Ich fahre nach Cannes, wo meine Mutter inzwischen wohnt. Meine Schwester bleibt in Toulouse. Die Dissertation über das Verzeihen wird niemals geschrieben werden; die junge Frau, die sie schreiben wollte, ist verhaftet worden und wird in den Konzentrationslagern umkommen.

Dieser Aufenthalt in Toulouse ist für mich eine Übergangsphase: Ich habe Lust auf ein aktiveres Leben ...

## Juli – Oktober 1941. Entscheidende Begegnungen

Der Sommer kommt, meine Arbeit ist unterbrochen, und die Zeit scheint stehenzubleiben. Meine Mutter hat in Cannes eine kleine Wohnung gemietet. Kann man sich im Juli 1941 in Cannes wie in den Ferien fühlen? Die Luxushotels sind voller reicher Flüchtlinge, die Schaufenster voll teurer Kleider, und das Wetter ist schön. Die Lebensmittel sind rationiert, aber man muß nicht hungern. Über den Kriegsverlauf erfahren wir nicht viel, nur daß England sich trotz der Bombardierungen gut hält. Die Untätigkeit macht mir zu schaffen. Mein Zahnarzt Raymond May, dem ich von meinem Gemütszustand erzähle, gibt mir den Hinweis, in Marseille könne ich eine Beschäftigung finden. Ich fahre also nach Marseille und nehme Kontakt mit einem Freund meines Vaters, Dika Jefroykin, auf, der, wie ich später erfahre, Korrespondent des Joint[1] in Frankreich ist. Zweifellos weil er von meiner Aktion zugunsten der spanischen Kinder gehört hat, verweist er mich an das Unitarian Service Committee, wo ich die amerikanische Beauftragte Herta Field treffe. Sie berichtet mir, daß ihre Organisation im Lager Rivesaltes bei Perpignan Kindergärten eingerichtet habe und daß eine andere internationale Organisation, die OSE, eine Betreuerin für das Lager suche. Ich bin erschüttert: »Kinder in diesen Lagern? Das ist doch nicht möglich. Das würde Pétain niemals zulassen ...«

Konsterniert wende ich mich an das Büro der OSE in der Rue d'Italie 25 in Marseille. Adrien Benveniste, ein junger Französischlehrer, widmet sich mir und rät mir, eine Zukunft ins Auge zu fassen, gegen die ich mich mit aller Macht wehre: »Mit dem Studieren ist es für die Juden vorbei. Wir müssen uns auf handwerkliche Berufe einrichten« (die berüchtigte Rückkehr zur »Scholle« und zur Hand-

1 Das American Jewish Joint Distribution Committee. 1914 gegründet, um den von einer Hungersnot bedrohten Juden in Palästina zu helfen, wurde es später nicht aufgelöst, sondern setzte seine Hilfe für Juden in aller Welt fort. Das Joint Distribution Committee ist die wichtigste philanthropische Organisation der amerikanischen Juden.

arbeit, für die Pétain eintritt ...). Er empfiehlt mir einen Umschulungskurs zur Büglerin, der in Kürze beginnen soll. Verunsichert sage ich ihm, daß ich darüber nachdenken würde, lasse ihm aber dennoch meine Adresse da. Ein paar Tage später erhalte ich einen Telefonanruf, in dem man mir einen Termin für ein Treffen mit Andrée Salomon im Büro der OSE mitteilt. Also gehe ich wieder in die Rue d'Italie. Bei meiner Ankunft begegnet mir auf der Treppe eine Dame mit blauem Turban, in Begleitung eines jungen Mannes, den ich kaum wahrnehme. Die Dame ist Andrée Salomon, und sie nimmt mich mit in die Synagoge, ohne mir zu sagen, ob es sich um eine Versammlung oder einen Gottesdienst handelt.

Im Hof der Synagoge, auf einer Mauer sitzend, fragt sie mich aus. Nach meinem Studium, meiner Familie ... Sie scheint meinen Vater zu kennen, zumindest dem Namen nach. Schon bald erzählt sie mir vom Lager Rivesaltes – in deutsch, um zu testen, ob ich mich mit den Internierten unterhalten kann, von denen viele aus Baden und der Pfalz stammen. Immer noch ungläubig erfahre ich, daß in Rivesaltes ganze Familien festgehalten werden, Eltern und Kinder, die im Oktober 1940 in diesen beiden deutschen Ländern festgenommen und nach Frankreich abgeschoben worden waren.

Andrée Salomon erläutert mir in kurzen Zügen die Aktivitäten der OSE im Lager Rivesaltes: Der Arzt Dr. Malkin, der den Internierten von Agde nach Rivesaltes gefolgt ist, kümmert sich seit einem Jahr im Lager um die medizinischen und sozialen Belange der Internierten und insbesondere der Kinder. Ein weiterer Beauftragter der OSE, Charles Lederman, muß das Lager verlassen – wie ich später erfahre, wirft man ihm vor, Fluchtversuche begünstigt zu haben. Die OSE denkt daran, ihn durch eine junge Frau zu ersetzen ...

Andrée Salomon berichtet mir auch von den Aktivitäten der internationalen Hilfsorganisationen, die gemeinsam in den Lagern arbeiten, um die Lage der Internierten zu verbessern. Meine Aufgabe wird es sein, in Zusammenarbeit mit den Quäkern[2], der Cimade[3], dem Secours suisse und den Unitariern die Befreiung der jüdischen Kinder zu erreichen. Ich soll innerhalb des Lagers leben.

Schon bei dieser ersten Begegnung beeindruckt Andrée Salomon mich sehr. Eine königliche Erscheinung, obwohl sie erst dreiunddreißig Jahre alt ist. Sie wirkt sehr selbstbewußt, und diese Selbstsicherheit macht mir Mut. Sie scheint keinen Zweifel zu haben, daß ich zusage, und stellt sogar noch Bedingungen: Wenn die Lager, wie man hört, nach Afrika verlegt werden sollten, muß ich den Internierten folgen. Angesichts ihrer Entschlossenheit bin ich bereit, bis ans Ende der Welt zu gehen ...

Wieder in Cannes, frage ich meinen Vater um Rat. Wie bei der Fahrt nach Spanien ermuntert er mich zuzusagen und erklärt, er sei sicher, daß ich dieser Aufgabe gewachsen sei.

Einige Tage später übermittle ich Julien Samuel (dem jungen Mann, dem ich auf der Treppe begegnet bin) telefonisch meine Zusage und bin erstaunt, ihn antworten zu hören: »Darüber bin ich sehr froh ...«

## Die OSE und ihre Geschichte

Ich fahre nach Montpellier, wo ich von der sogenannten Leitung der OSE empfangen werde. Ich begegne Lazare und Olga Gurvic, deren Französisch einen wunderbaren russischen Akzent hat. Gerührt über meine Jugend, empfangen sie mich mit großer Wärme. Ich treffe auch Germaine Masour und Jacques Ratner, beide gleichfalls Russen, deren unendliche Großzügigkeit ich noch kennenlernen werde. Man macht mich mit Dr. Joseph Weill bekannt, einem angesehenen Arzt aus Straßburg, der sich in die Dordogne abgesetzt hat. Er hat sich der OSE angeschlossen und mit ihm eine ganze Gruppe von Elsässern, darunter auch Julien Samuel.

2 Von den amerikanischen Quäkern gegründete Hilfsorganisation.

3 Comité intermouvements d'aide aux évacués: eine Hilfsorganisation der protestantischen Jugendorganisationen.

Ich treffe auch René Borel, den hingebungsvollen und gewissenhaften Kassenwart, von dem ich sehr bald erfahre, daß er »übrigens« kein Jude ist. Man erklärt mir, was die OSE ist.

Die Organisation wurde 1912 in Rußland von einer Gruppe junger Ärzte gegründet, die es sich zum Ziel setzten, der von Pogromen betroffenen jüdischen Bevölkerung »in einem apolitischen Geist und ohne jedes Sektierertum« medizinische Hilfe zukommen zu lassen; man verteilte sich über das Land und kümmerte sich um die Flüchtlinge.

Die Revolution von 1917 zwang die Gründer der OSE, auszuwandern und ihre Aktivitäten in die Nachbarländer Sowjetrußlands zu verlagern, in die damals Tausende jüdischer Flüchtlinge zu strömen begannen.

Ende 1922 bestanden Netzwerke in Bessarabien, Polen und den baltischen Staaten. 1923 beschloß die OSE auf ihrem Berliner Kongreß die Gründung einer Föderation nationaler Vereinigungen mit internationaler Reichweite, die den Namen »Union-OSE« erhielt und deren erster Präsident niemand anderes als Albert Einstein wurde. Wegen der Schikanen und Verbote nach der Machtübernahme durch die Nationalsozialisten 1933 mußte das von Professor Besredka geleitete Berliner Büro seinen Sitz nach Paris verlegen. 1935 gründete Lazare Gurvic, Generalsekretär der Union-OSE, die französische OSE. Er knüpfte Verbindungen zu den englischen und amerikanischen Zweigen der OSE und suchte nach einer neuen finanziellen Basis für die Aktivitäten seiner Organisation. OSE-Frankreich hielt an den ursprünglichen russischen Initialen[4] fest und gab ihnen die Bedeutung »Œuvre de secours aux enfants« (Kinderhilfswerk).

Schon 1936 sah die OSE sich mit einer neuen Herausforderung konfrontiert, als es galt, die jüdischen Kinder aufzunehmen, die von ihren Eltern aus Deutschland und dann auch aus Österreich nach Frankreich (dem Frankreich der Volksfront ...) geschickt wurden, um sie in Sicherheit zu bringen.

4 *Obstechestvo Zdvavooberaneij Evrei*: Verein zur medizinischen Versorgung der jüdischen Bevölkerung.

So entstanden in der Pariser Region, in Eaubonne und Montmorency, die ersten Kinderheime, und zur medizinisch-sozialen Versorgung trat als zweite Sektion die Kinderbetreuung hinzu.

Mit dem Kriegsbeginn 1939 wurden die von der OSE betreuten Kinder von heute auf morgen zu »feindlichen Ausländern«. Als Frankreich dann im Juni 1940 geteilt wurde, mußte man sie in die südliche Zone in Sicherheit bringen und zugleich den Strom der vor den einmarschierenden Deutschen aus Belgien und den Niederlanden Flüchtenden aufnehmen. Man verlegte den Sitz der OSE zunächst nach Vichy, dann nach Montpellier; ein Teil des Büros blieb unter Leitung von Dr. Eugène Minkowski in Paris.

Dank langjähriger Erfahrung gelang es der OSE in der Südzone sehr schnell, Zentren für die medizinische und soziale Versorgung der Flüchtlinge aufzubauen.

Ich besuche das Zentrum in Marseille, das von Julien Samuel und Dr. Zimmer geleitet wird. Aus ihren Erklärungen ersehe ich, daß es stets um dasselbe Ziel geht: die Fähigkeit der Erwachsenen und der Kinder zu stärken, mit den Schwierigkeiten fertig zu werden. Aber neben dieser medizinisch-sozialen Hilfe gilt es auch, den geflüchteten Ausländern oder Staatenlosen, die aufgrund des Gesetzes vom Oktober 1940 interniert sind, eine besondere Hilfe zukommen zu lassen. Ich weiß nichts über diese Lager. Charles Lederman, den ich in Rivesaltes ablösen soll, erklärt mir, dort sollten die »am Rand des Wirtschaftskreislaufs« befindlichen Ausländer konzentriert werden, die aufgrund der Beschränkung ihrer Rechte und der gesteigerten Wachsamkeit interniert würden. Im Februar und März 1939 wurden hastig die ersten Lager eingerichtet, die – provisorisch, wie es damals hieß – die spanischen Republikaner und die Angehörigen der Internationalen Brigaden aufnehmen sollten, die in Frankreich Asyl suchten. Mit dem Beginn des Kriegs gegen Deutschland wurden dann auch »Angehörige von Feindstaaten« verhaftet: deutsche und österreichische Staatsangehörige, aber auch Staatenlose, die nach dem Erlaß vom November 1939 als »Gefahr für die nationale Sicherheit und die öffentliche Ordnung« eingestuft wurden. Viele von ihnen waren schon Jahre zuvor nach Frankreich geflohen, weil sie Juden oder Gegner der Nazis waren, und hatten aus den unterschiedlichsten Gründen nicht nach Amerika auswandern können, wie sie eigentlich gewünscht hatten. Hinzu kamen nach der Niederlage und dem Exodus die Flüchtlinge aus Belgien und den Niederlanden, die in den Süden Frankreichs strömten, soweit es nur ging – bis das Mittelmeer oder die spanische Grenze ihnen den Weg versperrte. Da sie gleichfalls »am Rand des Wirtschaftskreislaufs« standen, konnten auch sie aufgrund des Gesetzes vom Oktober 1940 interniert werden.

Während die beiden genannten Gruppen »aus eigenem Antrieb« nach Frankreich geflohen sind, läßt sich das von einer anderen Gruppe nicht behaupten, von den Juden nämlich, die in der Nacht vom 22. auf den 23. Oktober 1940 in Baden, der Pfalz und einem Teil von Württemberg verhaftet wurden. Man schob sie nach Westen ab, obwohl die Vichy-Regierung, die nicht informiert worden war, sich zunächst weigerte, sie aufzunehmen, dann aber nachgab. So wurden nahezu 7000 Männer, Frauen und Kinder zunächst in Gurs interniert und dann nach Rivesaltes gebracht.

## Die Hilfsorganisationen

Die ersten, die Zugang zu den Lagern in der Südzone erhalten, sind Militärgeistliche in Uniform. Zwei von ihnen, die Rabbis René Samuel Kapel und Henri Schilli, alarmieren schon im Juli 1940 jüdische Hilfsorganisationen wie OSE, ORT[5], HICEM[6] und Joint.

Die Spannungen zwischen den verschiedenen Organisationen verzögern ein gemeinsames Vorgehen, das sich

5 Organisation-Reconstruction-Travail.

6 Hilfsverein für jüdische Auswanderung.

später auf die materielle und finanzielle Hilfe des Joint stützen wird, dessen europäische Zentrale sich in Lissabon befindet.

Um eine effiziente Zusammenarbeit zu ermöglichen, gründen neun jüdische Hilfsorganisationen Ende 1940 in Marseille die Commission centrale des organisations juives d'assistance CCOJA (Zentralkommission der jüdischen Hilfsorganisationen). Rabbi Schilli, der regelmäßig die Lager besucht, setzt sich besonders aktiv für diese Koordinierung ein. Auf seine Initiative schickt die OSE Dr. Malkin ins Lager Agde und bittet ihn später, den Internierten auch nach Rivesaltes zu folgen. Einige Lagerleiter wie der von Gurs stehen außerdem der Arbeit der Hilfsorganisationen sehr aufgeschlossen gegenüber.

Die verschiedenen Hilfsorganisationen verabreden folgende Aufgabenverteilung: Die OSE richtet Kindergärten ein, das CAR[7] kümmert sich um die Alten, die ORT baut Werkstätten auf, in denen sie Jugendlichen eine Ausbildung als Tischler, Friseur usw. ermöglicht. Das HICEM kümmert sich um die Auswanderung.

Diese jüdischen Hilfsorganisationen finden sehr bald zur Zusammenarbeit mit Organisationen unterschiedlichster Herkunft, darunter die Quäker, die Cimade, der Secours suisse und der SSAE[8]. Donald Lowrie von der YMCA[9] unterbreitet den verschiedenen Hilfsorganisationen im Herbst 1940 den Vorschlag, ihre Aktivitäten zu koordinieren. Auch der Innenminister der Vichy-Regierung ist, wie es scheint, von diesem Vorschlag sehr angetan. Das Comité de Nîmes[10], in dem fünfundzwanzig nationale und internationale, kirchliche und weltliche Hilfsorganisationen vertreten sind, erhält das Plazet der Vichy-Regierung: Die enge Zusammenarbeit wird äußerst wertvoll sein. Joseph Weill sollte 1945 darüber schreiben:

7 Comité d'aide aux réfugiés (Flüchtlingshilfswerk).
8 Service social d'aide aux émigrants (Sozialer Hilfsdienst für Auswanderer).
9 Young Men's Christian Association (Christlicher Verein junger Männer).
10 So genannt, weil es in Nîmes zusammentrat.

»Die großen Hilfsorganisationen waren für die Eingeschlossenen oft die letzte Verbindung zur Außenwelt und die einzig noch möglichen Zeugen menschlicher Solidarität. Da sie in engem Kontakt mit den leidenden Menschen standen und in ihrem Kampf große Gefahren auf sich nahmen, erwarben die Hilfsorganisationen immer größere moralische Autorität ... Zur rechten Zeit erkannten sie die Notwendigkeit, sich zusammenzutun und ihre Bemühungen zu koordinieren. [...] Seite an Seite bildeten die verschiedensten Organisationen mit unterschiedlichster Zielsetzung eine gemeinsame Front moralischen und materiellen Widerstands. Von Oktober 1940 bis März 1943 [...] kam das Koordinationskomitee regelmäßig mindestens einmal im Monat in Nîmes zusammen, den Vorsitz führte anfangs David Lowrie von der YMCA, danach Pfarrer Toureille. Aufgrund der Berichte der vor Ort arbeitenden Gruppen untersuchte das Komitee das Leben in den Lagern, wandte sich immer wieder an die zuständigen Verwaltungsstellen, informierte die internationale Öffentlichkeit über den Skandal der Konzentrationslager. [...] Vor allem auf den Gebieten der Hygiene, des Schutzes von Kindern und Alten, der Verbesserung der Gesundheitsbedingungen in den Lagern sowie der Schul- und Berufsausbildung wurden echte und vielfach beachtliche Erfolge erzielt.«[11] Von November 1940 an vertritt Dr. Joseph Weill die OSE beim Comité de Nîmes und unterstreicht dort die Notwendigkeit einer tiefgreifenden Sozialarbeit und die Priorität der Befreiung.

Daß die Befreiung der Kinder absolute Priorität haben soll, ist keineswegs selbstverständlich; während OSE und Secours suisse entschieden dieser Ansicht sind, vertreten einige Hilfsorganisationen im Comité de Nîmes die Auffassung, daß es sinnvoller sei, die beschränkten Mittel für die Verbesserung der Lebensbedingungen innerhalb der Lager einzusetzen. Mit der Summe, die erforderlich ist, um ein einziges

11 Joseph Weill, *Contribution à l'histoire des camps d'internement dans l'Anti-France*, Paris 1946.

Kind herauszuholen, könne man mindestens vier Kindern innerhalb der Lager helfen. Der amerikanische Zweig der OSE unterstützt das Projekt, die in den französischen Lagern internierten Kinder zu befreien.[12]

Die Alternative ist eine weniger klare Trennung: Die Befreiung der Kinder muß Hand in Hand gehen mit einer Verbesserung der Lebensbedingungen der Internierten, vor allem mit dem Kampf gegen den Hunger. In Rivesaltes arbeitet die OSE in drei Richtungen: medizinische Hilfe, die sich auf die Versorgung der Schwächsten mit zusätzlicher Nahrung konzentriert; Befreiung der Kinder und ihre Unterbringung draußen, was zugleich bedeutet, daß die Organisation im Rahmen des Möglichen die volle Verantwortung für ihre Erziehung, ihre Gesundheit und ihre Auswanderung zu übernehmen hat.

Mehrere hundert Auswanderungsakten sind in Arbeit. Die Regeln sind präzise gefaßt: Auswandern können nur Kinder unter fünfzehn Jahren, die gesund sind und deren Aufnahme in den Vereinigten Staaten gesichert ist. Sie benötigen natürlich ein amerikanisches Einreisevisum, aber vor allem auch ein Ausreisevisum für Frankreich – und das ist schwer zu bekommen ... Offenbar fürchtet Pétain, die Ankunft dieser Kinder in den Vereinigten Staaten könne die Amerikaner gegen seine Regierung aufbringen, die von Roosevelt immer noch als die rechtmäßige französische Regierung anerkannt wird. Die ersten zwei Gruppen haben Marseille Richtung Vereinigte Staaten verlassen.[13] Nach zahlreichen Interventionen des Koordinierungsausschusses eröffnet sich schließlich die Möglichkeit, Kinder unter fünfzehn Jahren aus den Lagern herauszuholen. Aber es muß für ihre Unterbringung gesorgt werden, und vor allem gilt es, die Genehmigung des Präfekten des aufnehmenden Departements zu besorgen. Dr. Weill glaubt, wenn die Eltern sich wegen ihrer Kinder nicht mehr

12 Im Juli 1941 erhält die OSE vom New Yorker Joint die nötigen Mittel für die Einrichtung neuer Kinderheime.

13 Eine dritte Gruppe wird im Mai 1942 folgen. Die Abfahrt einer letzten Gruppe scheitert im November 1942, weil die Deutschen die Südzone besetzt haben.

solche Sorgen zu machen brauchen, werden sie besser zurechtkommen – und vielleicht sogar aus den Lagern fliehen können ...

Ich werde nach Rivesaltes geschickt, damit ich die Befreiung der Kinder in die Wege leite, sobald jeweils für Unterbringungsmöglichkeiten in den Einrichtungen der OSE, der Quäker und des Secours suisse gesorgt ist. Eine weitere Gruppe der OSE arbeitet mit gleicher Zielsetzung im Lager Gurs; sie steht unter Leitung von Ruth Lambert. Zu meinen Aufgaben wird es gehören, die Einwilligung der Eltern einzuholen, die Kinder auf die Trennung vorzubereiten und die nötigen Anträge bei den Verwaltungsbehörden zu stellen.

Zur Aufnahme der aus den Lagern befreiten Kinder stehen mehrere Heime bereit: Montintin, Le Masgelier, Chaumont, Chabanes, Internat und Kinderkrippe in Limoges, das Château Morelles in Brout-Vernet ... Kleinere Heime werden geschlossen, die Kinder in die größeren verlegt, wobei man Rücksicht auf ihre Herkunft und ihre Religionszugehörigkeit zu nehmen versucht (von manchen Heimen heißt es, sie seien »streng konfessionell«). Von besonderer Bedeutung für meine Arbeit, sagt man mir, sei das Kindererholungsheim in Palavas-les-Flots bei Montpellier. Seit März 1941 nimmt man dort die aus den Lagern befreiten Kinder zu einem »Erholungsaufenthalt« auf, bevor man sie an die verschiedenen Heime in den Departements Creuse und Haute-Vienne weiterleitet.

Als ich Montpellier verlasse und nach Perpignan fahre, wird mir bewußt, daß ich in eine große Organisation eingetreten bin. Ich fühle mich in Sicherheit bei diesen warmherzigen Russen, dieser starken Andrée Salomon und bei Dr. Joseph Weill, der mir wertvolle Ratschläge gegeben und klare Anweisungen erteilt hat. Und alle scheinen mir zu vertrauen.

Andrée Salomon führt mich bei der Präfektur in Perpignan als Vertreterin der OSE im Lager Rivesaltes ein.

Endlich, am 3. November 1941, fahren wir mit dem Taxi zum Lager.

# Rivesaltes: Hinter dem Stacheldraht

## November 1941. Meine Ankunft in Rivesaltes

Die Schlagbäume heben sich vor unseren Passierscheinen. Am Eingang des weiträumigen Lagers weht eine Trikolore. In Abständen von zehn Metern reihen sich rechteckige, weiß getünchte Baracken aneinander, die sich, wie es scheint, in gutem Zustand befinden. Die Wege sind leer, doch plötzlich kommen uns einige Kinder entgegen. Schmutzig und zerlumpt, in graue Decken gehüllt, kommen sie auf dem steinigen Boden nur mühsam voran. In den Händen rostige Konservendosen – sie sind auf dem Weg zum Secours suisse, wo man sie mit einem heißen Getränk versorgen wird. Das ist die Realität des Lagers. Zwei Welten prallen aufeinander: ich, gut gekleidet, in einem roten Pulli, den ich mir im Sommer aus der Wolle eines alten Pullovers gestrickt habe, einem Rock, einem blauen Lodenmantel und festen Schuhen mit Kreppsohle, die ich mir nach dem Waffenstillstand in Saint-Jean-de-Luz gekauft habe, als die Geschäftsleute aus Angst vor deutscher Beschlagnahme ihre Lager ausverkauften – und die Kinder, zusammengekrümmt, vor Kälte zitternd, in ihren schmutzigen Decken. Welch ein Gegensatz gleich im ersten Augenblick zwischen der Welt, aus der ich komme, und dem Elend im Lager!

Die Baracken sind aus Zementfaserplatten gebaut und haben nur einen nackten Zementboden. Drinnen hat man mit Laken, die alle zwei Meter von der Decke hängen, zweistökkige Abteile geschaffen. In unbeschreiblicher Enge hausen ganze Familien darin, drängen sich aneinander, um sich ein wenig Wärme zu geben. Es ist dunkel, kalt und feucht, denn es gibt keinerlei Heizmöglichkeit. Der säuerliche Geruch nach menschlichem Schweiß hängt in dieser niemals gelüfteten Höhle. Draußen weht die Tramontane; einige Latrinenhäuschen sind umgestürzt. Wegen der schlechten Abschirmung verbreitet der Wind die Fäkalien im ganzen Lager.

Die Wasserversorgung ist unzureichend, und es gibt keine ausreichende Kanalisation. Überall riecht es nach menschlichem Verfall. Die Kleider vermodern. Ratten und Mäuse beherrschen das Lager, Fieberkrankheiten breiten sich endemisch aus ...

Man unternimmt einige Anstrengungen, heißt es, aber die Arbeiten kommen nur langsam voran, trotz der Intervention der Hilfsorganisationen.

Am Ende der Baracke ein winziger Raum für den Barakkenältesten und seine Familie. Vier Wände, ein Fenster, eine Tür und ein Feldbett – und dennoch ein Palast, in dem man allein sein kann.

Als ich den spanischen Block durchquere, in dem ich wohnen werde, denke ich zurück an die Wochen, die ich 1939 in dem vom Bürgerkrieg zerrissenen Land verbracht habe. Hier also sind sie gelandet, diese an Körper und Seele verwundeten Kämpfer, diese Frauen und Kinder, die so sehr von ihrer jahrelangen Not gezeichnet sind, daß sie den Eindruck erwecken, sie hätten sich mit ihrem Elend abgefunden. All diese Ausländer sprechen nur schlecht Französisch und kennen draußen niemanden, der sie aufnehmen könnte. Deshalb sind Fluchtversuche selten.

Andrée Salomon hilft mir, mich in der Baracke der Hilfsorganisationen einzurichten; ich beziehe ein kleines Zimmer mit rudimentärer Einrichtung, aber der Raum hat Strom und kann mit einem kleinen Öfchen geheizt werden. Ein zweites Bett ist für Andrée, die etwa alle zehn Tage auf ihrer regelmäßigen Rundreise durch die Lager der Südzone nach Rivesaltes kommt. In dieser Baracke in Block J (dem spanischen Block), die den Vertretern der Hilfsorganisationen vorbehalten ist, sind ein Dutzend Zimmer belegt; im übrigen Lager müssen sich mit der gleichen Fläche jeweils mehr als sechzig Internierte begnügen. Natürlich gibt es keinerlei Komfort. Ein einziger Wasserhahn, oft eingefroren, eine Schüssel und eine Kanne. Aber wir können unsere Notdurft in einen Kübel verrichten, während die Internierten bei Tag und bei Nacht hinaus zu den Latrinenhäuschen müssen, durch deren Ritzen der Wind pfeift. Ich komme mir schon sehr bald wie eine Privilegierte vor; ich werde übrigens niemals hören, daß einer der übrigen »freiwillig Internierten« sich über diese Lebensbedingungen beklagt.

## Die Geschichte des Lagers

Das Lager Rivesaltes, einige Kilometer von dem gleichnamigen Dorf und dem Bahnhof entfernt, erstreckt sich endlos über ein sechshundert Hektar großes Felsplateau ohne jede Vegetation. Um die überfüllten Lager in der Südzone, vor allem das in Gurs, zu entlasten, wurde das einst vom Militär genutzte Gelände im Januar 1941 vom Innenministerium der Vichy-Regierung übernommen und zum Internierungslager ausgebaut. Unter wechselnden Bezeichnungen sollte es bis November 1942 bestehen.

Bei meiner Ankunft im November 1941 leben dort seit mehreren Monaten etwa 20000 Menschen, darunter 5000 Kinder unter fünfzehn Jahren: Soldaten, Arbeiter, Dichter, Maler, Geschäftsleute, werdende Mütter, Alte und Kinder, vom Zufall zusammengewürfelt, die verschiedene Sprachen sprechen, aus verschiedenen Kulturen stammen und nichts miteinander gemein haben. Dr. Joseph Weill schreibt darüber: »Jedes Zentrum ließe sich mit einer Ansiedlung von der Größe einer Subpräfektur vergleichen, die bereits eine lange Belagerung hinter sich hat und deren disparate, zur Untätigkeit verdammte Bevölkerung in einer tiefen Armut versunken ist, die nicht nur die körperliche, sondern auch die moralische Widerstandskraft bedroht, welche durch diverse administrative und politische Maßnahmen ohnehin bereits geschwächt ist.«[1]

1 Auszug aus einem Bericht, den Dr. Joseph Weill im Mai 1941 dem Comité de Nîmes vorlegte. Eine ausführliche Fassung des Textes findet sich in seinem Buch *Contribution à l'histoire des camps d'internement dans l'Anti-France.*

Unter den Internierten befinden sich auch Personen, die wegen unerlaubter Überschreitung der Demarkationslinie oder wegen Schwarzhandel verhaftet worden sind, außerdem einige Zigeunerfamilien.

Abgesehen von der Improvisation, die offenbar die gesamte Internierung kennzeichnet, frappiert mich zunächst vor allem der Mangel an Kommunikation zwischen diesen Gruppen, die durch die historischen Umstände auf diesem Plateau am Ende der Welt zusammengeführt worden sind.

Ich versuche nicht herauszufinden, wer die Schuld hat und woran. Ich suche vor allem meinen Platz als freiwillige Internierte, ohne mich von dem Gefühl der Ohnmacht überwältigen zu lassen, das mich angesichts der gewaltigen Aufgaben beschleicht. Die Scham, die ich empfinde, ist heilsam, denn sie drängt mich zum Handeln.

Die klaren Anweisungen und Ratschläge helfen mir, meine Angst zu überwinden. Hinsichtlich der Verwaltungsvorschriften übernehme ich eine Einstellung strikter Legalität, deren einziges Ziel es ist, »die Kinder zu retten«, wie Andrée Salomon mir aufgetragen hat, und ich befolge den Rat, den Joseph Weill mir gegeben hat: »Beugen Sie sich über das Elend, wie ein Arzt sich über den Kranken beugt – nicht um Mitleid zu haben, sondern um zu helfen und, wenn möglich, zu heilen.« Und Charles Lederman sagt mir: »Ihre wichtigste Aufgabe ist es, da zu sein.«

Am 8. November 1941 schreibe ich meinen Eltern:

»An der Art, wie man uns nachschaut, erkenne ich, wie nützlich unsere Anwesenheit ist. Die Internierten vertrauen uns, weil wir ihr schweres Leben teilen. Eine Frau hat mich erstaunt gefragt: ›Sind Sie Französin? Gibt es das wahre Frankreich überhaupt noch?‹

Ich habe Angst, bittere Worte über Frankreich zu hören. Aber sie schweigen, sie wollen weiterhin an Frankreich glauben, wie ich auch. Ich versuche, mir etwas vorzumachen, indem ich mir sage, daß dies hier nicht das wahre Frankreich ist ... Es hat mir weh getan, als mir eine Krankenschwester, ansonsten ein nettes Mädchen, heute morgen sagte: ›Schließlich hätten diese Ausländer doch zu Hause bleiben können, sie sprechen alle Deutsch. Das sind Boches. Was wollen die hier?‹ Sie vergißt, daß die Deutschen in Paris sind ...«

Als ich herkam, wollte ich meine Arbeit ganz alleine machen, mir von niemandem helfen lassen, auch nicht bei der Hausarbeit, aber es dauert nicht lange, und ich habe eine Ordonnanz, eine Haushaltshilfe, einen Boten und eine junge Sekretärin. Ich habe begriffen, daß es wichtig ist, möglichst viele Internierte aus ihrer Untätigkeit herauszuholen. Und die zusätzliche Brotration, die ich ihnen verschaffe, ist ebenfalls nicht unwichtig. Ich gewöhne mich an dieses Leben in Abgeschlossenheit und vergesse, daß ganz in der Nähe das normale Leben weitergeht, daß Kinder die Schule besuchen und Familien sich immer noch in einem warmen Zimmer um den Eßtisch versammeln ...

## Die Organisation des Lagers

Das Lager ist für mich zunächst eine Gemeinschaft aus unterschiedlichen Gruppen, die gezwungen sind, zusammenzuleben. Aber es ist auch ein System mit einem unausgesprochenen Reglement, das niemand kennt.

Die Lager haben die Aufgabe, die Anweisungen der Präfekturen in ihrem Bereich umzusetzen. Die Lagerleitung übermittelt der Präfektur die Visa-, Transfer- oder Entlassungsanträge der Internierten. Sie koordiniert die Dienste innerhalb des Lagers, organisiert das Sekretariat, zensiert die Post, sorgt für eine funktionierende Verwaltung, bestimmt den Tagesablauf im Lager und verhängt kleinere Disziplinarstrafen. Ihre Macht ist gerade deshalb groß, weil deren Grenzen unbekannt sind und dem persönlichen Ermessen des einzelnen überlassen bleiben ...

Der Lagerleiter, ein Hauptmann der Reserve, ist aus dem Lager Argelès, wo er in der Verwaltung gearbeitet hatte, nach Rivesaltes versetzt worden. Seine menschlichen Qualitäten stehen außer Zweifel. Mir gegenüber verhält er sich liebenswürdig, sein Verhalten gegenüber den Hilfsorganisationen ist stets korrekt. Dennoch scheint er unempfindlich gegenüber der Tragödie, die sich vor seinen Augen abspielt. Offenbar muß man sich blind stellen, wenn man solch ein System »leiten« soll ... Da er als »schwach« gilt, wird man seine Amtsführung später einer strengen Kontrolle unterwerfen. Man wird ihm die mangelnde Disziplin in Rivesaltes zum Vorwurf machen: keine Durchsuchung der Internierten bei der Ankunft im Lager; keine Barackenappelle; der bedenkliche Verfall der Moral aufgrund des mehr oder weniger geduldeten freien Verkehrs zwischen den Blocks und aufgrund des unablässig wachsenden Schwarzhandels.

Die sogenannten »fonctionnaires« (Verwaltungsleute, Pfleger, Köche) haben in der Tat die Aufgabe, für das Funktionieren des Lagers zu sorgen. Inmitten dieses großen Gebildes nehmen die »Wachen« eine privilegierte Stellung ein. Sie sollen die Menschen daran hindern, die gezogenen Grenzen zu überschreiten, und einem Reglement zur Durchsetzung verhelfen, das niemand kennt. Sie haben sich diese Arbeit nicht ausgesucht. Die meisten von ihnen sind selbst vor den Deutschen aus Elsaß-Lothringen geflohen und stünden sonst ohne Arbeit da.

Die Grenze zwischen Wachleuten und Internierten wird Tag für Tag deutlicher. Die Verachtung scheint die Wachen in Gefängniswärter zu verwandeln. In ihren Augen sind die Internierten keine Menschen mehr. Die Nazipropaganda und die fremdenfeindlichen Schlagwörter der Vichy-Presse tragen dazu bei, den Wachleuten ihre letzten Skrupel gegenüber den durch kein Gesetz geschützten Internierten zu nehmen, und immer häufiger kommt es zu Fällen von Machtmißbrauch: Ein Wachmann ohrfeigt eine Frau, die seinen Anordnungen nicht schnell genug Folge leistet. Als Madame Z. versucht, am Zaun ein paar armselige Nahrungsmittel zu kochen, muß sie erleben, daß der Kochtopf samt Inhalt konfisziert wird. Paula S., eine hübsche junge Frau von zweiundzwanzig Jahren, wandert ins Lagergefängnis. Angeblich soll sie versucht haben, im Magazin des Lagers etwas zu stehlen.

Vivette Samuels Mutter Rachel Hermann vor dem Ersten Weltkrieg in Rußland.

Vivette Hermanns Vater Nahum Hermann vor dem Ersten Weltkrieg in Rußland.

Vivette und José Hermann im Juni 1928 (oben).

Nahum Hermann während des Zweiten Weltkriegs (rechts).

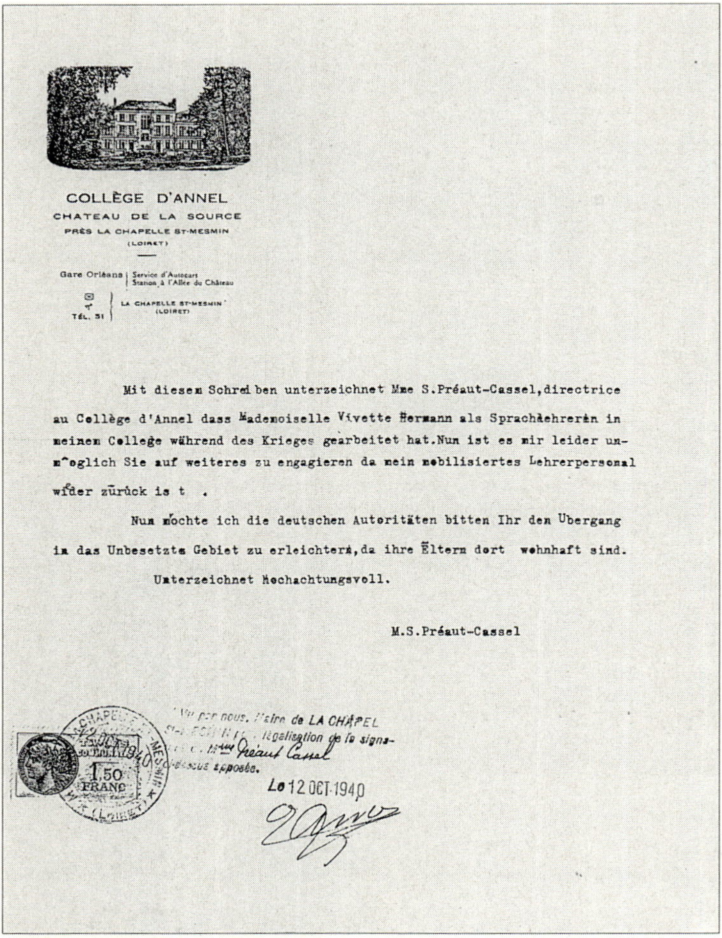

COLLÈGE D'ANNEL
CHATEAU DE LA SOURCE
PRÈS LA CHAPELLE ST-MESMIN
(LOIRET)

Gare Orléans | Service d'Autocars
Station à l'Allée du Château

TÉL. 51 | LA CHAPELLE ST-MESMIN
(LOIRET)

Mit diesem Schreiben unterzeichnet Mme S.Préaut-Cassel,directrice au Collège d'Annel dass Mademoiselle Vivette Hermann als Sprachlehrerin in meinen College während des Krieges gearbeitet hat.Nun ist es mir leider unmöglich Sie auf weiteres zu engagieren da mein mobilisiertes Lehrerpersonal wider zurück ist .

Nun möchte ich die deutschen Autoritäten bitten Ihr den Ubergang in das Unbesetzte Gebiet zu erleichtern,da ihre Eltern dort wohnhaft sind.

Unterzeichnet Hochachtungsvoll.

M.S.Préaut-Cassel

Vu par nous, Maire de LA CHAPEL[LE] ST-MESMIN ... légalisation de la signature ... Mme Préaut Cassel ... ci-dessus apposée.

Le 12 OCT 1940

1,50 FRANC

Die behördlich beglaubigte Bescheinigung, die es Vivette Hermann im Oktober 1940 ermöglichte, von der besetzten in die freie Zone zu wechseln.

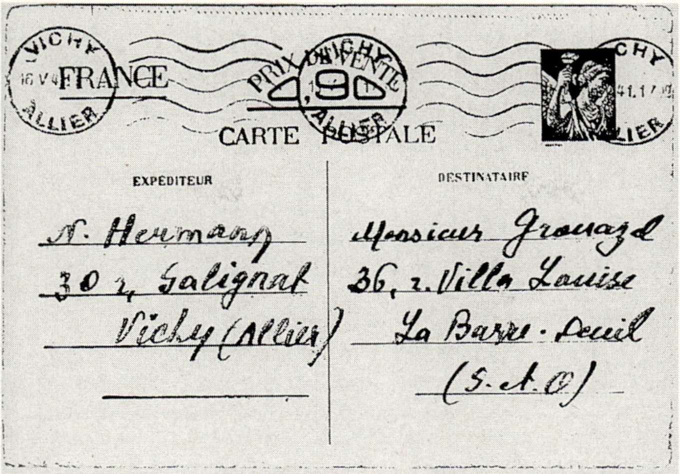

FRANCE

PRIX DE VENTE 0,90

VICHY ALLIER

CARTE POSTALE

EXPÉDITEUR

N. Hermann
30 r. Galignat
Vichy (Allier)

DESTINATAIRE

Monsieur Grouazel
36, r. Villa Louise
La Barre-Deuil
(S.-et-O.)

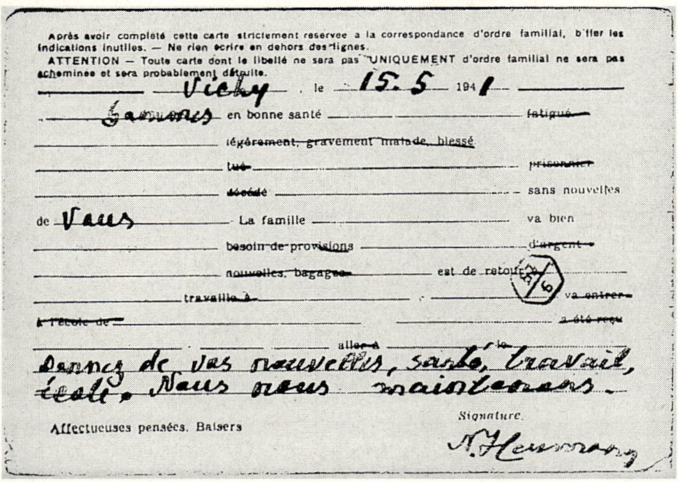

Après avoir complété cette carte strictement réservée à la correspondance d'ordre familial, biffer les indications inutiles. — Ne rien écrire en dehors des lignes.
ATTENTION — Toute carte dont le libellé ne sera pas UNIQUEMENT d'ordre familial ne sera pas acheminée et sera probablement détruite.

Vichy le 15.5 1941

Sommes en bonne santé ~~fatigué~~

~~légèrement, gravement malade, blessé~~

~~tué~~ ~~prisonnier~~

~~décédé~~ sans nouvelles

de Vous La famille va bien

~~besoin de provisions~~ ~~d'argent~~

~~nouvelles, bagages~~ est de retour

~~travaille à~~ ~~va entrer~~

~~à l'école de~~ ~~a été reçu~~

~~aller à~~ le

Donnez de vos nouvelles, santé, travail, école. Nous nous maintenons.

Affectueuses pensées. Baisers

Signature.
N. Hermann

Interzonenkarte, die einzige offizielle Korrespondenzmöglichkeit zwischen den beiden Zonen.

UNION O.S.E.

Œuvre de Secours aux Enfants

DIRECTION CENTRALE
PARIS, 92, Champs-Elysées

Repliée à MONTPELLIER
12 bis, Rue Jules-Ferry, 12 bis
Tél. 24.43

Organisation Philanthropique
fondée en 1912 et déclarée a Paris
sous le N° 170.699

MAISONS D'ENFANTS :

Villa HELVÉTIA
6, Rue de Valmy, MONTMORENCY (S.-&-O.)
Tél. : Montmorency 20-78

Villa des TOURELLES
113, Rue de Paris, SOISY-s/Mcy (S.-&-O.)
Tél. : Soisy 28-60

CHATEAU DU MASGELIER
par LE GRAND BOURG (Creuse)
Tél. : 19 à Grand Bourg

CHATEAU de CHABANNES
par St-PIERRE-de-FURSAC (Creuse)
Tél. : 3 à St-Pierre-de-Fursac

CHATEAU DE CHAUMONT
MAINSAT (Creuse)
Tél. : 17 à Mainsat

CHATEAU DES MORELLES
à BROUT-VERNET (Allier)
Tél. : 13 à Brout-Vernet

Villa MARIANA
Boul. des Tasses, St-RAPHAËL (Var)
Tél. : St-Raphaël 199

CHATEAU MONTINTIN
Commune de C.-Chervix (Haute-Vienne)
Tél. : 7 Château Chervix

INTERNAT
8, Cours Jean Pénicaud
LIMOGES (Haute-Vienne)
Tél. 26-51
Annexe : INTERNAT
Château du Mas-Jambost
LIMOGES (Haute-Vienne)
Tél. 38.70

INSTITUTIONS :

Œuvre de Protection Sanitaire
des Populations Repliées
TERRASSON (Dordogne)

Centre Médico-Social
25, rue d'Italie, MARSEILLE
Tél. Garibaldi 01 45

Montpellier, le 3 novembre 1941.

Mademoiselle Vivette HERRMANN
Assistante-Résidente
Centre d'Hébergement de RIVESALTES.

Mademoiselle,

Nous avons l'honneur de vous confirmer votre engagement comme assistante-résidente au Centre de RIVESALTES, comme déléguée de notre Oeuvre de Secours aux Enfants.

Veuillez agréer, Mademoiselle, l'assurance de nos sentiments très distingués.

Pour le Comité-Directeur :

Mme A.Salomon    Docteur J.Weill

Anstellungsvertrag zwischen der OSE und Vivette Hermann vom November 1941.

Eine Gruppe von Kindern 1941 in Rivesaltes (in den Händen ihr Eßgeschirr).

Eine Gruppe von Kindern 1941 in Rivesaltes.

Das Innere einer Baracke in Rivesaltes.

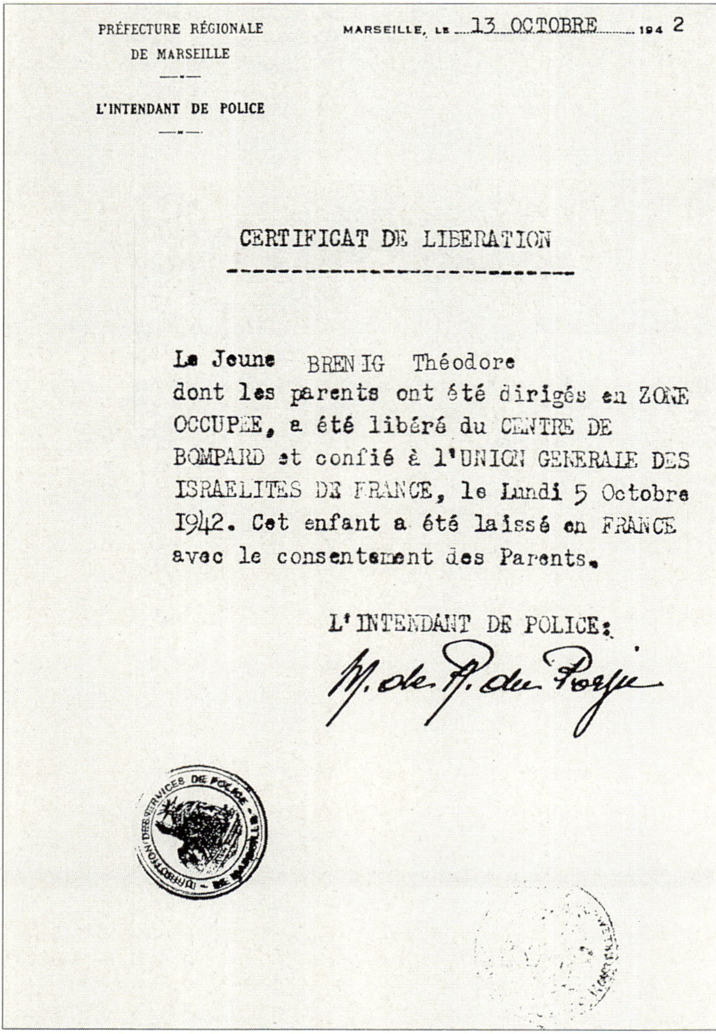

PRÉFECTURE RÉGIONALE
DE MARSEILLE

L'INTENDANT DE POLICE

MARSEILLE, LE 13 OCTOBRE 1942

CERTIFICAT DE LIBERATION

Le Jeune BRENIG Théodore
dont les parents ont été dirigés en ZONE OCCUPEE, a été libéré du CENTRE DE BOMPARD et confié à l'UNION GENERALE DES ISRAELITES DE FRANCE, le Lundi 5 Octobre 1942. Cet enfant a été laissé en FRANCE avec le consentement des Parents.

L'INTENDANT DE POLICE:

Von der Präfektur in Marseille ausgestellte Entlassungsbescheinigung für ein Kind.

Eine Gruppe »befreiter« Kinder 1942 in Rivesaltes.

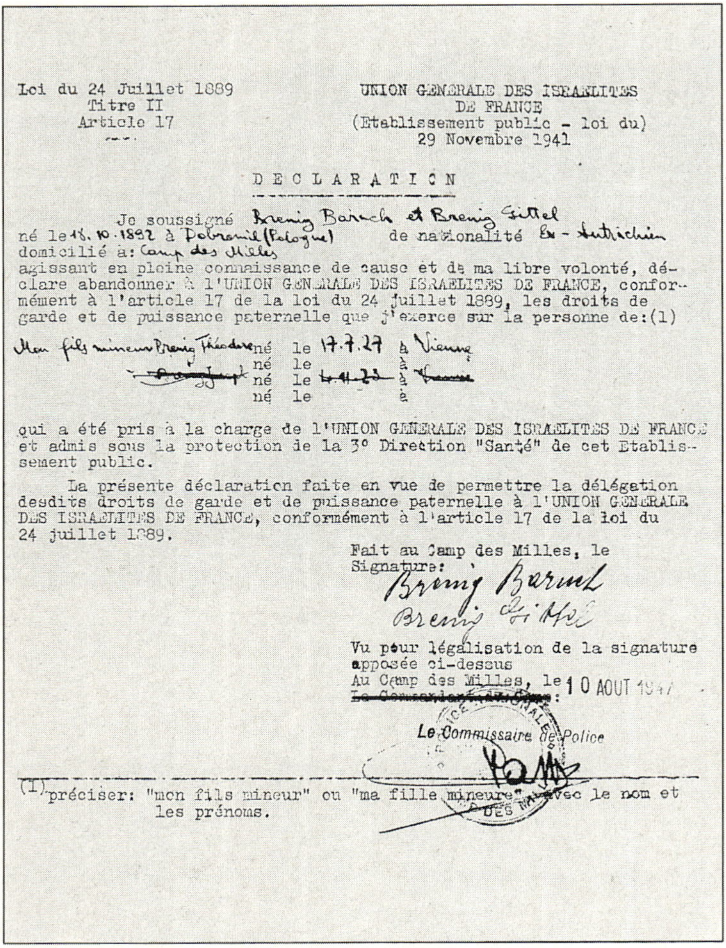

Loi du 24 Juillet 1889
Titre II
Article 17

UNION GENERALE DES ISRAELITES
DE FRANCE
(Etablissement public - loi du)
29 Novembre 1941

D E C L A R A T I O N

Je soussigné Brenig Baruch et Brenig Gittel
né le 18.10.1892 à Dobromil (Pologne) de nationalité Ex-Autrichien
domicilié à: Camp des Milles
agissant en pleine connaissance de cause et de ma libre volonté, déclare abandonner à l'UNION GENERALE DES ISRAELITES DE FRANCE, conformément à l'article 17 de la loi du 24 juillet 1889, les droits de garde et de puissance paternelle que j'exerce sur la personne de:(1)

Mon fils mineur Brenig Théodore né le 17.7.27 à Vienne
né le à
~~Brenig Josef~~ né le ~~4.11.22~~ à ~~Vienne~~
né le à

qui a été pris à la charge de l'UNION GENERALE DES ISRAELITES DE FRANCE et admis sous la protection de la 3° Direction "Santé" de cet Etablissement public.

La présente déclaration faite en vue de permettre la délégation desdits droits de garde et de puissance paternelle à l'UNION GENERALE DES ISRAELITES DE FRANCE, conformément à l'article 17 de la loi du 24 juillet 1889.

Fait au Camp des Milles, le
Signature:
Brenig Baruch
Brenig Gittel

Vu pour légalisation de la signature apposée ci-dessus
Au Camp des Milles, le 10 AOUT 1942
~~Le Commandant du Camp~~:
Le Commissaire de Police

(1) préciser: "mon fils mineur" ou "ma fille mineure" avec le nom et les prénoms.

Überlassungserklärung gegenüber der UGIF, die von den Eltern unterzeichnet werden mußte, damit die Kinder in die Obhut eines Hilfswerks gegeben werden konnten.

Kinder und Erzieherinnen des Heims Le Couret im Oktober 1942.

Le Couret ist eines der Kinderheime der OSE.

Zwei Kinderheime der OSE: die Schlösser Montintin und Le Masgelier.

Andrée Salomon mit Kindern der ersten Kindergruppe, die 1941 von Marseille in die USA abreiste.

Ein weiteres Kinderheim der OSE:
das Château de Chabannes.

JF/YL

SECRÉTARIAT D'ÉTAT AU TRAVAIL

COMMISSARIAT A LA LUTTE
CONTRE LE CHOMAGE

Hôtel International
— VICHY —
Tél. 43 - 71 - 72

ÉTAT FRANÇAIS

Vichy, le 10 Juillet 1942

Réf. N° 146 C.G/MOE
à rappeler dans la réponse

ORDRE DE MISSION

A la demande de Monsieur DONALD A. LOWRIE, Président du Comité de Coordination pour l'Assistance dans les Camps et sur proposition du Chef du Service Central de la M.O.E.,

Mademoiselle HERMANN Vivette
12 Rue Constantine à LYON,

est autorisée à visiter les Groupes de Travailleurs Etrangers.

Le rôle de l'intéressée devra se limiter strictement à un travail d'aide et de secours.

Les Chefs de Groupements et leurs agents voudront bien faciliter la mission de Mademoiselle HERMANN dans toute la mesure de leurs moyens.

Le Commissaire Adjoint
à la lutte contre le chomage

Vivette Hermanns Dienstauftrag zum Besuch der Fremdarbeiterbrigaden.

In Wirklichkeit hat sie die Avancen des Monsieur X. zurückgewiesen, der in der Lagerverwaltung arbeitet …

Die Bevölkerung in der Umgebung des Lagers scheint vollkommen ratlos. Tausende von Flüchtlingen versuchen irgendwie unterzukommen und wieder Fuß zu fassen. Man glaubt nun nicht mehr, daß die in Deutschland festgehaltenen Kriegsgefangenen – nahezu zwei Millionen – bald zurückkehren werden. Pétain bemüht sich, die Franzosen davon zu überzeugen, daß sie an ihrer Niederlage selbst schuld seien: »Die Ursache unserer Niederlage war unsere Kraftlosigkeit.« Er stellt die Kollaboration als eine Möglichkeit für Frankreich dar, ein vollwertiger politischer Partner des Reichs zu werden.

Man hält nach Sündenböcken Ausschau, während die Suche nach Lebensmitteln zur Obsession wird. Die durch den Ausschluß aus dem Wirtschaftsleben erzwungene Untätigkeit der Juden wird als Beweis für ihr Streben nach Luxus und einem leichten Leben interpretiert. Man macht sie für den Schwarzmarkt und den rasanten Preisanstieg verantwortlich. Die Vichy-Presse nährt diese Gerüchte. Man hat Angst vor den Ausländern und tut alles, um die Familien der Internierten zu hindern, sich in den Departements niederzulassen, in denen sich die Lager befinden.

Die Versorgung mit Nahrungsmitteln ist in den Lagern ein weitaus dramatischeres Problem als anderswo: etwa hundert Gramm Brot mittags und abends und eine Topinambursuppe mit Steckrüben. Zweimal pro Woche ein wenig Fleisch, einoder zweimal etwas Marmelade und für die Kinder die gesetzliche Milchration.

Die Lebensmittelrationen sind theoretisch dieselben wie in ganz Frankreich; aber die realen Verhältnisse sind ganz andere. Außerhalb des Lagers hat man die Möglichkeit, sich nichtrationierte Lebensmittel zu besorgen, man kann tauschen oder auf dem Schwarzmarkt kaufen; mit einiger Phantasie kann man auch Ersatz für die rationierten Lebensmittel finden (Möhrenkuchen, Kastanienpudding, Topinamburpüree). Viele bauen auf einem Stückchen Land selbst etwas an oder kennen Bauern. Gewiß, Brot, Kaffee, Zucker und Fleisch sind überall knapp, und es ist nicht leicht, sich zu versorgen, aber verhungern muß man nicht. Im Lager ist all das nicht möglich, und viele Kinder leiden an Anämie. Darum ist es notwendig, die Lebensmittelversorgung insgesamt zu verbessern.

Unter Leitung von Julien Samuel richtet die OSE einen Einkaufsdienst ein, der bei den Großhändlern in den Regionen Marseille und Toulouse nichtrationierte Lebensmittel beschafft und bei den zuständigen Präfekturen Einkaufsberechtigungen für die übrigen Lebensmittel beantragt. In Rivesaltes gibt der Secours suisse – dem die Kommission einen monatlichen Kredit einräumt – fünfmal pro Woche morgens Milchreis und nachmittags Milch an die Kinder aus.

Die sanitären Verhältnisse sind katastrophal, für die Erwachsenen ebenso wie für die Kinder. Ende des Sommers 1941 wird Dr. Malkin als Vertreter der OSE mit der schulmedizinischen Aufsicht der Lagerschulen betraut. In dieser Eigenschaft hat er dem Chefarzt des Gesundheitsdienstes Bericht zu erstatten, den er schließlich von der Notwendigkeit überzeugen kann, die Kinder systematisch gegen Diphtherie und Tetanus zu impfen.

Bei den Erwachsenen sind solche präventiven Maßnahmen nicht möglich, weil die nötigen Mittel dazu fehlen; man kann sich nur auf diejenigen beschränken, die am stärksten gefährdet sind. Als immer mehr Erwachsene an Unterernährung und Auszehrung leiden, konzentriert er seine Anstrengungen auf die überlebenswichtigen Maßnahmen: die Verbesserung der Nahrungsmittelversorgung und die nötige medikamentöse Behandlung. Als dann die Zahl der Betroffenen die Zahl der Betten im Krankenrevier übersteigt, übernimmt der Secours suisse die Verteilung der Medikamente, die nun in den Blocks selbst erfolgt. Das alarmierte Joint stellt die nötigen Mittel bereit.

In dieser makabren Welt habe ich das Gefühl, Teil einer großen Solidaritätskette zu sein. Über Andrée Salomon bleibe ich mit der Leitung der OSE in Montpellier in Verbindung, deren Pragmatismus und Effizienz ich rasch zu schätzen lerne. Ich lasse Dr. Joseph Weill, der die »Commission d'hygiène et d'aide à l'enfance et aux vieillards« leitet, möglichst viele Informationen über das alltägliche Leben der Internierten und ihre Bedürfnisse zukommen. Er kann sie nutzen und an den Koordinierungsausschuß in Nîmes weiterleiten. So verwandeln sich diese Rohdaten in konkrete Maßnahmen mit unmittelbarer Wirkung.

Ich fühle mich in die Entscheidungsprozesse eingebunden, da ich über die Diskussionen auf dem laufenden gehalten werde. Dennoch frage ich mich niemals, woher das Geld kommt. Erst nach dem Krieg werde ich erfahren, welche Rolle das Joint bei der Durchsetzung einer Politik gespielt hat, die ihre Prioritäten an den verfügbaren Mitteln ausrichtete.

Bei meiner Ankunft im Lager habe ich mir zur Richtschnur meines Handelns das Bestreben gesetzt, die Lebensbedingungen im Lager zu verbessern, soweit dies möglich ist, und die Kinder zu befreien. Dr. Weill ist unerbittlich; seine Position ist klar: »Die Lager müssen verschwinden.« Das Comité de Nîmes stellt sich in seiner Gesamtheit auf seine Seite, doch um der größtmöglichen Effizienz willen gilt es, die Zusammenarbeit zwischen den verschiedenen Hilfsorganisationen mit der Vichy-Regierung abzustimmen.

Ich spüre sehr deutlich, daß die Anwesenheit und die schlichte menschliche Haltung der Vertreter der Hilfsorganisationen nicht ohne Einfluß auf das Wachpersonal bleiben. Diese Erkenntnis macht mir Mut und leitet mich.

Ich notiere in mein Tagebuch:

»Peter kommt zu mir und sagt, daß die Wachen bei der Verteilung der Pakete alles konfiszieren. Ich laufe hinüber. Draußen in der Kälte wartet eine lange Schlange. Hauptsächlich Kinder, denn die Eltern haben bemerkt, daß die Kinder in dieser Situation besser davonkommen. Die während der Woche eingetroffenen Pakete türmen sich hinter dem Tisch, den die Wachleute an den Eingang des Gebäudes gestellt haben. Der Boden ist mit Papier und leeren Kartons übersät. An der

Wand stapeln sich die konfiszierten Lebensmittel: Brote, Milchflaschen, getrocknete Würste, Schokolade.

Ich trete an den Tisch heran. Davor wartet Hans, dessen Mutter schwer erkrankt ist und das Bett seit zwei Wochen nicht verlassen hat. Mit ängstlichem Blick folgt er den dicken Fingern, die die Schnüre durchschneiden: Brot, Wurst, eine Packung Nudeln, eine Flasche Milch. Das Kind hält den Atem an. Ich versuche es auf die kumpelhafte Tour: ›Na, das werden Sie dem Kind doch nicht wegnehmen. Machen Sie sich nicht böser, als Sie sind.‹ Ich habe gewonnen. Hans bekommt das ganze Paket. An der Tür dreht er sich um und wirft mir einen freudigen, dankbaren Blick zu ...

Ich bleibe, bis alle Pakete ausgeteilt sind. Ich biete den Wachleuten Zigaretten an. Die Kontrolle der Pakete ist nicht mehr so streng ... «

## Meine ersten Sprechstunden

Ich habe ein Büro und alles, was man braucht, um eine Kartei anzulegen. Ein Internierter bietet mir seine Schreibmaschine zum Kauf an. Ich nehme sie.

Am 6. November 1941 halte ich meine erste Sprechstunde ab. Die Tür des Büros 43 in Block K trägt die Aufschrift: »Aufnahmezentrum – OSE. Geöffnet montags bis freitags von 11 bis 12 und 16 bis 18 Uhr.« Schon bald ist der Warteraum überfüllt. Man weiß, daß ich »für die Kinder« da bin, daß ich ihre Befreiung organisieren soll. Die Lagerleitung verlangt von uns die Aufstellung einer Warteliste, ein Gesundheitszeugnis des jeweiligen Kindes, Personenangaben zu den Eltern und schließlich deren Einwilligung für die Unterbringung der Kinder.

Angesichts der Eile, mit der die Mütter sich in meine Sprechstunde drängen und mich anflehen: »Nehmen Sie mein Kind weg«[2], glaube ich kaum, daß ihre Einwilligung schwer zu bekommen ist ...

2 Im Original deutsch.

Sobald die Unterbringungsbescheinigung ausgestellt ist, wird sie an die Präfektur in Perpignan weitergeleitet, die letztlich darüber entscheidet und dem Lager ihren Beschluß mitteilt. Da jeder Fall seine Besonderheiten hat, dauert das Verfahren sehr lange. Monatelang werden in den Kinderheimen Plätze freigehalten, und wenn die Entlassungsbescheinigung endlich eintrifft, ist das betreffende Kind inzwischen krank geworden, oder es ist transportunfähig, oder es ist anderswohin verlegt worden. Dann beginnt die ganze Prozedur für ein anderes Kind von vorne. So notiere ich am 22. Dezember in mein Tagebuch: »Wir haben endlich den Entlassungsbescheid für zehn Mädchen erhalten, für die uns das Heim Crocq Plätze reserviert hat. Als die Namenliste endlich im Lager eintraf, konnten sechs der Mädchen aus gesundheitlichen Gründen und wegen Ansteckungsgefahr (Läuse, Krätze ...) nicht entlassen werden.«

Meine Aufgabe ist es, das Verwaltungsverfahren zu vereinfachen, damit wir in möglichst kurzer Zeit möglichst viele Kinder befreien können.

Sieben Monate werden mir bleiben, um die 400 Kinder herauszuholen, die dafür in Frage kommen ...

Im November 1941 schreibe ich über einzelne Sprechstunden in mein Tagebuch:

»Schon lange bevor die Sprechstunde beginnt, ist der Warteraum voll. Ich werde weitere Bänke hineinstellen müssen; außerdem brauchen wir Vorhänge an den Fenstern, Fotos an den Wänden und ein paar Blumen, damit die Wartenden sich bei uns wohl fühlen. Die Frauen geben sich die Klinke in die Hand ...«

Madame Zomper ist die erste, die mir ihre Geschichte erzählt. Ihr Haar ist grau, und die Finger einer Hand sind gelähmt. Mit Tränen in den Augen erzählt sie mir von ihrer Hochzeit in Polen und der Geburt ihrer beiden Söhne, Jacques 1926 und Alex 1928. Sie berichtet mir, wie das Glück der Familie durch die Wirtschaftskrise von 1929 zerstört wurde, weil sie das Geschäft ihres Mannes zugrunde richtete. Ihr Mann geht nach Lüttich und läßt die Familie schon bald nachkommen. Der ältere Sohn ist drei Jahre alt, der jüngere nicht einmal ein Jahr. Die Familie fängt von vorne an, der Mann findet eine Stelle als Stahlarbeiter, die Kinder gehen in die Schule, erhalten eine gute Ausbildung. Dann bricht der Krieg aus. Belgien bleibt zunächst verschont, doch im Mai 1940 fliehen die Zompers nach Frankreich, um der deutschen Invasion zu entgehen. Man erwartet einen langen Kampf. Monsieur Zomper schließt sich der polnischen Armee an. Die Ereignisse überstürzen sich; nach dem Waffenstillstand wird er einer Kompanie Fremdarbeiter zugewiesen. Madame Zomper und ihre beiden Söhne werden zunächst in Brens[3] interniert, dann nach Rivesaltes verlegt. Mit erstickter Stimme berichtet Madame Zomper mir von ihrem älteren Sohn. Seit Jacques im Lager ist, hat er sich vollkommen verändert. Früher war er ein sanfter, freundlicher, anhänglicher Junge. Jetzt ist er wild, verschlossen, anmaßend und schroff zu ihr. »Es ist, als ob er mir die Schuld an alledem gäbe. Wenn er mit mir redet, klingt es fast so, als ob er mich haßte. Er kann diese Untätigkeit nicht ertragen. Wenn das noch lange dauert, Mademoiselle, wird es schlimm enden, das spüre ich ...«

Dann verstummt sie und sieht mich aus den Augenwinkeln an, als wollte sie prüfen, ob sie mir vertrauen kann: »Er hat versucht zu fliehen, aber sie haben ihn verhaftet und in Handschellen zurück ins Lager gebracht. Er ist erst sechzehn. Wissen Sie, fünf Gendarmen für einen Sechzehnjährigen ... Mein Sohn, in Handschellen, wie ein Verbrecher ... Seitdem ist er so; er stellt sich gegen alle, Mademoiselle. Wenn er hier bleibt, wird es schlimm enden ...«

Madame Zomper weint. Nach seiner Flucht ging Jacques zur OSE und erklärte dort, er komme gerade aus Belgien. Man brachte ihn in Montintin unter; dort arbeitete er in der Tischlerei. Aber nach ein paar Monaten kam die Polizei ihm auf die Spur und brachte ihn ins Lager zurück.

Obwohl ich weiß, daß ich Jacques wohl nicht werde helfen

3 Ein Lager in der Nähe von Albi-Gaillac.

können, weil er über sechzehn Jahre alt ist und ein Sonderantrag auf Entlassung mit großer Sicherheit abgelehnt wird, verspreche ich Madame Zomper, mich für ihn einzusetzen, und als sie geht, hat sie ein wenig Mut gefaßt. Allein die Tatsache, einmal darüber sprechen zu können, hat ihr, glaube ich, ein wenig Erleichterung verschafft.

(Jacques und sein Bruder werden später mit einer Gruppe von Kindern in die Vereinigten Staaten gebracht. Aber die Eltern bleiben in Frankreich und werden deportiert.)

Frau Kaufman dagegen zögert noch, sich von ihrem Sohn zu trennen, den sie mit in die Sprechstunde gebracht hat. Walter ist ein netter Junge von dreizehn Jahren, mit klugen Augen und ängstlichem Blick. Herr und Frau Kaufman – ihre Familien seit vielen Generationen deutsch – lebten in Mannheim; sie hatten ein gutes Auskommen, und ohne die Ereignisse der sogenannten Kristallnacht hätten sie niemals an Auswanderung gedacht. Herr Kaufman wurde rechtzeitig gewarnt und konnte sich der Verhaftung entziehen, doch der zweiundsiebzigjährige Großvater wurde trotz seines Alters in ein Konzentrationslager geschickt.

Das Importgeschäft der Kaufmans bricht zusammen; die Existenz der Familie wird prekär. Walters ältere Schwester geht 1939 nach London, wo sie wie viele andere junge Frauen eine Stelle als Kindermädchen findet. Die Kriegserklärung im September setzt den Bemühungen der Kaufmans um Auswanderung ein Ende. Im Oktober 1940 erfolgt die Ausweisung.

»Nach einigen Stunden im Gefängnis«, erzählt Frau Kaufman, »mußten wir ein Papier unterschreiben, in dem wir unser ganzes in Deutschland befindliches Vermögen an die Vereinigung der deutschen Juden[4] abtraten. Dann hat man uns auf einem Lastwagen zum Bahnhof gefahren. Wir wußten nicht, was sie mit uns vorhatten. Wir hatten Angst, daß sie uns nach Polen schicken würden, und wir waren erleichtert,

4 Es handelte sich in Wirklichkeit um eine deutsche Dienststelle, die sich zur Tarnung des jüdischen Namens bediente.

als wir erfuhren, daß wir nach Frankreich abgeschoben wurden. Mitten in der Nacht kamen wir in Gurs an, und wir mußten stundenlang durch den Schlamm laufen, bevor wir uns auf dem nackten Fußboden schlafen legen konnten. Unser ganzes Gepäck blieb draußen. Als wir es holen wollten, war ein Teil verschwunden, der Rest vollkommen durchnäßt. Dann hat man uns nach Rivesaltes verlegt.« Sie öffnet ihre Handtasche und reicht mir ein Foto von sich. »Sehen Sie, das ist erst zwei Jahre her.« Die Veränderung ist erschreckend. Sie fährt fort: »Wenn Sie wüßten, wie ich gelitten habe, als Walter mir zum erstenmal ängstlich zugeflüstert hat: ›Mama, ich habe Hunger‹, und ich konnte ihm nichts geben. Wenn Sie wüßten, wie unglücklich ich war, wenn ich das schmutzige Hemd meines Mannes sah, der seit unserer Hochzeit immer nur blütenweiße Hemden getragen hat. Sie lächeln, Mademoiselle, aber das Leben besteht nun einmal aus kleinen Freuden und kleinen Leiden. Wir sind im Augenblick so abgestumpft, daß wir den Schrecken unserer hoffnungslosen Lage gar nicht empfinden. Das einzige, was uns im Augenblick berührt, ist der Hunger, die Kälte, der Verlust unseres Familienlebens. Wir werden hier fast zu Tieren.«

Walter hat die ganze Zeit aufmerksam zugehört, aber er versteht noch nicht viel Französisch. Ich frage mich, was er wohl empfindet, zu Beginn seines Aufenthalts im Lager ... Aber die Zeit drängt, draußen warten noch viele andere Frauen. Ich verspreche Frau Kaufman, sie in ihrer Baracke zu besuchen.

In mein Tagebuch schreibe ich im Anschluß an den Bericht über Frau Kaufman:

»Heute abend bin ich müde und etwas entmutigt. Ich habe versucht, drei der Gespräche von heute nachmittag aufzuschreiben, aber all diese Lebensgeschichten verdienten weit mehr Beachtung als die paar Zeilen, die ich auf der Karteikarte notiere, um die Geschichte der Familie kurz festzuhalten. Lapidare Verkürzungen, aber so ergreifend!«

## In den Baracken

Schon sehr bald erkenne ich die Notwendigkeit, auch in die Baracken zu gehen. Ich gehe durch den spanischen Block. Die spanischen Flüchtlinge haben ihre Heimat, von den Francisten vertrieben, schon vor zwei Jahren verlassen, weil sie nicht ohne die Freiheit leben wollen, für die sie vergeblich gekämpft hatten. In diesem Lager gibt es, mit wenigen Ausnahmen, nur Frauen und Kinder. Sie leben hier seit ihrer Ankunft in Frankreich vollkommen abgeschlossen. Man könnte meinen, sie haben sich mit ihrem Elend abgefunden. Viele Kinder sind hier geboren. Ich frage mich, was aus all diesen Kindern werden soll, deren Mütter sich angesichts ihrer bisher schon so schmerzlichen Erfahrungen nicht von ihnen trennen wollen. Tatsächlich ist die Einstellung nicht bei allen dieselbe. Die spanischen Mütter lehnen es hartnäckig ab, sich von ihren Kindern zu trennen. Die jüdischen Mütter, die eine ganz andere Bedrohung spüren, sind eher geneigt, auf die Stimme der Vernunft zu hören und sich an uns zu wenden.[5]

Ich bin erstaunt, daß all diese gepeinigten Menschen uns, den »im Lager lebenden Vertretern der Hilfsorganisationen«, zuhören und ihr Vertrauen schenken. Wir sind die Verbindung zwischen ihnen und der Lagerverwaltung, aber auch zwischen ihnen und der Außenwelt. Unsere Mittlerrolle macht ihnen Mut. Außerdem sehen sie, daß wir ein wenig von ihrem harten Los teilen, weil wir bei ihnen im Lager leben. Diese Solidarität bringt uns einander näher.

Der Empfang, den sie uns bereiten, ist ebenso überraschend wie ergreifend. In jeder Baracke sammelt sich bei unserem Eintreffen eine Gruppe um uns und begleitet uns.

Dr. Malkin ist besonders beliebt. Die Kinder laufen zu ihm und nennen ihn »Dr. Spritze«. Er hat sie geimpft. Mir gefällt die Natürlichkeit seines Auftretens, während es mir schwer-

5 Kein spanisches Kind ist deportiert worden.

fällt, mich nicht ständig selbst zu überwachen, damit ich nicht distanziert auf diese leidgeprüften Männer, Frauen und Kinder wirke, zu denen ich nur langsam ein engeres Verhältnis finde. Hat es nicht etwas Arrogantes, sich frei und ungezwungen unter diesen der Freiheit beraubten Menschen zu bewegen?

Die Frauen, die Mütter bitten uns um Hilfe. Die Sensibilität, die mir als Anfängerin eigen ist, läßt mich ihre Verwundung besonders tief spüren. Ich habe Mühe, die Tränen zurückzuhalten, die mir in die Augen steigen, und das überwältigende Mitgefühl im Zaum zu halten, das mich ergreift. Immer wieder rufe ich mir den Rat ins Gedächtnis, den Dr. Joseph Weill mir mit auf den Weg gegeben hat: »Beugen Sie sich über das Elend, wie der Arzt sich über einen Kranken beugt ...«

Madame Gniewesch, stark und verzweifelt, gibt mir ihr Kind und sagt: »Nehmen Sie zuerst ihn, er ist drei Jahre alt und kann sich nicht auf den Beinen halten. Er hat die Masern; ich kann ihn nicht ausreichend ernähren und mich nicht so um ihn kümmern, wie ich es wollte. Ich bin erschöpft. Ich bitte Sie. Er soll leben, wenn wir schon sterben müssen.«

Und als ob sie mich noch überzeugen müßte, fügt sie hinzu:

»Glauben Sie nicht, es fiele mir leicht, mich von meinen Kindern zu trennen. Zu Hause in Anvers habe ich sie nie allein gelassen, nicht mal für einen Tag. Aber ich fühle, wenn sie hierbleiben, sind sie verloren. Sie sind jung, Mademoiselle, und eines Tages werden Sie selbst Mutter sein. Bitte, verstehen Sie mich ...«

Léon Gniewesch wurde am 3. März 1938 in Anvers geboren. Im Mai 1940 kam er mit seiner Mutter, seinem Vater (der aus Polen stammt und in Anvers als Diamantschleifer arbeitete), seinen beiden Brüdern Henri und Jacques und seiner Schwester Frieda nach Frankreich. Die Familie folgt der Straße des Exodus – Châteauroux, Montélimar, das Aufnahmelager des belgischen Roten Kreuzes – und wird schließlich in Rivesaltes interniert. Als die ersten »Groupements de travailleurs étrangers«[6] aufgestellt werden, verläßt Monsieur Gniewesch das Lager in der Hoffnung, daß seine Familie bald nachkommen kann, wie man es ihm und allen anderen versprochen hat. Frau Gniewesch bleibt mit den vier Kindern allein zurück. Energisch kämpft sie um ihre Entlassung. Frieda verläßt das Lager als erste und geht in ein Heim des Secours suisse in der Haute-Savoie. Nachdem wir Léons Gesundheitszustand etwas stabilisiert haben, gelingt es uns, ihn in unserem Kinderheim in Limoges unterzubringen. Henri und Jacques werden das Lager im Februar/März 1942 verlassen; sie fahren mit der Kindergruppe im Mai 1942 in die Vereinigten Staaten. Ihre Mutter, für die wir eine dreitägige Sondererlaubnis erwirken, damit sie bei der Abfahrt des Schiffes in Marseille zugegen sein kann, sagt uns bei ihrer Rückkehr: »Wenigstens wegen dieser beiden kann ich beruhigt sein.«

Sobald Léons Gesundheit dies zuläßt, wird er nach Masgelier verlegt. Dort befindet er sich im August 1942, als die ersten Razzien gegen Ausländer beginnen. Madame Gniewesch ist in Rivesaltes zunächst noch vor der Deportation sicher, weil sie Mutter eines Kindes von weniger als fünf Jahren ist. Als diese Altersgrenze jedoch auf zwei Jahre gesenkt wird, läßt sich ihre Deportation nicht mehr verhindern. Monsieur Gniewesch wird aus dem »Groupement de travailleurs« deportiert. Von verschiedenen Ausgangspunkten gehen sie beide demselben Schicksal entgegen.

Am Tag seiner Deportation erhält Monsieur Gniewesch durch unsere Vermittlung einen Brief und Fotos seiner beiden Söhne aus Amerika. Mit einem Lächeln auf den Lippen tritt er die Fahrt an.

Als Madame Gniewesch in den Deportationswaggon steigt, sagt sie dem Leiter des Lagers Rivesaltes, der dort steht: »Sie lassen eine Mutter von vier Kindern deportieren, und Sie kennen die Kinder ...«

Im September 1942 wird Léon nach Chambéry verlegt und

6 Die »Groupements de travailleurs étrangers« (Fremdarbeiterbrigaden) wurden am 27. September 1940 von der Vichy-Regierung aufgestellt; sie unterstanden dem »Service des étrangers«.

zusammen mit seiner Schwester im Heim des Secours suisse untergebracht. Da es der Wille der Eltern war, daß die Kinder zusammenbleiben, bringen wir Léon und Frieda nach der Befreiung in unserem Heim in Saint-Paul unter. Am 30. November 1945 schreibt uns eine Tante aus Belgien, daß sie die Kinder zu sich holen möchte. Am 6. Februar 1946 meldet sich ein Onkel aus Palästina mit demselben Ansinnen. Damit wir die Familie wieder zusammenführen können, müssen wir zunächst einmal wissen, welche Pläne die beiden Brüder haben, die sich in Amerika aufhalten. Am 29. April 1946 erhalten wir ihre Antwort: Sie haben nicht die Absicht, in Amerika zu bleiben, sondern möchten nach Palästina auswandern. Und dort finden die vier Geschwister dann schließlich wieder zusammen.

## Januar 1942. Unser Leben im Lager

Reinette (alias Simone Weill[7] ) von der OSE verstärkt unsere »Mannschaft«. Sie wohnt in derselben Baracke wie ich, und es gelingt uns, zwei weitere Räume zu erhalten, für eine Kleiderkammer und für eine Lebensmittelreserve. Zusammen mit Dora Wertzberg soll sie Dr. Malkin in seinem Kampf gegen die »Krankheit des Hungers« unterstützen. Aber mit der ihr eigenen Ausstrahlung versucht sie zugleich, jüdische und spanische Jugendliche, die einander bislang kaum kennen, zusammenzubringen und Pfadfindergruppen aufzubauen.

So schwierig unser alltägliches Leben auch sein mag, ich fühle mich frei, denn ich kann das Lager verlassen. Die OSE mietet bei Privatleuten in Rivesaltes ein Zimmer, in dem wir uns von Zeit zu Zeit einmal komfortabler waschen und in einem richtigen Bett schlafen können. Außerdem zwingt Andrée Salomon uns, alle fünf Wochen einmal auszuspannen. So fahre ich für ein paar Tage nach Cannes und helfe André Weil, in den großen Hotels der Croisette Geld zu sammeln.

7 Nach dem Krieg emigriert sie in die Vereinigten Staaten und heiratet dort.

Mit aller Entschiedenheit, die mir zu Gebote steht, erkläre ich, daß wir fünftausend Francs für die drei Monate Unterbringung benötigen, die für die Entlassung eines Kindes aus dem Lager erforderlich sind.

Wir sind nun eine kleine, durch Freundschaft verbundene Gemeinschaft: Reinette und Dora, meine Kolleginnen von der OSE, und Jacqueline Lévy, die Kindergärtnerin der Unitarier. Oft kommen wir abends zusammen, und unsere Unterhaltung wird sehr lebhaft. Die Macht der Verhältnisse hat uns eine unbestreitbare Autorität über Männer und Frauen zugewiesen, die eine beneidenswerte Stellung in der Gesellschaft innegehabt hatten und oft doppelt so alt sind wie wir. Sie akzeptieren unsere Ratschläge und auch unsere Kritik. Mit welchem Recht mischen wir uns derart in ihr Privatleben ein? Warum scheinen sie uns zu glauben, wenn wir von einer besseren Zukunft sprechen? Bei unseren nächtlichen Zusammenkünften sprechen wir auch von der Befriedigung, die wir trotz aller Einschränkungen empfinden, weil wir das Gefühl haben, etwas Nützliches zu tun ...

Unser erstes Ziel ist es, den Internierten das Leben zu erleichtern. Andrée Salomon macht mir klar, wie wichtig es ist, im Lager wieder so etwas wie ein Gemeinschaftsleben zu schaffen. Nicht alle sind praktizierende Gläubige, sie sind unterschiedlicher Herkunft und sprechen nicht dieselbe Sprache, doch als wir im Dezember 1941 Chanukka, das Lichtfest, feiern, bemächtigt sich unser ein Gemeinschaftsgefühl, wie wir es noch niemals empfunden hatten. Ich schreibe in mein Tagebuch:

»Der ganze jüdische Block feiert den ersten Tag des Chanukka-Festes. Ich habe meinen Vater gebeten, mir Ursprung und Bedeutung des Festes zu erklären. Mit zitternder Hand entzündet einer der Veteranen die erste kleine Flamme an der riesigen Menora, die von den Internierten gebaut worden ist. Und aus Hunderten von Kehlen erhebt sich der traditionelle Gesang in die Nacht, die auf das Lager herabsinkt. Für kurze Zeit tritt das Leid zurück, und auch ich überlasse mich dieser unermeßlichen Hoffnung ...«

Mitten in Block B hat die YMCA sich niedergelassen; dort organisieren Fräulein Perdrizet und der junge Priester André Dumas die »Freizeitaktivitäten« des Lagers. Es ist eine Baracke wie alle übrigen, doch die Gruppe hat dort ein Theater, einen Freizeitraum und eine Bibliothek eingerichtet. Ein junger Internierter weißt die Wände, ein anderer malt Bilder für die Wände, ein dritter katalogisiert die Bücher ... Die unglaubliche Verwandlung ihrer Haltung und ihrer Moral bestätigt meine Ahnung: Den Internierten aus ihrer Untätigkeit herauszuhelfen ist ebenso wichtig wie die Verbesserung der Lebensmittelversorgung.

Das ORT hat für Jugendliche, die eine Lehre beginnen oder fortsetzen möchten, eine Tischlerei, eine Schuhmacherei und Werkstätten für Gebrauchsgraphik und die Herstellung von allerlei Gegenständen aus Bast eingerichtet.

Und dann ist da noch Elsa Ruth in ihrer blauweißen Uniform, die in der Baracke des Secours suisse, diesem friedlichen Hafen inmitten des Sturms, ein Bild der Ruhe und der Mütterlichkeit ausstrahlt. Sie steht in meinen Augen für jene Schweiz, die dem Krieg entgangen ist und ihre Neutralität in unseren Dienst stellt. Ich bin überwältigt von der unglaublichen Geduld, mit der sie den Äpfeln vor der Verteilung Glanz verleiht. So werden die Äpfel plötzlich zum Symbol eines Anderswo, in dem sich gut leben läßt. In diese Baracke gehe ich am häufigsten, wenn ich neue Kraft schöpfen will, um die graue Welt um mich her ertragen zu können.

## Die Kinder im Lager

Das Leben im Lager verändert die Kinder sehr schnell. Sie konzentrieren ihre ganze Kraft nur noch auf die Nahrungssuche und den Kampf ums Überleben. In dem Maße, wie die sozialen und familiären Bindungen schwächer werden, erkennt das Kind, daß es sich selbst um sein Überleben kümmern muß. Durch Urinstinkte getrieben, in diesem Dschungel, in dem die väterliche Autorität verschwunden, das Recht durch Willkür und die Disziplin durch die Macht des Stärkeren ersetzt worden ist, vermögen die gewitztesten Kinder auf der Jagd nach dem Lebensnotwendigen mehr auszurichten als ihre Eltern, und diese plötzliche Überlegenheit ist für sie nur schwer zu verkraften. Manche von ihnen schließen sich – schmutzig und zerlumpt, frech und unverschämt – zu kleinen Banden zusammen. Andere bleiben noch eine Weile dieselben sauberen, höflichen, wohlerzogenen Kinder, bis auch bei ihnen plötzlich alle Hemmungen versagen. Bei allen zeigt sich dieselbe Entwicklung hin zur Auflösung der moralischen Werte.

Wir müssen die Kinder ganz entschieden vor sich selbst und vor ihrer Umwelt schützen, ihnen die Möglichkeit geben, an die Vergangenheit anzuknüpfen, ihnen Zukunftsperspektiven eröffnen, über ihre körperliche und moralische Gesundheit wachen und ihnen eine Schulbildung bieten.

Wir erkennen, wie prekär unsere Aktivitäten bleiben werden, wenn es uns nicht gelingt, die Kinder aus dem Lager herauszuholen. Wir müssen ihnen unbedingt einen festen Rahmen bieten, in dem sie ihre Identität bewahren können. Deshalb halten wir entschlossen an Dr. Weills Forderung fest, die »Kinder aus den Lagern herauszuholen«.[8]

Zu dieser Zeit bringen wir die Kinder hauptsächlich in Kinderheimen der OSE (nach einem Zwischenaufenthalt in Palavas-les-Flots bei Montpellier), des Secours suisse und der Quäker unter, aber auch im Heim der EIF[9] in Moissac. Nur selten erfolgt die Unterbringung bei Familien, allenfalls bei jüdischen Familien, die der OSE bekannt sind.

Diese Strategie konfrontiert uns mit einer drängenden Frage. Da wir es für sehr wichtig halten, daß Kinder und Eltern auch weiterhin in Kontakt bleiben, sorgen wir dafür, daß die befreiten Kinder von Zeit zu Zeit ihre Eltern im Lager besuchen; doch schon bald müssen wir erkennen, daß diese Besuche weder den Kindern noch den Eltern guttun.

8 Siehe den Bericht von Paul Niederman, der als Kind aus dem Lager Rivesaltes befreit wurde, im Kapitel »Wege der Kinder«.

9 Éclaireurs israélites de France. Sie spielten eine wichtige Rolle bei der Rettung von Jugendlichen. Das Heim in Moissac wurde von Edouard und Shatta Simon geleitet.

Als wir Anna und ihrer Schwester Martha solch einen Besuch bei ihrem Vater ermöglichen, der seit ihrer Abfahrt in eine tiefe Depression verfallen ist, hoffen wir, ihm damit ein wenig Erleichterung zu verschaffen. Aber die Begegnung hat keine heilsame Wirkung auf ihn, und für die Kinder ist sie ein trauriges Erlebnis. Angesichts des Verfalls ihres Vaters weigern sie sich, das Lager wieder zu verlassen, ganz so, als hätten sie die schreckliche Situation im Lager nun erst richtig erkannt. Aus dem Abstand ihres neuen Lebens entdecken sie, wie unerträglich das Leben im Lager ist, und gelangen zu dem Schluß, daß sie nicht das Recht hätten, wieder wegzugehen. Wir haben große Mühe, sie zur Rückkehr in das Kinderheim zu bewegen.

Und als wir Sabine, die wir bei einer in der Nähe lebenden jüdischen Familie untergebracht haben, für einige Stunden ins Lager zurückholen, verschanzt sie sich hinter einer Maske aus Gleichgültigkeit. Hübsch gekleidet und ordentlich frisiert ähnelt sie kaum noch dem Kind, das wir gekannt haben. Mir gegenüber ist sie äußerst gesprächig. Und vor ihrer gealterten, verbrauchten, schlecht gekleideten, vor innerer Erregung zitternden Mutter weicht sie zurück, wie alle deutlich erkennen können. Sie kehrt ihrer Mutter den Rükken und läuft zu Madame D., bei der sie nun lebt und die sie »Maman« nennt. Sie weigert sich entschieden, ihre Mutter zu begrüßen und mit ihr zu sprechen; sie behauptet, sie könne kein Deutsch mehr verstehen. Ihre Abfahrt ist für uns eine Erleichterung. Für ihre Mutter war ihre kurze Anwesenheit nur eine weitere Quelle von Schmerz.

Deshalb widersetzen Reinette und ich uns dem Projekt einer Kinderbaracke, in der Kinder wohnen sollen, die für einen kurzen Besuch ihrer Eltern ins Lager zurückkommen. Das Projekt verfolgt eine gute Absicht – die Erhaltung der Familienbande nämlich –, aber wir erkennen mit jedem Tag deutlicher, daß es im Lager keine gesunde familiäre Gemeinschaft geben kann.

Statt dessen bemühen wir uns nun, solche Wiederbegegnungen außerhalb des Lagers zu ermöglichen. Wir nutzen jede Gelegenheit, um eine auf ein paar Tage befristete Ausgangserlaubnis für die Eltern zu erlangen, damit sie ihre Kinder besuchen können, wenn möglich in ihrer neuen Umgebung.

Die Erfahrung mit Sabine bestärkt uns auch in einer weiteren Überlegung: Die Unterbringung in Familien ist keineswegs ideal für Kinder, die so brutal aus ihrer eigenen Familie herausgerissen werden. Zumal die Aufnahme nicht endgültig ist, denn die neue Familie kann sich jederzeit von dem Kind trennen. Das wird übrigens bei Madame D. geschehen, die 1944 beschließt, uns Sabine »zurückzugeben«. Für das Kind ist das so, als hätte es ein zweites Mal seine Familie verloren. (Da Sabines Mutter deportiert worden ist, bringen wir das Mädchen schließlich bei nahen Verwandten in den Vereinigten Staaten unter.)

So drängt uns alles zu der Überzeugung, daß die Heime den Kindern den besten Übergang in die Freiheit ermöglichen. Dort lebt das Kind in Gemeinschaft mit anderen, die ganz ähnliche Erfahrungen gemacht haben, und bleibt zugleich mit den im Lager Zurückgebliebenen in Verbindung. So kann es sich an die neue Umgebung gewöhnen, ohne das Gefühl zu haben, es hätte die Seinen für eine neue Familie verraten. Der Bruch ist weniger brutal, und das Zusammenleben mit anderen Kindern erleichtert es ihnen, die Situation zu akzeptieren. Außerdem dürfte die Unterbringung in solchen Gemeinschaften langfristig vor allem für ältere Kinder günstiger sein, denen es schwerer fällt, sich in eine neue Familie einzufügen.

## Die Kinderheime

Im Februar 1942 nutze ich einen Kindertransport, den Dr. Malkin und ich nach Limoges begleiten, um die Kinderheime der Region zu besuchen.

Schon im Oktober 1939 waren drei Schlösser in der Umgebung von Limoges angemietet worden, um im Bedarfsfall

Kinder aus der Pariser Region evakuieren zu können: Waisen, Bedürftige, Flüchtlinge aus Deutschland ... Ganz offensichtlich war es notwendig, ständige Einrichtungen zu schaffen. Man rekrutierte qualifiziertes Betreuungspersonal unter den Fachkräften, die durch das Judenstatut von 1940 aus ihrem Beruf gedrängt worden waren. In jedem der Heime ist außerdem ständig ein Arzt anwesend, der den Gesundheitszustand der Kinder aufmerksam beobachtet. Als 1941 die ersten Kinder aus den Lagern eintreffen, entwickeln die Ärzte ein Konzept zur Verbesserung des Ernährungszustands und zur Intensivpflege. Die systematische Impfung gehört gleichfalls zum Programm. Die Probleme sind auch psychologischer Art: Die Kinder sind ohne Zweifel glücklich, aber sie können das Lager nicht vergessen. Erst jetzt erkennen sie das volle Ausmaß der Deprivation dort, und sie leiden an einer echten Hungerphobie. Man muß verhindern, daß sie unmäßige Mengen Nahrung verschlingen. Da ihnen das Schicksal ihrer im Lager zurückgebliebenen Angehörigen sehr am Herzen liegt, vertrauen sie mir Pakete mit Leckereien an, die sie sich von ihrem Nachtisch abgespart haben.

Die Aktivität in den Heimen dient sowohl der Erziehung als auch der Erholung. Die Mehrzahl der Betreuerinnen und Betreuer hat ihre Ausbildung vor dem Krieg innerhalb der Jugendbewegung erhalten; die Praxis ist wichtiger als ein Diplom. Neben dem Angebot zahlreicher manueller Tätigkeiten auch zur beruflichen und handwerklichen Wiedereingliederung (Tischlern, Nähen, Lederverarbeitung) sorgen Lehrer, denen eine staatliche Anstellung verwehrt ist, für schulischen Unterricht. Kinder, die emigrieren sollen, können auch Englisch und Spanisch lernen.

Von November 1939 bis Februar 1944 betreibt und unterstützt die OSE achtzehn freie und konfessionsgebundene Heime, die meisten davon in Mittelfrankreich gelegen. In diesen Heimen befinden sich etwa achthundert Kinder. Man wählt bevorzugt Standorte abseits größerer Ansiedlungen, um ein halbautarkes Leben zu ermöglichen, zu dem die Kinder ihren Beitrag leisten. Die Heime liegen in den Departements Creuse, Haute-Vienne, Savoie, Haute-Savoie und auch in Südfrankreich. Auffanglager, Landheime und Berufsschulen kümmern sich vor allem um Jugendliche. Sie sollen jene aufnehmen, die von den Behörden unter der Bedingung entlassen worden sind, daß die Hilfswerke sich ihrer vollständig annehmen. Nach französischem Recht gilt man mit fünfzehn Jahren als Erwachsener, mit allen administrativen Folgen, die daran geknüpft sind, einschließlich der Pflicht, einen Personalausweis zu besitzen.

Die Auffanglager[10] – wie das in Vic-sur-Cère im Cantal, das im Juni 1942 für junge Mädchen eingerichtet worden ist – bieten eine Berufsausbildung an. In den Landheimen können die aus den Lagern entlassenen Heranwachsenden sich in landwirtschaftlichen Tätigkeiten üben. So hat ihnen die Domäne Charry im Tarn eine Fläche von vierzig Hektar zur Urbarmachung und Bebauung überlassen. Manche werden auch bei Bauern untergebracht, und die Erfolge dieser Unternehmungen sprechen dafür, daß diese ländliche Orientierung sich noch stärker entwickeln wird. Berufsschulen bieten den Jugendlichen auch eine Ausbildung im Hotelwesen, in Handwerksberufen, in der Schneiderei ...

Auch die Kinder in den Heimen arbeiten. Das pädagogische Konzept zielt auf die Förderung gemeinschaftlicher Arbeit. Die Nähe zu anderen Kindern mit denselben verborgenen Wunden – Unterdrückung, Angst, Erniedrigung, Trennung von den Eltern – ist von größter Bedeutung und hilft ihnen, wieder Vertrauen zu bestimmten Werten zu fassen: Beharrlichkeit, Treue, Würde, Mut, Selbstbeherrschung.

Das am Meer gelegene Heim in Palavas-les-Flots ist vor allem für Kinder bestimmt, die durch den Aufenthalt im Lager stark geschwächt sind. Es besitzt ein Solarium und verfügt über die Möglichkeit zur Intensivpflege. Außerdem genießt es die Unterstützung des Präfekten Benedetti, der großzügig die für die Befreiung der Kinder erforderlichen

10 Moissac und Charry werden von den EIF geführt; Vic-sur-Cère gehört zur Amitié chretienne, die Leiterin dort ist Henriette Malkin von der OSE (die Frau von Dr. Malkin); siehe den Bericht von Martin Oppenheimer im Kapitel »Wege der Kinder«.

Aufnahmebescheinigungen ausstellt. Aber das Heim in Palavas verfügt (1942) nur über dreiunddreißig Betten und ist schon bald überfüllt. Daher benutzt man es als Übergangsheim, in das die Kinder nach der Befreiung aus dem Lager gebracht werden, um sie dann auf die verschiedenen Einrichtungen der OSE in Le Masgelier, Montintin und Chabannes zu verteilen.

Das Château du Masgelier, eines der größten Heime der OSE, ist 1939 für die Kinder eingerichtet worden, die zu Beginn des Krieges aus Paris evakuiert wurden, weil man Bombenangriffe befürchtete. Das alte Schloß, zu dem auch ein großer Park und Nebengebäude gehören, ist für die Unterbringung der Kinder vollständig umgebaut worden: Schlafsäle, Eßsäle, Duschen, Unterrichtsräume ... Auch eine staatliche Schule wurde eingerichtet, mit Wohnungen für das Lehrpersonal. In einem Bericht aus dem Jahr 1942 [11] heißt es:

> Schulung und Betreuung der 122 Kinder des Heimes werden durch erfahrenes Personal gewährleistet. Die Kinder erhalten Unterricht und arbeiten sehr aktiv in dem zwei Hektar großen Gemüsegarten und einem Obstgarten mit gut hundert Obstbäumen. Der Obst- und Gemüsegarten ist zu einer wertvollen Versorgungsquelle für das Heim geworden: Neben den Kartoffeln kommt auch sämtliches Gemüse aus dem eigenen Garten. [...] Die Mädchen lernen nähen. Eine Gruppe von Jungen macht bei örtlichen Handwerkern ein Praktikum. Die Heimleitung hat im Frühjahr 1942 einen Anbau fertiggestellt, der fünfzig ältere Jungen aufnehmen soll. Dort wird eine Schule für die Ausbildung zum Polier eingerichtet werden, die die Jugendlichen auf eine Laufbahn als Bauarbeiter vorbereiten und so ihre Zukunft sichern soll. Alle Kinder beteiligen sich intensiv an Leibesübungen. Sie haben einen Sportplatz und spielen viel im Freien. Auch musische Fächer werden unterrichtet, insbesondere Zeichnen und Singen ...

11 Bericht aus dem OSE-Archiv, vollständig abgedruckt in: Martine Lemalet (Hg.), *Au secours des enfants du siècle*, Paris 1993.

Georges Loinger, den Dr. Joseph Weill für diese Aufgabe gewonnen hat, sorgt für die Ausbildung der Heimerzieher, die für die Leibeserziehung, die Freizeitaktivitäten und die manuellen Tätigkeiten der Kinder verantwortlich sind; er wird auch einen Sport- und Freizeitdienst einrichten. Der 1910 in Straßburg geborene Georges Loinger flüchtete im Winter 1940/41 aus der Kriegsgefangenschaft und ging nach La Bourboule, wo seine Frau Flore sich befand, seit das Château de la Guette, deren Leiterin sie war, nach der Auswanderung der Baronin Rothschild in die Vereinigten Staaten dorthin evakuiert worden war.[12]

## Die Befreiung der Kinder

Ich kehre gestärkt von meinem Besuch der Heime zurück und bin nun fest davon überzeugt, daß die Unterbringung der Kinder in solch einer Heimgemeinschaft die beste Lösung ist.

Ich arbeite weiter an der Befreiung der Kinder ... Dank eines glücklichen Irrtums gelingt es mir, zwei Kinder herauszuholen, die älter als fünfzehn Jahre sind. Ich hatte sie, ohne es zu bemerken, auf den Listen für die Entlassungsanträge ein Jahr jünger gemacht. Die OSE macht mir zunächst Vorwürfe, doch da die Lagerverwaltung den Irrtum nicht bemerkt (ich habe sogar den Verdacht, daß man dort wissentlich darüber hinwegsah), machen wir weiter und können auf diese Weise noch einige andere Jugendliche aus dem Lager holen.

Leider bleiben einige Kinder in Rivesaltes, weil ihre Eltern es nicht übers Herz bringen, sich von ihnen zu trennen. Ich erinnere mich an ein zwölfjähriges Mädchen, das ihrer sterbenden Mutter schwor, den Vater nicht allein zu lassen. Nur wenig später werden beide deportiert.

Die OSE beschließt, der systematischen Auswanderung der ausländischen Kinder und der Waisen ohne Angehörige

12 Siehe den Bericht von Gerda Einbinder im Kapitel »Wege der Kinder«.

in Frankreich Priorität einzuräumen. Dieses Projekt erfordert die Zusammenarbeit aller Hilfsorganisationen, der jüdischen wie der nichtjüdischen. Um den bereits in Gang gesetzten Prozeß zu beschleunigen, wird alles getan, um die Aufmerksamkeit der amerikanischen Öffentlichkeit auf das Schicksal der Kinder zu lenken.[13]

Ab Mai 1941 (Abfahrt der ersten Kindergruppe in die Vereinigten Staaten) richtet die OSE eine eigene ständige Abteilung für die Organisation der kollektiven Auswanderung ein und bemüht sich in Übersee um weitere Aufnahmemöglichkeiten. Man unternimmt zahlreiche Vorstöße bei den Regierungen Kanadas, Mexikos, Argentiniens, Kubas und sogar Chinas (Venezuela und China erklären sich bereit, jeweils ein Kind aufzunehmen ...).

Wer nach Argentinien auswandern möchte, hat zahlreiche Hindernisse zu überwinden. Zunächst einmal verlangt man dort einen gültigen Reisepaß des Herkunftslandes, wodurch alle Staatenlosen ausgeschlossen sind. Ab Februar 1941 werden deutsche Pässe nicht mehr verlängert, und Argentinien erkennt die von polnischen Dienststellen ausgestellten Papiere nicht länger an. Damit werden die Hoffnungen Tausender deutscher und polnischer Staatsangehöriger zunichte, deren Auswanderungsanträge eigentlich auf gutem Wege schienen.

Die zweite Kindergruppe verläßt Frankreich zwischen August und September 1941. Die Kinder werden »blankgescheuert«, wie Andrée Salomon es ausdrückt, »damit sie gesund erscheinen«.

In mein Tagebuch notiere ich im Mai 1942, daß ich für die Eltern, die bei der Abfahrt der dritten Gruppe in Marseille Abschied von ihren Kindern nehmen wollen, eine dreitägige Sondererlaubnis beantragt habe. Ich übernehme die Verantwortung für ihre Rückkehr ins Lager gegenüber dem für Entlassungen zuständigen Beamten, der sich über meine Naivi-

13 Während die Kommunikation zwischen den beiden Zonen schwierig ist, stehen wir über die Schweiz zumindest bis zur deutschen Besetzung der Südzone im November 1942 mit Amerika, Spanien und Portugal in Verbindung.

tät lustig macht. Die Anträge werden dennoch genehmigt. Am 15. Mai schreibe ich: »Die Kinder sind glücklich abgefahren, und alle Mütter sind ins Lager zurückgekehrt. Mehrere haben mir gesagt, wie schwer ihnen die Rückkehr nach diesen drei Tagen in Freiheit gefallen ist. Sie fragen sich auch, ob sie ihre Kinder jemals wiedersehen werden.« In einer nach dem Krieg hinzugefügten Randbemerkung heißt es: »Von den zehn Frauen wurden neun deportiert, und keine ist zurückgekommen.«

Anläßlich der Abfahrt der letzten Kindergruppe feiern wir am 21. Mai, meinem Geburtstag, ein großes Fest im Lager, an dem auch Germaine Masour aus der Leitung der OSE teilnimmt.

Es sind nur noch fünf jüdische Kinder im Lager, deren Eltern sich nicht von ihnen trennen wollen. Meine Aufgabe ist erfüllt, und ich verlasse Rivesaltes.

# Die Deportationen beginnen

## Juni–Juli 1942. Verlobung mitten im Krieg

Ich ignoriere eine an die Adresse meiner Eltern geschickte Vorladung des Kommissariats in Cannes und fahre nach Lyon. Diese Zeit im Sommer 1942 bedeutet für mich eine Phase der Neuorientierung. Dr. Weills klare Ratschläge und das Beispiel Andrée Salomons fehlen mir in meiner neuen Tätigkeit als Vertreterin der OSE bei der Amitié chrétienne in Lyon. Dafür habe ich Gelegenheit, diese Organisation und vor allem die verwirrend-bewundernswerte Persönlichkeit des Abbé Glasberg besser kennenzulernen. Er ist zu dieser Zeit Pfarrer der kleinen Gemeinde Saint-Alban in Lyon. Es heißt, er sei jüdischer Herkunft und stamme aus der Ukraine. Im Verlauf des Jahres 1941 gelang es ihm, zahlreiche Menschen aus dem Lager Gurs herauszuholen, ihnen eine Unterkunft und falsche Papiere zu beschaffen. Ab November 1941 sorgte er für die Einrichtung selbstverwalteter Zentren, in denen Internierte Aufnahme fanden, die »Urlaub« aus den Internierungslagern erhielten. Dank der moralischen Unterstützung, die die Amitié chrétienne verkörpert, ist seine Hilfe äußerst wertvoll für die in Entstehung begriffenen Widerstandsgruppen. Ich weiß, daß Abbé Glasberg und Joseph Weill denselben Kampf führen. Als die Deportationen drohen, zögern beide keinen Augenblick, alle nur möglichen Mittel einzusetzen – falsche Ausweise, Verlegungen von einem Zentrum ins andere, Vertauschung von Akten ... Mitten in der Stadt, in der Rue de Constantine 12, wird man eine Fälscherwerkstatt für Ausweise einrichten. Von der Gestapo gesucht, wird Abbé Glasberg 1943 Lyon verlassen und unter dem Namen Covin eine kleine Pfarrei auf dem Land übernehmen.

Unter Leitung von Jean-Marie Soutou und ausgestattet mit einem von Gilbert Lesage[1] vom Service social des étrangers in Vichy ausgestellten Dienstauftrag besuche ich die Groupements des travailleurs étrangers in der Savoie und der Haute-Savoie, um die sanitären Bedingungen dort zu »inspizieren«. Die OSE bittet mich, darauf zu achten, daß keine Kinder sich dort bei ihrem Vater aufhalten. Die Lebensbedingungen in den Lagern der Fremdarbeiterbrigaden erscheinen mir weniger inhuman als in Rivesaltes. Die Männer arbeiten an der frischen Luft und sind vergleichsweise gut ernährt. Die Lagerleiter, die mich empfangen, haben anscheinend nichts zu verbergen.

Aus einem der Lager nehme ich einen zwölfjährigen Jungen mit und vertraue ihn einer Mitarbeiterin der OSE in Lyon an. Einige Wochen später, als ich mit einer Gruppe des Roten Kreuzes auf dem Hauptbahnhof von Lyon einen Zug mit ausländischen Arbeitern betreue, sehe ich den Vater wieder. Ich kann ihm berichten, daß es seinem Sohn gutgeht. Später werde ich erfahren, daß es sich um eine Deportation handelte und daß der Bahnhof gar nicht bewacht war. Es wäre leicht gewesen, diesem Mann zur Flucht zu verhelfen, aber wir wußten damals so wenig, daß mir dieser Gedanke gar nicht kam. Naiv verteilten wir Obst …

Ich pendle zwischen den verschiedenen Zentren der OSE in Montpellier, Marseille und Lyon. Die Niederlassung in Lyon wird von Charles Lederman geleitet, den ich in Rivesaltes abgelöst hatte. Leiter der Niederlassung in Marseille ist Julien Samuel, der junge Mann, dem ich bei meinem ersten Besuch dort im Oktober 1941 in Begleitung von Andrée Salomon begegnet bin.

Julien und ich hatten in all diesen Monaten miteinander korrespondiert, ich in Rivesaltes, er in Marseille, beide sehr von der bereits engen gemeinsamen Arbeit absorbiert. Seine große Freundlichkeit, seine natürliche Eleganz und seine

1 Gilbert Lesage übernahm im Februar 1941 die Leitung des Service social des étrangers in Vichy. Er hatte die Dienststellen in Vichy infiltriert, um der Résistance Informationen zu verschaffen und als Puffer fungieren zu können.

Aufmerksamkeit gegenüber anderen beeindrucken mich, aber bei unseren ersten Begegnungen ahne ich noch nicht, welche Bedeutung dieser junge Mann bald für mich haben wird ... Er wird mir später anvertrauen, daß er sogleich dem Charme dieser jungen Frau erlegen sei, die ein insgesamt doch recht komfortables Leben aufgab, um in ein Lager zu gehen. Julien möchte eine »jüdische Familie« gründen, während meine Einstellung immer noch entschieden weltlich ausgerichtet ist. Wir zögern noch, unsere Wege zu vereinen ...

Julien ist 1912 in Mülhausen geboren; er stammt aus einer jüdischen Familie, deren vier Kinder in der Achtung vor der Religion und den Traditionen erzogen wurden. Da Juliens Mutter im Kindbett starb, als er zwei Jahre alt war, übertrug er seine ganze Zuneigung dem Vater. Er besuchte das Lycée Fustel-de-Coulanges in Straßburg, doch trotz eines guten Abschlusses nahm er kein Studium auf, sondern trat auf Anraten seines Vaters unmittelbar ins Berufsleben ein. Nach dem Militärdienst in Dijon arbeitete Julien in der Versicherungsgesellschaft Trieste-et-Venise (welch ein Zufall, mein Vater hatte zeitweilig eine Zweigstelle dieser Versicherung in Paris geleitet). Seit Hitlers Machtergreifung im Januar 1933 engagierte er sich aktiv in einer jüdischen Gruppe in Straßburg. Zu Beginn des Krieges, im Juni 1940, zog sein Regiment sich in die Vogesen zurück; dort wurde er gefangengenommen. Schon nach kurzer Zeit floh er aus der Kriegsgefangenschaft und machte sich zu Fuß auf den Weg über die Berge. In Raon-l'Étape wurde er wieder aufgegriffen und nach Deutschland zurückgebracht, doch schon im Oktober 1940 brach er zusammen mit seinem Kriegskameraden Fastré erneut aus, schlug sich durch das besetzte Elsaß und die Vogesen und überquerte im November die Demarkationslinie bei Bordeaux, wo er dann demobilisiert wurde.

Joseph Weill holte ihn in die OSE; dort war es seine erste Aufgabe, einen Versorgungsdienst für die Lager in Gurs und Rivesaltes zu schaffen. Angesichts der neuen wirtschaftlichen Lage baute er ein Netz von Lieferanten auf und besorgte die nötigen Genehmigungen, um die Internierten in diesen Lagern mit Obst und Gemüse (für die keine Rationierung bestand) versorgen zu können. Zugleich sorgte er dafür, daß in den Lagern Komitees gebildet wurden, die sich um eine gerechte Verteilung der Lebensmittel kümmerten.

Im Juni 1941 übernimmt er den Auftrag, in Marseille ein von den Unitariern und der OSE getragenes medizinisch-soziales Zentrum aufzubauen. Er wird Regionalleiter der OSE, während Dr. René Zimmer die medizinische Leitung übernimmt.

Im August 1942 verloben wir uns offiziell und legen das Datum unserer Hochzeit fest.

Als er mich seiner Familie vorstellt, die nach Gannat bei Vichy geflohen ist, begegne ich einem orthodoxen Milieu voller Mißtrauen gegenüber der jungen modernen Ausländerin, die ich in ihren Augen bin (meine russische Herkunft ...). Ein vierjähriger Neffe faßt ihr Befremden in folgende Worte: »Warum malt Tante Yvette ihre Fingernägel mit Lippenstift an?«

Mein Vater dagegen, der meinem Verlobten bereits im Rahmen seiner Tätigkeit begegnet ist, läßt sich von Juliens Liebenswürdigkeit vereinnahmen.

Vielleicht ist eine Verbindung unter solchen Umständen der Versuch, den Widrigkeiten besser begegnen zu können. Da wir in einer düsteren Gegenwart leben müssen, wollen wir an die Zukunft glauben, auch wenn der Sieg uns noch sehr fern erscheint ... Unsere Hochzeit soll im Oktober stattfinden, in Le Couret bei Limoges in der Haute-Vienne, in einem Kinderheim der OSE.

## August–September 1942. Razzien und Deportationen in der freien Zone

In diesen drei Monaten meiner Verlobungszeit kommt es zu den ersten Razzien auf ausländische Juden in der freien Zone und zu deren Internierung in Rivesaltes, Les Milles und

Vénissieux. In Paris hat die große Razzia des Vel' d'hiv bereits am 16. Juli stattgefunden. Tausende von Menschen, darunter auch Frauen und Kinder, sind festgenommen worden.

Wir stehen an einem Wendepunkt der Geschichte.[2] Zum erstenmal sind in Paris und in der freien Zone auch Kinder inhaftiert worden. Für die OSE steht fest, daß sie sich in Lebensgefahr befinden. Alle, die noch handeln können, werden für ihre Rettung mobilisiert.

Eine Zeitlang haben wir noch glauben können, daß die Südzone (die sogenannte »freie« Zone, die ausschließlich unter der Verwaltung Vichys steht) davon verschont bliebe. Doch das erweist sich als Illusion. Im August 1942 beginnen auch hier die Razzien und Deportationen. Die ersten Opfer sind die Insassen der Lager. Dann werden ausländische jüdische Familien, die in der Südzone Schutz gesucht haben, zu Tausenden in Sammellagern[3] konzentriert. Dabei handelt es sich zunächst um Flüchtlinge, die 1939 nach der Kriegserklärung nach Frankreich gekommen sind. Schon nach wenigen Tagen schränkt man die Ausnahmen deutlich ein. Fast stündlich kommen neue und engere Kriterien für die Verhaftung heraus. Die Operation wird auf Alleinstehende von sechzehn bis vierzig Jahren erweitert, die nach 1933 nach Frankreich gekommen sind, und auf die Ehegatten von nichtdeportierbaren (weil nicht transportfähigen) Alten. Ausgenommen sind nur noch die Eltern von Kindern unter zwei (statt bisher fünf) Jahren, doch von den freiwilligen Kriegsteilnehmern nur noch solche, die eine militärische Auszeichnung erhalten haben. Wer gestern aus einem Sammellager entlassen worden ist, wird heute schon wieder verhaftet. Man sucht nach Kindern, um sie im Rahmen einer angeblichen, von Laval angeordneten Familienzusammenführung gemeinsam mit ihren Eltern zu deportieren, obwohl die Deutschen dies noch gar nicht verlangt haben.

Die Zahl der Betroffenen nimmt sprunghaft zu. Aufgrund

2 Die Modalitäten der »Endlösung« wurden von den Nazis im Januar 1942 auf der sogenannten Wannseekonferenz festgelegt.

3 Bevor man sie auf die Lager verteilt, von denen die Deportationstransporte abgehen.

der zahlreichen Verhaftungen und der herrschenden Angst sind die Eltern eher bereit, ihre Kinder der OSE oder anderen Hilfswerken anzuvertrauen. Die Aufnahmefähigkeit der Kinderheime ist schon bald erschöpft; überall werden zusätzliche Betten aufgestellt. Doch Ende August wird auch die Lage in den Heimen sehr gefährlich. Einzelne Kinder werden gezielt verhaftet, stets unter dem Vorwand der Familienzusammenführung. Diese Verhaftungen betreffen nur Kinder, deren Eltern ihren Aufenthaltsort angegeben haben und die sich daher auf den Verhaftungslisten befinden. Aber wir können nicht das Risiko eingehen, die gerade erst aus den Lagern befreiten 1800 Kinder in den Heimen zu belassen. Ein Teil der Jugendlichen übernachtet von nun an im Wald unter freiem Himmel, um der Verhaftung zu entgehen.

Ein Artikel, der am 15. August in der Pariser Zeitung *Aujourd'hui* erscheint, versucht diesen Verhaftungen ein humanitäres Mäntelchen umzuhängen:

> Seit gestern sind 4000 in der nichtbesetzten Zone verhaftete ausländische Juden[4] in Gebiete deportiert worden, wo sie sich – unter guter Bewachung – mit Arbeiten beschäftigen können, die den europäischen Völkern nützlich sind. Dort werden sie zu etwa derselben Zahl an Glaubensbrüdern aus der besetzten Zone stoßen. So wissen denn nun die heimatlosen Söhne Israels, daß sie auch jenseits der Demarkationslinie kein sicheres Asyl mehr finden … Dabei sei gleich angemerkt, daß diese Unerwünschten entgegen anderslautenden Gerüchten unser Land in Begleitung der Ihren verlassen haben. Es war nie die Rede davon, die Frauen von ihren Männern und die Kinder von ihren Eltern zu trennen. Und wenn sie weiterhin Schwierigkeiten machen wollen, werden sie die schon innerhalb der Familie machen müssen …

Die Hilfswerke haben nun nicht mehr gegen Untätigkeit, Promiskuität und Krankheit zu kämpfen, sondern gegen den

4 Schon bald sind alle Juden betroffen, auch die französischen und die Frauen von Kriegsgefangenen, die bis dahin sicher gewesen waren.

Tod. Es gilt, sich der »Familienzusammenführung« zu widersetzen und der Befreiung der Kinder wie auch ihrer Emigration die höchste Priorität einzuräumen. Das ist der Weg, der nun ohne Zögern eingeschlagen werden muß. Auf Umwegen werden die karitativen Organisationen in Amerika und der Schweiz alarmiert. Schon im Januar 1942 hat eine amerikanische Publikation der OSE darauf hingewiesen, daß es überlebensnotwendig für die jüdischen Kinder sei, Frankreich zu verlassen.

Es ist dringend erforderlich, die Aktivitäten in diese Richtung zu verstärken. Im September 1942 stellt Joseph Weill eine Verbindung zwischen den französischen Behörden und dem Botschafter der Vereinigten Staaten in Vichy Admiral Leahy her. Im Oktober stellen die Vereinigten Staaten dem amerikanischen Schutzkomitee für die Kinder Europas 5000 Visa zur Verfügung. Aus Angst, die Politik der Vichy-Regierung könnte angesichts der Ankunft so vieler Kinder bei Regierung und Bevölkerung der Vereinigten Staaten auf Kritik stoßen, bestätigt Laval nur 500 dieser Auswanderungsvisa. Als die Amerikaner im November 1942 in Nordafrika landen, wird das laufende Verfahren abgebrochen. Der Kriegseintritt der Vereinigten Staaten bedeutet das Ende der diplomatischen Beziehungen zwischen Vichy und Washington, und als einige Tage später deutsche Truppen auch die freie Zone besetzen, ist eine legale Ausreise vollkommen unmöglich geworden.

Die Gruppe der bereits mit Visa versehenen Auswanderer wird in Marseille unter Bewachung gestellt. Erst nach zahlreichen Eingaben bei den französischen Behörden gelingt es der OSE, diese Kinder zu befreien und zeitweilig wieder bei den Menschen unterzubringen, die sie bis dahin beherbergt hatten.

In den Lagern Rivesaltes, Les Milles und Vénissieux hat die Rettung der Kinder inzwischen wieder allerhöchste Priorität.

## Nochmals Rivesaltes

Als ich Rivesaltes im Juni 1942 verließ, befanden sich dort nur noch fünf Kinder, deren Eltern sich nicht von ihnen trennen wollten. Doch nun werden neuerlich Familien interniert. Als wir erfahren, daß ihnen die Deportation droht, geht Andrée Salomon mit einer Gruppe Helfern ins Lager. Hier der wertvolle Bericht[5], den sie von den Ereignissen dieser Zeit geben wird:

> Am Morgen des 3. August fand der erste Appell statt. Alle, die nicht nachweisen konnten, daß sie einer Ausnahmekategorie angehörten, wurden in Block K zusammengefaßt, der zu diesem Zweck mit einem Stacheldrahtzaun umgeben worden war. Bei dieser ersten Gruppe deportierbarer Personen befanden sich keine Kinder.
>
> Am 7. August rief die Lagerleitung die Delegierten sämtlicher Hilfsorganisationen zu einer privaten Besprechung mit den Vertretern der Präfektur von Perpignan, denen die Aussonderung der Internierten oblag. Dort erfuhren wir die schreckliche Nachricht: Auch die Kinder sollten in die Deportationsmaßnahmen einbezogen werden.
>
> Wir mußten unbedingt die Kinder herausholen, die sich noch im Lager befanden. Die Delegierte der Quäker, Miß Elms, brachte unverzüglich mit ihrem Auto eine erste Gruppe fort und kehrte noch am selben Tag zurück, um auch die übrigen zu holen. Die Lagerleitung war bereit, diese Befreiung als reguläre Entlassung zu beglaubigen. Doch jeden Tag wurden ganze Familien ins Lager gebracht, die an der Demarkationslinie, an der Schweizer Grenze oder in der Umgebung aufgegriffen worden waren. Vierzehn Tage lang konnten alle Kinder unter sechzehn Jahren das Lager, mit regulären Entlassungspapieren ausgestattet, sogleich wieder verlassen. Sie wurden in den Heimen der verschiedenen Hilfswerke untergebracht (Secours suisse, OSE, Éclaireurs israélites) [...]

5 Von Andrée Salomon 1946 für das Buch *Comme des brebis* von Vivette Samuel verfaßter Bericht; Archiv der AIU (Alliance israélite universelle) in Paris.

Dennoch ging das Gerücht, man werde die befreiten Kinder wieder ins Lager zurückholen, um sie mit ihren Familien »zusammenzuführen«. Sofort wurden die Heime durch Boten informiert, daß sie die bedrohten Kinder zerstreuen sollten. Doch es war schon zu spät. Am nächsten Tag brachte man die ersten Kinder mit Handschellen gefesselt ins Lager zurück.

Die Lagerleitung forderte die Hilfswerke auf, über die Form der Rückführung der Kinder zu entscheiden. Es blieben also offenbar noch Handlungsmöglichkeiten für die Hilfswerke. Die Delegierten der OSE weigerten sich, über diese Verfahren zu diskutieren. Es galt, die sogenannte Familienzusammenführung unter allen Umständen zu verhindern, die nur die Deportation und den sicheren Tod bedeutete. Diese Stellungnahme veranlaßte die Lagerleitung, auf eine weitere Zusammenarbeit mit uns zu verzichten. Aber zugleich verzichtete sie auch darauf, Einsicht in die Listen der Hilfswerke und der Präfektur zu nehmen, in denen die Aufenthaltsorte der zuvor befreiten Kinder verzeichnet waren. Die Nachteile hielten sich also in Grenzen.

Die Lagerleitung forderte nun die Eltern in allen Blocks auf, Auskunft über den Aufenthaltsort ihrer Kinder zu geben, und zwar ohne Altersbegrenzung. Daraufhin begaben sich die Vertreter der Hilfsorganisationen sogleich in sämtliche Blocks, um die Eltern darüber zu informieren, was sie erwartete, wenn sie der Anordnung nachkamen. Eine schmerzvolle Aufgabe, denn dazu mußten sie den Erwachsenen wenigstens in Andeutungen klarmachen, welches Schicksal ihnen drohte. Wie sollten wir sie dazu bringen, ihre Kinder zu verlassen, ohne ihnen die Gefahr vor Augen zu führen, in der sie alle schwebten?

Wir wußten nicht, wie wir uns ihnen gegenüber verhalten und was wir ihnen sagen sollten. Unsere Leute, die die ersten Züge bis zur Demarkationslinie begleitet hatten, kehrten vollkommen konsterniert zurück: Man hatte die Männer gnadenlos von den Frauen getrennt. Wozu diese ganze Farce mit der Familienzusammenführung? Man hatte die sanitären Einrichtungen entfernt, mit denen wir die Waggons notdürftig ausgestattet hatten. Wozu all die verzweifelten Anstrengungen, in dieser schon so verarmten Südzone Kübel und Wasserkannen aufzutreiben?

Auch das Gepäck hatte man den Menschen weggenommen, hieß es.

Wir wußten, daß aus Paris 4000 Kinder unter diesen Umständen und getrennt von ihren Eltern deportiert worden waren. Wenn man hinsichtlich der gesunden, arbeitsfähigen Männer und Frauen noch Illusionen haben konnte, so doch kaum hinsichtlich des Schicksals der Alten, der Kranken und der Kinder ...

Unsere Leute schmuggelten sich in die Schlangen derer, die ihre Kinder registrieren lassen wollten. Sie gingen von einem zum anderen und sagten leise, um nicht aufzufallen: »Es hat keinen Sinn, daß Sie hergekommen sind, gehen Sie weg, gehen Sie zurück in Ihre Baracke.« Die schon länger im Lager waren und uns kannten, verstanden; die anderen lieferten, ohne es zu wissen, ihre Kinder aus.

Aber wir mußten vorsichtig sein, um dort bleiben zu können, um informiert zu sein, um eine Verschärfung der Maßnahmen vorauszusehen, um auf die Verwaltung und auf unsere Kollegen einzuwirken. Wieder einmal zeigte sich, daß für den Sozialarbeiter die Rolle des Zeugen von allergrößter Bedeutung ist.

Wir setzten auf die Nachlässigkeit der Verwaltungsbeamten und versuchten, die Rückholung der Kinder möglichst kompliziert zu machen. Wenn Gendarmen nach erfolgloser Suche um weitere Instruktionen baten, hofften wir sie zu der Antwort bewegen zu können: »Na gut, Sie haben Ihre Arbeit getan, gehen Sie nach Hause.«

Doch plötzlich und fast unversehens befanden sich eines Morgens fast hundert Kinder in Block K, die in Kürze deportiert werden sollten.

Unter diesen Kindern waren solche, die gerade erst mit ihren Eltern angekommen waren, weil sie entweder in der Umgebung verhaftet oder aus anderen Lagern überführt worden waren. Außerdem befanden sich die Kinder dort, die trotz unserer Bemühungen im Rahmen der sogenannten Familienzusammenführung ins Lager zurückgeholt worden waren.

Der Transport stand zur Abfahrt bereit.

Bis dahin hatte wir uns vor allem auf präventive Maßnahmen beschränkt. Wir wollten verhindern, daß überhaupt Kinder in

Block K gelangten. Nun waren sie dort. Nun lag es an der Aussonderungskommission[6], sie dort herauszuholen. An sie mußten wir uns wenden.

Doch all unsere Bemühungen blieben erfolglos, die offiziellen Anordnungen waren eindeutig: Die Kinder mußten mit auf den Transport. Dennoch war einige Tage zuvor in Les Milles eine Gruppe von Kindern entlassen worden, und in Vénissieux ebenfalls. Aber hier war die Zahl der Kinder zu hoch, als daß man eine am Einzelfall orientierte, isolierte Aktion hätte durchführen können.

Daraufhin bat die OSE um die Erlaubnis, unter ihrer Leitung außerhalb von Block K eine Kinderbaracke einrichten zu dürfen. Die Argumente, die wir dafür vorbrachten, waren überzeugend: die Promiskuität, die schlechte Ernährung, die Krankheiten, die Ratten in Block K, vor denen man die Kinder schützen müsse. Aber wir verschwiegen die eigentlichen Motive dieses Vorstoßes: Eltern und Kinder auf eine Trennung vorzubereiten, die nicht von allen gewünscht wurde. Wir mußten den Eltern auf Umwegen klarmachen, daß ihre Kinder gerettet werden konnten, auch wenn es für sie selbst keine Rettung gab. Aber wir hatten noch eine andere Idee. Als alle Hoffnung verloren schien, spielten wir unsere letzte Karte aus und versuchten durch Mitleid und Gewissensbisse zu erreichen, was wir durch Überzeugung nicht hatten erreichen können. Angesichts all dieser verschmutzten, erschöpften, verängstigten, auf den Strohsäcken liegenden Kinder konnten die französischen Amtsträger nur Mitleid empfinden. Wir spielten nicht gern mit den Gefühlen, doch es war unsere letzte Hoffnung. Als am folgenden Sonntag bei schönem sonnigen Wetter zwei hohe Vertreter der Präfektur mit ihren Frauen ins Lager kamen, schleppten wir sie in die Baracke mit den Kindern, die nicht älter waren als ihre eigenen. Wir zeigten sie ihnen, um ihnen die Augen zu öffnen und ihnen klarzumachen, daß hier ein Verbrechen im Gange war. Aber sie wußten auch nicht, was zu tun sei, diese Abgesandten der Vichy-Regierung. Daraufhin kam unser Generalsekretär aus Montpellier, und gemeinsam fuhren wir nach

6 Die Kommission, die für die Anwendung der Ausnahmeregelungen zuständig war.

Perpignan, um einen letzten Versuch zu unternehmen, beim Präfekten die Freilassung dieser Kinder zu erreichen (soweit sie unter sechzehn Jahren alt waren, für die anderen gab es leider keinerlei Hoffnung ...). Wir brachten vor, daß man die Kinder in Les Milles nicht deportiert hatte.

»Ja«, erwiderte der Präfekt, »aber das ist nur vorläufig.«

»In Vénissieux werden sie auch nicht deportiert.«

»Ja, aber dafür sind hochgestellte Persönlichkeiten unter Hausarrest gestellt worden.«[7] Und als wir ihm vor Augen führten, wie ungeheuerlich der Gedanke war, daß 100 Kinder aus der Südzone solcherart der Vernichtung ausgeliefert würden, erwiderte der Präfekt:

»Was wollen Sie machen? Frankreich ist besiegt, und wir haben keine Armee mehr ...«

Alles, was wir ihnen entreißen konnten, waren zehn als »schwach« eingestufte Kinder, und es war wirklich ein Geschenk, das man uns aufzwang, aus Großherzigkeit oder Ermüdung ...

Es war schrecklich, denn nun mußten wir wählen. Wir mußten diese zehn Kinder auswählen (es waren am Ende zwanzig), denen wir das Leben retteten, während wir die übrigen sehenden Auges dem Tod überantworteten ... Die Auswahl war natürlich totale Willkür, denn unsere Wahl fiel ganz unwillentlich auf die Kinder, die wir kannten – die wir vor Monaten schon aus dem Lager herausgeholt hatten –, die Mündel der Hilfswerke, jene, die uns von ihren Eltern mit der größten Entschiedenheit anvertraut worden waren. Der Gedanke an diese abgrundtiefe Ungerechtigkeit verfolgte uns monatelang und lastet heute noch auf uns. Eine größere Ungerechtigkeit war gar nicht vorstellbar ... Zwanzig Kinder wurden gerettet, die übrigen zweiundachtzig aus Rivesaltes deportiert.

Aber wir taten weiterhin unser Bestes und versuchten, noch mehr Kinder freizubekommen. Als zum Beispiel eine junge Krankenschwester des Schweizer Roten Kreuzes ins Lager kam, um zwei mit Visa für Übersee ausgestattete Familien herauszuholen, nutzte die OSE ihre Anwesenheit und verlangte die Entlassung

7 Siehe den Abschnitt »Die Nacht von Vénissieux« in diesem Kapitel.

einer Gruppe von Kindern für die Schweiz. Damals herrschte solch ein Durcheinander, daß die beiden Familien freigelassen wurden, während man Hunderte anderer Familien, die gleichfalls Visa besaßen, deportierte und zwanzig Kinder vorläufig der OSE anvertraute, obwohl völlig klar war, daß sie niemals in die Schweiz ausreisen konnten, zumindest nicht legal ...

Es war unmöglich zu erkennen, woran es lag, daß die einen verschont wurden und die anderen nicht. Der zwölfjährige Hans ging auf eigenen Wunsch allein zum Vorsitzenden der Aussonderungskommission, um sich für seine Eltern und seine Tante einzusetzen. Und dieser Familienvater, dem die schreckliche Aufgabe oblag, über das Schicksal der Menschen zu entscheiden, ließ sich rühren und setzte die Familie in Freiheit. Zwei Mädchen, die im selben Alter waren wie die Kinder eines hohen Verwaltungsbeamten, wurden entlassen, während zwei andere, die ein Wachmann eines Nachts bei einem Fluchtversuch aus der Kinderbaracke überraschte, ins Lagergefängnis gesteckt wurden.

Denn auch Fluchten gab es ... Zunächst aus Block K. Ein junges Mädchen wurde als Krankenschwester verkleidet und mit einem falschen Passierschein ausgestattet. Einem Jungen, der gerade erst angekommen und mit seinen Eltern auf dem Weg zu Block K war, flüsterten wir zu, er solle sich vor Baracke II von der Gruppe lösen und auf uns warten. Der Kleine gehorchte. Er verließ seine Eltern und ging zum Secours suisse, wo unser Kundschafter, der überall durchschlüpfte, ihm seinen Hut, sein Khakihemd und seinen Passierschein überließ, so daß er Block K verlassen konnte.

Auch aus dem Lager gelang gelegentlich eine Flucht, doch trotz der damit verbundenen Gefahren zählte das in unseren Augen nur wenig im Vergleich zu den Bemühungen um die Befreiung der Kinder.

Und plötzlich war wieder alles anders. Da Vichy nicht antwortete, entließ die Präfektur in eigener Verantwortung Kinder unter sechzehn Jahren, für die wir einen Antrag vorlegten, ins Département Pyrénées-Orientales. So beobachteten unsere Helferinnen jeden Abend die im Lager eintreffenden Transporte, hielten nach Kindern Ausschau, versorgten sie mit Milch, sprachen bei dieser Gelegenheit mit den Eltern über die Möglichkeit einer Befreiung, rieten ihnen, sich von den Kindern zu trennen, und drängten sie, das Alter der Kinder falsch anzugeben, falls sie schon älter als sechzehn Jahre waren. Am nächsten Morgen unterbreiteten sie der Lagerleitung die Listen der Kinder, die in die Kinderbaracke aufgenommen werden sollten, und versuchten, Akte für Akte, durch Bitten und Flehen das große »L« zu erlangen, das für »Libération« – Freilassung – stand. Unmittelbar darauf verließen die Kinder das Lager Richtung Perpignan, wo man sie in Empfang nahm und sogleich verteilte.

So ging es bis zur Besetzung der Südzone und der Überstellung der letzten Internierten nach Gurs.

427 Kinder waren vor der Deportation bewahrt worden ...

## Les Milles

Auch im Lager Les Milles besitzt die Befreiung der Kinder höchste Priorität. In dem Lager sind hauptsächlich Ausländer interniert, die in die Vereinigten Staaten auswandern wollen. Von dort aus können sie die letzten Formalitäten erledigen, bevor sie abreisen. Frauen und Kinder sind in Hotels untergebracht, die der Staat in Marseille requiriert hat. Während eines meiner Zwischenaufenthalte in Marseille Anfang 1942 hatte ich die »Zwangswohnheime« besucht, in denen die aus Les Milles überstellten Frauen und Kinder lebten. Das Hôtel Bompart und das Hôtel du Levant wurden von Gendarmen bewacht; administrativ waren sie dem Lager Les Milles und dem Innenministerium in Vichy unterstellt. An die Isolation und das strenge Klima in Rivesaltes gewöhnt, erschienen mir die Lebensbedingungen im Bompart und im Levant zwar schwierig, aber doch erträglich.

Die von Julien Samuel geführte Gruppe der OSE hat die Erlaubnis, sich im Lager selbst um die Verbesserung der Lebensbedingungen zu kümmern; das Lager befindet sich in einer ehemaligen Ziegelei fünf Kilometer außerhalb von Aix-en-Provence, an der Straße nach Marseille. Seit der Kriegserklärung hat man dort deutsche und österreichische Juden oder Gegner des Hitlerregimes interniert, die nach Frankreich geflohen sind und Europa verlassen wollen; viele von ihnen haben bereits mehrere Lager hinter sich. Wie gesagt, wurden sie gleich bei ihrer Ankunft, und obwohl sie sich für Frankreich entschieden hatten, als »feindliche Ausländer« eingestuft und als solche interniert. In Les Milles befinden sich auch ehemalige Angehörige der Internationalen Brigaden, die auf der Seite der spanischen Republikaner gekämpft haben und im Februar/März 1939 nach Frankreich geflohen sind.

Nachdem viele Internierte in die Vereinigten Staaten ausgereist sind, wird das Lager Les Milles im Frühjahr 1940 geschlossen. Doch im August 1942 wird es wieder eröffnet, und die Deportationen beginnen am 4. August. Betroffen sind die Opfer der jüngsten Razzien in der Region.

Julien beteiligt sich intensiv an den Bemühungen, möglichst viele Internierte vor der Deportation zu bewahren. Als wir nach Gannat zu seinen Eltern fahren, ist er von den Ereignissen noch so erschüttert und schockiert, daß er möglichst wenig darüber spricht. Deshalb weiß ich kaum etwas über die Aktivitäten der OSE in diesem Lager.

## August 1942. Die Nacht von Vénissieux

Nach Razzien im Gebiet von Lyon werden mehr als tausend Personen im Militärlager Vénissieux interniert. Die führenden Vertreter der Hilfswerke setzen in dieser stürmischen Nacht des 28. August all ihre Überredungskunst gegenüber der Aussonderungskommission ein, um möglichst viele vor der Deportation zu bewahren. Vor Ort sind Dr. Weill, Charles Lederman von der OSE und ein Neuankömmling, Georges Garel, Claude Gutman von den Éclaireurs israélites, Abbé Glasberg von der Amitié chrétienne und Gilbert Lesage vom Service social des étrangers. Die Transporte sollen um drei Uhr morgens abgehen. Auf der Grundlage einer Ausnahmebestimmung, die Vichy erst am Abend aufgehoben hatte –

ohne daß die Beamten der Präfektur davon wußten –, gelingt es der Gruppe, die Entlassung aller Kinder unter vierzehn Jahren zu erreichen.

Joseph Weill schreibt über diese Nacht in Vénissieux:

> Fieberhaft informierten wir die Eltern und überredeten sie, ihre Kinder in unsere Obhut zu geben. Mit einigen Tricks gelang es uns, alle Kinder und Jugendlichen von der Deportation auszunehmen; zusammen etwa einhundert. Bei der Trennung bewiesen die Eltern eine bewundernswerte Würde und Ruhe. Fast alle teilten uns ihren letzten Willen mit, übergaben ihren Kindern den Schmuck und die persönliche Habe und sprachen mit uns über ihre Wünsche hinsichtlich der Erziehung und der Zukunft ihrer Kinder. Viele segneten ihre Kinder mit einem Bibelspruch. Sie forderten sie auf, mutig zu sein, sich ihres Judentums als würdig zu erweisen und sie nicht zu vergessen. Dann wandten sie sich hastig ab, um ihre Bewegung zu verbergen. Keine dieser Mütter drehte sich um.
>
> Wir holten die Kinder im Speisesaal zusammen, gaben ihnen zu essen und versuchten, sie abzulenken, während die Eltern ihren Opfergang antraten.
>
> Wir baten die Busfahrer, vor den erleuchteten Fenstern des Speisesaals vorbeizufahren, damit die Eltern beruhigt abfahren konnten. Niemand wird jemals diese reglosen Gesichter vergessen, diese tränenverhangenen letzten Blicke der Eltern auf ihre Kinder.
>
> Gegen sieben Uhr morgens ließen wir die Kinder in einen Bus steigen, wobei die größten sich unter den Bänken versteckten …

Bei der Trennung der Kinder von ihren Eltern kommt es zu herzzerreißenden Szenen. Der Lagerarzt Dr. Adam wird in dieser Nacht zu achtundzwanzig Selbstmordversuchen gerufen. Soweit eben möglich, versucht man das Alter der Jugendlichen zu fälschen; am Ende gelingt es, 108 Kinder vor der Deportation zu retten, dazu 60 Erwachsene (Schwangere, Alte und Personen mit einem französischen Ehegatten oder französischen Kindern).

Die Kinder werden in das Zentrum der Éclaireurs israélites in Lyon gebracht und in die Obhut der OSE gegeben. Einige Stunden später verlangt der Präfekt wütend die Rückführung der Kinder – er hat inzwischen die letzten Telegramme aus Vichy zur Kenntnis genommen, in denen sämtliche Ausnahmen aufgehoben werden. Ein Mitarbeiter der Präfektur informiert die OSE über die Gefahr. Als die Polizeiwagen vor dem Zentrum vorfahren, um die Kinder zurückzuholen, sind die schon nicht mehr dort. Kardinal Gerlier deckt die Aufteilung der Kinder auf Gastfamilien. Trotz der nach einem Telegramm von Bousquet ergangenen Aufforderung des Präfekten Angeli weigert Kardinal Gerlier sich, unterstützt von Pater Chaillet, die Kinder herauszugeben, und erklärt: »Es gibt Grenzen, die ein christliches Gewissen nicht überschreiten darf. Die Kinder sind uns anvertraut worden, sie bleiben unter unserem Schutz, und wir werden ihren Aufenthaltsort nicht bekanntgeben ohne ein förmliches Versprechen der Regierung, daß sie nicht an Deutschland ausgeliefert werden.« Die Kinder sind in letzter Minute gerettet worden, doch Pater Chaillet wird verhaftet und in einer psychiatrischen Anstalt in der Ardèche unter Hausarrest gestellt. Die unmittelbar an der Aktion beteiligten Vertreter der OSE beschließen daraufhin, endgültig in den Untergrund zu gehen.

Angesichts der Grenzen einer offiziellen und legalen Tätigkeit beschließt die OSE, ihre Organisation umzustellen. Die Lehren der Nacht von Vénissieux sind eindeutig: Alle jüdischen Kinder sind bedroht. Es ist unerläßlich, ihnen eine französische, nichtjüdische Identität zu geben und sie auf nichtjüdische Kreise zu verteilen. Die Kinderheime müssen aufgelöst werden, sonst drohen sie zu einer Falle zu werden.

Dr. Weill schlägt Georges Garel vor, die Verantwortung für die Organisation dieser Verteilung der Kinder zu übernehmen. Ende 1942 stellt er ihn einer kleinen Gruppe vor, die er in Lyon zusammengerufen hat, und erläutert das Projekt eines geheimen Netzes, das für die Tarnung und Unterbringung der Kinder in nichtjüdischen Familien und Einrichtungen sorgen soll. Georges Loinger, der sich mit der Überquerung von Grenzen so gut auskennt, wird für die heimliche Einschleusung in die Schweiz verantwortlich sein.

## Oktober 1942. Eine OSE-Hochzeit

Unsere standesamtliche Trauung findet in aller Stille am 6. Oktober 1942 im Bürgermeisteramt von Marseille statt; danach fahren Julien und ich nach Limoges. Beim Umsteigen entgehen wir nur knapp einer Ausweiskontrolle: Julien verkündet stolz: »Wir haben gerade geheiratet«, und man läßt uns passieren, ohne die Ausweise zu verlangen.

Die religiöse Trauung findet in Le Couret bei Limoges statt, in einem Mädchenheim der OSE, in Anwesenheit unserer Eltern und unserer gemeinsamen Freunde. Ich habe mir ein schwarzweiß kariertes Kostüm schneidern lassen; meinen Schleier habe ich selbst angefertigt. Es ist eine »OSE-Hochzeit«, die von allen als ein Akt der Hoffnung empfunden wird und an der gut fünfzig aus den Lagern befreite Mädchen teilnehmen.[8] Ich entdecke bei dieser Gelegenheit die »Sieben Segenssprüche«. Madame Meyerson[9] schickt mir einen netten Brief; in dieser Zeit zu heiraten, sagt sie, zeugt von Widerstandsgeist: »Wie die Vögel, die ihr Nest in den Bäumen bauen, Ästchen für Ästchen, mitten im Sturm ...«

Statt einer Hochzeitsreise ruhen wir uns ein paar Tage in einem Departement aus, in dem man gut ißt ... Danach beziehen wir die Wohnung, die Julien in der Rue de la Corderie in Marseille gemietet hat.

8 Als ich im Juli 1993 in Jerusalem an einem internationalen Treffen der in Frankreich versteckten Kinder teilnahm, stand eine Frau in den Sechzigern auf, wandte sich an mich, die ich auf dem Podium saß, und stellte sich als eines der Mädchen vor, die in Le Couret dabeigewesen waren. Sie waren zu elft, und alle wollten mit mir fotografiert werden. In der Bewegung, die wir gemeinsam empfanden, spürte ich, was diese Hochzeit damals für sie bedeutet haben mochte, zu einer Zeit, als sie, ohne es zu wissen, zweifellos bereits Waisen waren. Ich verstand auch, was eine von ihnen mir sagen wollte: »Ich habe vier Kinder und zwölf Enkel, das ist meine Rache an Hitler.«

9 Die Frau von Prof. Meyerson, der meine Diplomarbeit betreut hatte.

Dort werden wir fünf Monate verbringen; als Jungverheiratete erlebe ich zum erstenmal Müßiggang. Ich lerne Juliens Freunde kennen. Ich lerne, eine Zeitlang »nur« die Frau meines Mannes zu sein ... Die Lebensmittelknappheit ist für uns kein allzugroßes Problem; ich bereite auf jede erdenkliche Weise die Maronen zu, die man überall findet. Jeden Freitagabend zeigt Julien mir mit einem kleinen Geschenk oder einer Blume, daß Sabbat ist ... Wir sind glücklich.

In rechtlicher Hinsicht befinde ich mich in einer paradoxen Situation: Ich bin verheiratet, aber da ich meine Papiere nicht habe umschreiben lassen, lauten sie immer noch auf den Namen Vivette Hermann, und ich habe mich, anders als Julien, noch nicht registrieren lassen. Die Empfangsdame eines Hotels, in dem wir eines Abends absteigen, wirft mir einen mißbilligenden Blick zu (»Eine junge Frau und ein Jude ...«).

**Oktober 1942 – März 1943. Marseille**

Schon seit einigen Monaten arbeitet hier eine Gruppe der OSE. Durch meine Aufenthalte in Marseille kenne ich die sozialen Aktivitäten des Hilfswerks bereits. Um mich mit den verschiedenen Diensten vertraut zu machen, arbeite ich eine Zeitlang im Bereich der Krankenversorgung.

Wie es ihrer Aufgabe entspricht, hat die OSE Aktivitäten entfaltet, die für die Erhaltung der körperlichen und geistigen Gesundheit der Flüchtlinge und Internierten, Erwachsene wie Kinder, unerläßlich sind. Planung und Koordination dieser Arbeit liegen bei Dr. Weill.

In Marseille herrscht derselbe Geist enger Zusammenarbeit zwischen den Hilfsorganisationen wie im Lager Rivesaltes. Dank der Zusammenarbeit zwischen Unitariern und OSE ist in der Rue d'Italie 25 eine ambulante Poliklinik zur allgemeinmedizinischen, fachärztlichen sowie zahnmedizinischen Betreuung aufgebaut worden, die auch über eine Röntgenabteilung verfügt und soziale Hilfsdienste anbietet. Der ärztliche Leiter René Zimmer hat eine kleine, sehr effizient arbeitende Mannschaft um sich versammelt. Gut sechzig jüdischen Ärzten, die nicht mehr praktizieren dürfen, steht dort eine Bibliothek zur Verfügung; sie kommen regelmäßig zusammen und organisieren Fortbildungsveranstaltungen. Das Projekt einer Schule für Sozialarbeit muß jedoch im April 1942 fallengelassen werden.

Der Sozialdienst sorgt auch für die Ausgabe von Essen an die Flüchtlinge und kümmert sich um die schulische Ausbildung der Flüchtlingskinder sowie um die berufliche Ausbildung der Jugendlichen in den Einrichtungen des ORT und der Éclaireurs israélites.

Unter Leitung von Andrée Salomon betreut Fanny Loinger, eine junge diplomierte Krankenschwester, die Kinder im Hôtel du Levant. Für gut dreißig Kleinkinder ist dort ein Kindergarten eingerichtet worden, in dem die Quäker täglich eine Schüssel Reis an jedes Kind ausgeben. Im Hôtel Bompart betätigt Margot Stein sich – auch hier auf Initiative von Andrée Salomon – als Kindergärtnerin und sorgt unter Mithilfe einiger Internierter für einen rudimentären Schulunterricht und die Ausgabe einer täglichen Mahlzeit. Man beschafft die Genehmigung, daß die Kinder im Hôtel Bompart, die Französisch sprechen können, die Grundschulen des Viertels besuchen dürfen. Die anderen erhalten nachmittags Unterricht von einer Internierten. Im Blick auf eine mögliche Auswanderung in die Vereinigten Staaten wird auch Englischunterricht erteilt.

Der Kindergarten ermöglicht es den Müttern, sich um die nötigen Formalitäten bei den zuständigen Ämtern zu kümmern und ihre Männer zu treffen, wenn diese eine Ausgangserlaubnis erhalten.

Wie in Rivesaltes bemüht man sich, die Internierten aus ihrer erzwungenen Untätigkeit herauszuholen. Die interne Organisation der beiden Hotels ermöglicht die Einrichtung von Werkstätten und die Durchführung von Nähkursen (durch das ORT), die den Internierten Gelegenheit geben, Dinge herzustellen (zum Beispiel Bastschuhe), die man draußen verkaufen kann. Regelmäßige Besuche von Helfern der CSE, von Herta Field und Fanny Zimmer und insbesondere die Hoffnung auf baldige Auswanderung sorgen für die Aufrechterhaltung der Moral.

## Die Eingliederung der OSE in die UGIF

Erst in Marseille erfahre ich von der Veränderung im rechtlichen Status der OSE. Seit dem 29. November 1941 (einige Wochen, nachdem ich meine Arbeit in Rivesaltes aufgenommen hatte) bestimmt ein in beiden Zonen geltendes Gesetz, daß sämtliche »jüdischen Wohlfahrtsorganisationen« in die UGIF (Union générale des israélites de France) einzugliedern sind.[10] Die Mehrzahl dieser sozialen Hilfsorganisationen und die UGIF selbst haben sich in Marseille niedergelassen. Die OSE dagegen beläßt ihren Hauptsitz in Montpellier.

Die Entscheidung, sich der UGIF anzuschließen, ist schwergefallen: Die OSE wartet damit bis März 1942. Dann entscheidet sie sich für den gesetzlichen Weg – auch wenn der direkt unter der Kontrolle der Vichy-Regierung steht. Man möchte die Rettungsaktionen fortsetzen und denkt zugleich an den Untergrund. Joseph Millner übernimmt die Leitung der 3. Abteilung Gesundheit der UGIF, um die OSE dort zu vertreten und ihr den amtlich-legalen Rahmen zu verschaffen, der als Deckung für die Entwicklung der Untergrundaktivitäten erforderlich sein wird. Hätte die OSE sich (wie einige andere Organisationen) geweigert, die offiziöse Stellung im Rahmen der UGIF einzunehmen, hätte sie im selben Zuge all ihre Kinderheime und sonstigen Einrichtungen verloren. Nach der Eingliederung unterstehen diese Einrichtungen der 3. Abteilung Gesundheit der UGIF.

Bei einem Treffen im September 1942, an dem Julien teilnimmt, erklärt Dr. Weill, daß nun der Augenblick gekommen ist, die Kinderheime aufzulösen und sogar der offiziellen Existenz der Organisation nach und nach ein Ende zu setzen.

10 Offiziell hat die UGIF die Aufgabe, die Juden bei den staatlichen Institutionen zu vertreten. Sie hängt unmittelbar vom Kommissariat für jüdische Fragen ab, das von Xavier Vallat geleitet wird. Die Rolle der UGIF war und ist umstritten.

Bis November 1942 scheint die OSE in aller Freiheit ihre medizinisch-sozialen Aktivitäten fortzusetzen; auch die Beziehungen zu den übrigen im Comité de Nîmes vertretenen Organisationen erhält sie aufrecht und nutzt auf diese Weise ihre – bis zum Kriegseintritt der Vereinigten Staaten – privilegierte Stellung als internationale Hilfsorganisation.

Man darf auch nicht vergessen, daß im Unterschied zur Nordzone das Tragen des gelben Sterns in der Südzone bis Juni 1942 nicht Pflicht war – was die offiziellen wie auch heimlichen Aktivitäten der OSE-Mitglieder sehr erleichterte. Das Personal der UGIF kann sich – zumindest glaubt man das – mit dem UGIF-Ausweis [11] sicher fühlen.

## November 1942. Die Deutschen besetzen die Südzone

Wir sind immer noch in Marseille, als die Deutschen und die Italiener am 11. November 1942, nach der Landung der Amerikaner in Nordafrika, in die Südzone einmarschieren. Die italienischen Truppen besetzen acht Departements im Südosten (darunter Cannes, wo meine Eltern immer noch leben). Marseille wird von den Deutschen besetzt.

Die Landung der Alliierten, die Eröffnung einer neuen Front, Rommels Armee auf der Flucht – all das lindert natürlich unsere Ängste. Wir hoffen, die Vichy-Regierung wird protestieren. Wir glauben noch an ein heimliches Einverständnis zwischen Pétain und de Gaulle – ein Mythos, der wenig später zerbricht. Wir befürchten, daß uns auch unsere französische Staatsbürgerschaft bald nicht mehr schützen wird, auch wenn uns die Tatsache, daß wir keinen gelben Stern tragen müssen wie in der Nordzone, ein wenig Zuversicht verleiht. Im Dezember 1942 sorgt ein von Laval durchgesetzter Erlaß dafür, daß die Personalausweise von Juden mit dem Stempelaufdruck »Juif« versehen werden müssen. Im

11 Der Ausweis, den die Mitarbeiter der UGIF erhalten, wird sie eine Zeitlang vor den Razzien schützen: Siehe S. 3 des dritten Bildteils.

Januar 1943 führt man in Marseille zeitgleich mit der Zerstörung des alten Hafens Razzien auf ausländische Juden durch.

Die Italiener schützen die Juden, die in die Gebiete um Nizza, Grenoble und Megève strömen. Der italienische Konsul in Nizza, Alberto Calisse, verlangt – ohne Zweifel aufgrund einer Intervention des Mitbegründers der Banque franco-italienne in Nizza, Angelo Donati, und um die italienische Vorherrschaft in der Region zu demonstrieren –, daß über die Behandlung der Juden in der italienisch besetzten Zone nicht die französischen, sondern die italienischen Behörden entscheiden. Angelo Donati bemüht sich, die Juden nach Nordafrika evakuieren zu lassen. Sein Versuch bleibt erfolglos, doch vielen gelingt es, über die Schweizer Grenze zu entkommen oder sich in der Region zu verstecken, bevor die Deutschen eintreffen. Moussa Abadie von der Gruppe Garel[12] rettet die Kinder in Zusammenarbeit mit dem Bischof von Nizza Monsignore Rémond, indem er sie in Familien und in Klöstern der Region unterbringt. Die Ärztin Odette Rosenstock, die im Auftrag der OSE mit ihm zusammenarbeitet, wird verhaftet und deportiert. Nach ihrer Rückkehr aus Auschwitz wird sie Moussa Abadie heiraten.

Die Lage in Marseille ist ungewiß. Die Marseiller OSE ist gerade ausgezogen, als die Gestapo ihr in ihren alten, inzwischen von einer anderen Organisation bezogenen Räumen eine Falle stellt. Die Aktion geht daneben. Die Leitung der OSE entschließt sich daraufhin zur Auflösung des Zentrums und zur Zerstreuung aller Mitglieder.

Wir verlassen Marseille und unsere Freunde. Ich erwarte ein Kind und lebe von einem Tag auf den nächsten.

12 Siehe das Kapitel »Die Jagd auf die Kinder«.

# Die Jagd auf die Kinder

## März 1943 – März 1944. Limoges

Sechs Monate nach meiner Hochzeit bin ich wieder in Limoges. Wir wohnen zunächst im Hôtel du Faisan gegenüber dem Bahnhof, dann in einer kleinen Wohnung, die wir mit Dr. Weills Hilfe gefunden haben. Die Vermieter begegnen uns mit großer Herzlichkeit. Später werde ich erfahren, daß sie eine Tochter in meinem Alter verloren haben.

Ich bin noch immer nicht registriert, in meinem Personalausweis steht noch der Name Hermann, und ich erscheine nicht auf der Liste der offiziellen OSE-Mitarbeiter in Limoges. Unter meinem neuen Familiennamen besitze ich jedoch seit Dezember 1942 einen UGIF-Ausweis, nach dem ich in Lyon wohnhaft bin. Das ist eine der Methoden zur Verwischung der Spuren ...

Trotz meiner Schwangerschaft beschließe ich, wieder eine Tätigkeit aufzunehmen. Julien und ich werden zusammenarbeiten. Während meines Zwischenaufenthalts in Marseille habe ich den fortschreitenden Übergang von der legalen Aktivität zur Untergrundtätigkeit miterlebt. Wir kennen nun die Wahrheit über die Deportationen und können die Neuorientierung der OSE nur unterstützen. Wir haben einander versprochen, daß unsere Ehe unsere Arbeit nicht behindern soll und daß wir keine Gefahr scheuen werden, um die Kinder vor dem sicheren Tod zu bewahren. Wenn in der Nacht von Vénissieux 108 Kinder der Deportation entgehen konnten, so nur dank der Entschlossenheit einer kleinen Gruppe von Männern und Frauen, denen es gelang, die Eltern zu überreden, ihre Kinder »abzutreten«.[1] Jetzt ist es unsere Aufgabe,

1 Sie müssen eine Erklärung unterzeichnen, in der sie nach dem Gesetz von 1889 »das elterliche Sorgerecht und die elterliche Gewalt an die UGIF abtreten«. Siehe S. 12 im zweiten Bildteil.

für das Überleben der Kinder zu sorgen. Dabei sind alle Mittel einzusetzen, vor allem die getarnte Unterbringung der gefährdeten Kinder in nichtjüdischen Familien und Einrichtungen. Das neue Verteilernetz läßt sich nicht von heute auf morgen schaffen; daher muß die offizielle Organisation noch eine Weile neben den geheimen Verbindungswegen weiterexistieren.

Julien und ich eröffnen in Limoges ein offizielles Büro der 3. Abteilung Gesundheit der UGIF. Obwohl die Deutschen die Region seit November 1942 besetzt haben, scheint es dort noch relativ sicher zu sein. Die Lebensmittelversorgung ist zufriedenstellend; die Präfekten der Departements Haute-Vienne und Creuse sind unseren Aktivitäten bislang mit Wohlwollen begegnet. Wir richten das OSE-Büro in der Rue Louis-Blanc 29 ein, zwei Zimmer im ersten Stock, jedes mit einem eigenen Ausgang zum Treppenhaus.

Unsere Arbeit umfaßt die Hilfe für die Flüchtlinge in der Region und diskrete Vorbereitungen für die Auflösung der Kinderheime. Unsere Zuständigkeit erstreckt sich auf Brive, Dun-le-Paleteau, Guéret, Châteauroux und das Departement Indre. Meine Aufgabe ist die Koordination zwischen den offiziell und den im Untergrund arbeitenden Gruppen.

Außerdem kümmere ich mich um das Sekretariat und die Buchführung. Um kein allzugroßes Risiko einzugehen, verzichte ich darauf, selbst Kinder abzuholen und an ihren neuen Bestimmungsort zu bringen, doch Arbeiten scheint mir nicht gefährlicher zu sein als Nichtstun.

Julien leitet das Zentrum, kümmert sich aber auch um die illegalen Aktivitäten der OSE (falsche Ausweise, Lebensmittelkarten, finanzielle Unterstützung ... und die Schließung der Kinderheime). Diese Zweigleisigkeit ist von entscheidender Bedeutung für die Tarnung und die Evakuierung der in den zahlreichen Heimen der Region untergebrachten Kinder. Wir halten uns streng an die goldene Regel für die Sicherheit der Organisation und der Personen: Schweigen. Auch ich weiß oft nicht, was Julien macht. Er sagt: »Man kann jederzeit verhaftet werden. Und wenn man nichts weiß, kann man nichts sagen.« Die Gruppen machen sich daran, Kinder getarnt in Pflegefamilien unterzubringen und Lebensmittelkarten – die wir dank des Wohlwollens der zuständigen Dienststellen in den Präfekturen erhalten – an die Flüchtlinge zu verteilen, die sich in der Region versteckt halten. Diese Untergrundnetze stehen natürlich nicht in direkter Verbindung zur 3. Abteilung Gesundheit der UGIF. Ihre Mitglieder kommen niemals in die Rue Louis-Blanc und kommunizieren auch nicht untereinander.

## Ein Name als Hoffnungszeichen

Die Ereignisse sind so dramatisch, daß wir es als Privileg empfinden, zusammenzusein, ein Kind zu erwarten, zu arbeiten ... Wir haben keine großen Bedürfnisse, die Miete ist sehr niedrig, und wir leben von der Hand in den Mund. Ich habe eine Lebensmittelkarte mit Zusatzversorgung, zunächst als Schwangere, dann für das Baby, das ich stille (seit Pétain die Rückkehr zur Scholle und zur Familie propagiert, stillen die Mütter ihre Säuglinge wieder, auch die Rationierungspolitik drängt sie dazu ...). Von unseren Freunden aus der OSE umgeben, leben wir in einer gastlichen Atmosphäre, wie ich sie nach dem Krieg nicht mehr erleben werde. Mit geringsten Mitteln und einigen »Kleidermarken« gelingt mir sogar eine gewisse Eleganz, und es kommt sogar vor, daß wir – Gipfel des Luxus – in ein »Schwarzmarktrestaurant« essen gehen, obwohl dort zahlreiche Deutsche verkehren.

Die Entbindung ist für August vorgesehen, und einen Monat vorher soll ich mit der Arbeit aufhören. Die Leitung in Chambéry schickt einen ihrer Mitarbeiter, Pierre Dreyfus, nach Limoges, der mich ablösen soll und zugleich seine Identität wechselt. Am 14. Juli arbeiten Pierre Dutertre und ich gerade an der Buchführung, als gegen acht Uhr abends die ersten Wehen einsetzen. Während der Schwangerschaft hat mich Dr. Nerson betreut, ein Freund aus Straßburg, der nach Périgeux geflohen ist; die Entbindung soll in einer kleinen

Klinik unter Mithilfe einer Hebamme erfolgen ... Ich gehe zu Fuß dorthin. Julien begleitet mich und bleibt während der Entbindung bei mir – was damals noch eine Seltenheit ist. Immer wieder muß ich an Juliens Mutter denken, die im Kindbett gestorben ist, und an die schrecklichen Erzählungen meiner Mutter über ihre Entbindung im Hôpital de Port-Royal, aber alles geht gut. An diesem 14. Juli wollen wir der Hoffnung Ausdruck geben, die wir immer noch auf Frankreich setzen, und nennen unsere Tochter Françoise. Um unserer zweifachen Zugehörigkeit Ausdruck zu verleihen, wählen wir als zweiten Vornamen Sara (ohne *h*, damit er französischer wirkt), den Namen von Juliens Mutter.

Unsere Freunde von der OSE sind um mich herum und leihen mir Wiege, Kinderwagen, Kleidung ... Dank Régine, einem sechzehnjährigen Mädchen aus dem Heim Le Couret, die mir hilft, kann ich meine Arbeit sehr schnell wiederaufnehmen. Régine, die in Deutschland geboren ist, sucht in mir wohl die Mutter, die sie durch Deportation verloren hat. Ich bin noch zu jung, um diese Rolle zu übernehmen, aber sie verhält sich wie eine Mutter zu meiner Tochter und überträgt all ihre Zuneigung auf sie. Daß sie sich um das Baby kümmert, wird noch von entscheidender Bedeutung sein.

Nachdem ich meine Arbeit wiederaufgenommen habe, widme ich mich stärker meiner Rolle als Verbindungsfrau; ich bleibe nicht mehr ständig im Büro, sondern besuche häufig die Kinderheime.

## Die Auflösung der Kinderheime

Bei den Razzien im Sommer 1942 kamen Gendarmen in die Heime und holten die Kinder, deren Eltern ihren Aufenthaltsort angegeben hatten, weil sie – vor der Aufklärung durch die Mitarbeiter der Hilfswerke – an die angebliche Familienzusammenführung glaubten. Die OSE beschließt, die am stärksten gefährdeten Jugendlichen in Sicherheit zu bringen und ihnen bei dieser Gelegenheit auch eine neue Identität zu verschaffen. Damit beginnt das Unternehmen der Herstellung falscher Ausweispapiere und der getarnten Unterbringung der Kinder in Heimen der italienischen Zone (Saint-Paul, Moûtier ...), die sicher erscheint. Zwei neue Heime werden dort eingerichtet, doch die plötzliche Kapitulation Italiens setzt dieses Grenzgebiet der Gefahr von Repressalien aus. Die Lage ist verworren, denn zur selben Zeit werden die Kontrollen an der Schweizer Grenze verstärkt, und die Menschenjagd im Gebiet von Nizza und in Savoyen nimmt grausamere Formen an. Wir müssen die Kinder in die mittelfranzösischen Heime zurückbringen, aus denen sie gekommen sind, und nach neuen Unterbringungsmöglichkeiten für sie suchen. Die Arbeit mit den falschen Ausweisen funktioniert inzwischen gut; die Heime gleichen kommunizierenden Röhren, Kinder und Betreuer verschwinden heute aus einem Heim und tauchen morgen mit einer neuen Identität in einem anderen wieder auf. Von Limoges aus organisiert die OSE einen Evakuierungsdienst, der die Kinder auf Gastfamilien verteilt. Diese Aufteilung erfolgt langsam, damit sie nicht die Aufmerksamkeit der französischen Polizei erregt. Eine allzu rasche Schließung der Heime würde nur Verdacht wecken.

In Erwartung der Auflösung geht das Heimleben dennoch weiter. Man veranstaltet Feste, um den Kindern ein paar heitere Stunden zu schenken und ihnen die Möglichkeit zu geben, ihre Familientraditionen fortzusetzen. Der Schulunterricht geht weiter, und einmal in der Woche werden die Kinder über die Weltlage informiert.

## Der Untergrund, die Gruppe Garel

Zusammen mit Georges Garel, dem er am 29. August 1942 in Vénissieux[2] begegnet ist, baut Joseph Weill eine neue Organisationsform für die OSE auf. Georges Garel, der bisher unter einem falschen, »arisierten« Namen in der Résistance gearbeitet hat, ist neu in der OSE, was für seine Aufgabe nur von Vorteil ist. Er übernimmt den Aufbau eines geheimen Netzwerks in der alten Südzone, das sich an den geschlossenen Gruppen der Résistance orientiert.

Der Elektroingenieur verzichtet auf die Funktion des Waffenbeschaffers für die Résistance, um sich der Rettung der jüdischen Kinder zu widmen. Er stellt zwei Bedingungen: daß sein Netz keinerlei Verbindung zur 3. Abteilung Gesundheit der UGIF oder einem anderen jüdischen Hilfswerk hat und daß die Mitglieder seiner Gruppe unter einer – echten oder falschen – »arisierten« Identität arbeiten und beruflich in nichtjüdische Organisationen eingebunden sind. Die erforderlichen Mittel kommen über die Schweiz oder Portugal[3] vom amerikanischen Joint, das inzwischen Untergrundaktivitäten favorisiert.

Georges Garel, der seine Identität hinter falschen Papieren und einer fiktiven beruflichen Fassade verbirgt, besitzt eine außergewöhnliche Kaltblütigkeit: »Seine Papiere wiesen ihn als Handelsvertreter für Porzellanwaren aus. Wenn man seinen Koffer öffnete, sah man Teller und Tassen einer weltbekannten Marke. Nicht sehen und nicht einmal ahnen konnte man dagegen, was sich unter einem doppelten Boden verbarg: Blankoformulare für Ausweise, die aus wohlgesonnenen Bürgermeisterämtern stammten, und Tausende von Geldscheinen, die an die Verantwortlichen der Region verteilt werden sollten ...«[4]

2 Siehe den Abschnitt »Die Nacht von Vénissieux« im vorangegangenen Kapitel.

3 In Lissabon befindet sich der europäische Sitz des Joint.

4 Germaine Masour, *Mes vingt ans à l'OSE*, verfaßt 1984, heute im Archiv der AIU.

## Eine Wende

Um uns herum verzeichnen wir einen Stimmungswandel. Die Franzosen werden ungeduldig. Die Kriegsgefangenen sind immer noch nicht heimgekehrt (seit mehr als zwei Jahren sind sie nun schon fort), und überall im Land wächst die Spannung. Seit September 1942 hat der STO (Service du travail obligatoire) 350 000 Arbeiter zwangsrekrutiert, um den Ansprüchen der Deutschen zu genügen. Die heimlich abgehörten Nachrichten der Londoner BBC[5], der Angriff der deutschen Wehrmacht auf die UdSSR und die Eröffnung einer zweiten Front, Mussolinis Sturz und die Kapitulation Italiens lassen erkennen, daß der Sieg der Deutschen nicht unabwendbar ist. Denunziation zahlt sich möglicherweise nicht mehr aus. Immer mehr Menschen sind nun bereit, sich zu beteiligen und auf ihre Weise Widerstand zu leisten. Die Deportation von Kindern erregt Unwillen und drängt zum Handeln. Der Zeitpunkt scheint günstig, nun auch die Nichtjuden für die Rettung der Kinder zu mobilisieren.

Die erste und wertvollste Unterstützung findet die OSE bei Persönlichkeiten der katholischen und protestantischen Kirche und bei Vertretern von weltlichen Hilfswerken, die seit den Deportationen im Sommer 1942 auf das Schicksal der Kinder aufmerksam geworden sind. Monsignore Saliège, Erzbischof von Toulouse, bietet sogleich an, 24 Kinder unter falschem Namen in katholischen Heimen und Familien unterzubringen. Er stattet Georges Garel mit einem Empfehlungsschreiben aus, in dem er ihm einen »guten, festen Glauben« bescheinigt, was ihm das Vertrauen und die Unterstützung zahlreicher katholischer Hilfswerke sichert. Schon nach der ersten Rundreise verfügt Georges Garel über 300 Plätze in der Region Toulouse. Monsignore Théas in Montauban kann er gleichfalls für unsere Sache gewinnen.

Auch die protestantische Kirche leistet einen beträcht-

5 Die Sendung *Les Français parlent aux Français* wurde trotz der Denunziations- und Verhaftungsgefahr gehört; ihr Erkennungsspruch lautete: »Radio Paris lügt, Radio Paris ist deutsch.«

lichen Beitrag zum Aufbau der Untergrundorganisation, vor allem dank der bereits bestehenden Verbindungen zwischen Cimade und OSE. Pastor Boegner, Oberhaupt der protestantischen Kirche in Frankreich, fordert die Familien zur Hilfe für die Juden auf. Besonders wertvoll ist die Hilfe der Einwohner des protestantischen Dorfes Chambon-sur-Lignon, denn der Ort liegt in tausend Metern Höhe und ist rundum von Wäldern umgeben. So können die bei den Bauern versteckten Kinder in die Wälder flüchten, wenn die Polizei nach ihnen sucht. André Chouraqui und Madeleine Dreyfus halten die Verbindung zu den in Chambon-sur-Lignon untergebrachten Kindern. Madeleine Dreyfus wird später berichten:

»Ich erinnere mich an einen Tag, als ich die recht schwierige Aufgabe hatte, zwei vierzehnjährige Jungen unterzubringen. Ich ging von einem Haus zum anderen in diesen mehr oder weniger abgelegenen Weilern mit klingenden Namen wie La Rionde, La Suchère, Le Pont-du-Chollet ... Niemand wollte meine beiden Jungen aufnehmen. Ich komme zu einem schon etwas älteren Ehepaar, den Courtials, und erzähle ihnen meine ›Geschichte‹: ›Stadtkinder, die Hunger haben. Natürlich werden sie Lebensmittelkarten bekommen, und dann die Luft von Chambon ...‹ Die Courtials erwidern freundlich, aber entschieden, daß sie die Kinder nicht aufnehmen können. Sie selbst seien schon zu alt und die Jungen zu groß. Nachdem ich das Terrain ein wenig erkundet habe, beschließe ich, die Karten offen auf den Tisch zu legen: ›In Wirklichkeit sind es zwei jüdische Kinder, deren Eltern verhaftet worden sind und die nun von den Deutschen überall gesucht werden, um sie mit den Eltern einzusperren.‹ Nun gibt es kein Zögern mehr: ›Aber das hätten Sie gleich sagen sollen. Bringen Sie die beiden Jungen nur her.‹«

Auch andere protestantische Dörfer, vor allem in den Cevennen, nehmen Kinder auf. So können in ganz Frankreich Hunderte von Kindern in Familien untergebracht werden, getarnt und auf Empfehlung dieser Persönlichkeiten, die bereit sind, die Aktivitäten der OSE in ihrem jeweiligen Umfeld zu decken.

Der Kontakt zu den Pflegefamilien wird vielfach über Kirchenvertreter aus der Region oder über eine Lehrerin hergestellt. Die Lehrerin ist meist die einzige im Dorf, die weiß, daß es sich nicht nur um »Flüchtlinge« handelt, sondern um jüdische Kinder. Bei den Pflegefamilien handelt es sich oft um kinderreiche Familien, denen es nicht schwerfällt, ein weiteres Kind aufzunehmen. Sie leben häufig auf dem Land und können sich daher zum Teil selbst versorgen. In der Mehrzahl handelt es sich um Frauen, deren Männer in deutscher Kriegsgefangenschaft sind; die Aufnahme eines Kindes bedeutet für sie eine moralische Unterstützung. Manche Familien erhalten eine geringe finanzielle Beihilfe, aber oft handelt es sich um einen Akt reiner Wohltätigkeit.

## Die Organisation der Gruppe Garel

In weniger als einem Jahr gelingt es der Gruppe Garel, nahezu 1900 Kinder unterzubringen, und im Sommer 1943 erstreckt sich ihr Aktionsfeld fast auf die gesamte Südzone.

Angesichts des Umfangs der Aktivitäten wird eine Umstrukturierung des Netzes dringend erforderlich. Es wird in ein zweistufiges System umgewandelt, das die Departements und darunter jeweils die Regionen umfaßt. Vier große Regionen werden abgegrenzt, das Entscheidungszentrum bleibt in Lyon und wird von Georges Garel geleitet. Jede Region erhält einen Leiter, der Georges Garel direkt unterstellt ist und die Aufgabe hat, Pflegefamilien für die Kinder zu suchen und für ihre Unterbringung zu sorgen. Die Jugendlichen werden unter nichtjüdischen Namen in Internaten oder kirchlichen bzw. weltlichen Einrichtungen untergebracht.

Innerhalb des Netzwerks werden drei Sektionen geschaffen: Die erste versorgt die Kinder und das im Untergrund arbeitende Personal mit gefälschten Ausweisen und Lebensmittelkarten; die zweite hat die Aufgabe, die Kinder bei ihrer Ankunft neu einzukleiden; die dritte Sektion ist für den Transport der Kinder verantwortlich, vor allem wenn aufgrund unvorhergesehener Ereignisse oder bei besonders starkem Andrang plötzlich sehr viele Kinder transportiert werden müssen. Auch hier leistet die »Sixième des Éclaireurs israélites de France«[6] wieder einmal wertvolle Hilfe.

Die OSE befaßt sich weiterhin auch mit der Frage, was nach dem Krieg aus den Kindern werden soll. Zu diesem Zweck legt sie mit Hilfe des Internationalen Roten Kreuzes eine sorgfältig verschlüsselte Kartei an, die sämtliche Informationen über die wahre Herkunft der Kinder und ihren getarnten Aufenthaltsort enthält. Diese an einem sicheren Ort aufbewahrte Kartei soll es ermöglichen, die Kinder wiederzufinden und zu identifizieren, wenn der Krieg vorüber ist.

Für die Verteilung der Kinder sind drei Möglichkeiten vorgesehen: die getarnte Unterbringung in christlich oder weltlich ausgerichteten Einrichtungen oder Familien; die illegale Einschleusung in die Schweiz, die den am stärksten gefährdeten Kindern vorbehalten ist, vor allem Jungen, und für die Georges Loinger zuständig ist; sowie die Emigration nach Palästina über Spanien, die in den Händen von Elizabeth Hirsch (genannt Boëgie) liegt.

Nicht alle Kinder eignen sich für eine getarnte Unterbringung, entweder weil sie die französische Sprache nicht beherrschen oder weil sie zu jung sind (und daher die nötigen Verhaltensmaßregeln eventuell nicht einhalten können) oder weil ihre Gesichtszüge allzu »semitisch« erscheinen. Diese Kinder könnten das ganze Untergrundnetz in Gefahr bringen. Andere sind deshalb schwer unterzubringen, weil sie in ihrer Entwicklung zurückgeblieben sind oder einnässen. Nach zahlreichen Bemühungen von Charlotte Rosenbaum werden siebzig dieser Kinder nach Lourdes in Internate geschickt, die für die aus bombardierten Zonen evakuierten Kinder bestimmt sind.

Es ist unerläßlich, die Kinder genau zu kennen, bevor man sie in eine christliche oder weltliche Einrichtung oder in eine Pflegefamilie schickt. Robert Job, der mit der Planung der

6 Die Untergrundabteilung der Éclaireurs israélites.

Evakuierung beauftragt ist, bleibt in ständigem Kontakt mit den Leitern der Kinderheime, und Germaine Masour sorgt für die Verbindung zu allen Ebenen der Gruppe Garel.

Germaine Masour bewegt sich mit ihrer Tätigkeit hauptsächlich innerhalb der Gruppe Garel; sie kümmert sich um die Auflösung der letzten OSE-Kinderheime und stellt die Gruppen zusammen, die sie oftmals selbst bis zur Schweizer Grenze begleitet. Sie wird der Gruppe Garel in Limoges zugewiesen und geht dort vollends in den Untergrund. Sie berichtet: »Ich hatte die Aufgabe, die Verbindung zwischen den Kinderheimen in den Departements Creuse und Haute-Vienne mit den Verantwortlichen in den Untergrundabteilungen zu halten. Zunächst galt es, jedem Kind einen gefälschten Ausweis zu besorgen und ihm nicht nur seinen neuen Namen beizubringen, sondern auch zu zeigen, wie es sich in der neuen Umgebung verhalten sollte. Dank der Unterstützung der katholischen, protestantischen und weltlichen Hilfswerke fanden zahlreiche Kinder Zuflucht in kirchlichen Internaten und schulischen Einrichtungen. Die Jüngsten wurden gegen Bezahlung in Pflege gegeben.«[7] Neben der Verschlüsselung der Informationen über die Kinder und ihre Familie verlangte das Untergrundsystem von den Beteiligten noch zahlreiche weitere Vorsichtsmaßnahmen. »Doch in der Region Limoges«, schreibt Germaine Masour, »gab es zahlreiche Widerständler, die uns in unserer Arbeit unterstützten.«

## Die versteckten Kinder

Nach einigen Versuchen sind die gefälschten Ausweise nun perfekt. Es ist nicht mehr so schwierig, Unterbringungsmöglichkeiten zu finden, die Zahl der Helfer ist groß, und die Schwierigkeiten nehmen ab.

Unverändert schwierig bleibt es jedoch, dem kleinen

7 Germaine Masour, *Mes vingt ans à l'OSE.*

Gérard Lévy, der gerade erst sechs Jahre alt ist, beizubringen, daß sein Name nun Gérard Leroy lautet, und den kleinen Tuchhändlers, zwei Jungen und einem Mädchen, daß sie nun Drapier heißen.

Woher die Phantasie und die Indianerlisten nehmen, deren es bedarf, wenn man ein Kind daran gewöhnen soll, auf einen anderen Vornamen zu hören? Welch ein Glück, wenn das Kind mitspielt und selbst an der erzwungenen Fiktion festhält.

Natürlich kommt es auch immer wieder zu kleinen Zwischenfällen. So wird die kleine Annette Bernay ihrer Pflegemutter mit der ganzen Arglosigkeit ihrer sieben Jahre anvertrauen: »Ich heiße auch Annette Bernheim, weißt du, aber Mademoiselle Marthe hat mir gesagt, ich soll es niemandem sagen ...«

Die Vorbereitungen auf die Abfahrt bergen weitere Überraschungen. Zunächst gilt es, das Gepäck nach Familienerinnerungsstücken, Büchern und Schulheften zu durchsuchen, in denen Namen oder kompromittierende Widmungen stehen, die verschwinden müssen. Das geht bis hin zu hebräischen Gebetbüchern und Bibeln, von denen man sich nur schwer trennt, wenn man aus einer religiösen Familie kommt. »Das ist alles, was mir von zu Hause geblieben ist, meine Mutter hat es mir vor der Abfahrt gegeben«, sagen die Kinder mit Tränen in den Augen. »Ich werde es sorgfältig für dich aufbewahren«, verspricht die Helferin bewegt, aber unerbittlich. Dann beginnt die Reise. Das Kind weiß nicht, wohin die Fahrt geht, und die Betreuerin weiß es meist ebensowenig. Sie hat den Auftrag, das Kind von Marseille nach Valence, Limoges oder Châteauroux zu bringen und dort an einem vorbestimmten Treffpunkt einer Kollegin zu übergeben. Die begleitet das Kind ein Stück weiter und übergibt es wiederum an eine andere Betreuerin. So wandert die kostbare Fracht von Hand zu Hand, manchmal über drei oder vier Stationen. Die Betreuerinnen kennen nur den falschen Namen des Kindes, und das Kind weiß nichts von der Begleiterin, denn es gibt zahlreiche Kontrollen in den Zügen und in den Bahnhöfen, und es ist besser, nichts zu wissen und alles zu erfinden, statt das Risiko einzugehen, sich zu verraten ... Aber die Kinder ertragen diese unerläßlichen Sicherheitsvorkehrungen oft nur schwer. Aus Heimweh oder Widerborstigkeit versuchen sie manchmal wegzulaufen.

Gabriel ist acht Jahre alt, als seine Mutter ihn einem Pariser Hilfsdienst anvertraut. Sie hat lange gezögert, sich von ihm zu trennen, doch ihr Mann ist verhaftet worden, und sie erträgt es nicht länger, mit dem Kind gehetzt zu werden. Man notiert alle Angaben über die Familie des Kindes, Adressen von Freunden in Frankreich und im Ausland und die Adresse des einzigen Verwandten, eines Vetters in Palästina. Gabriel wird mit einer Gruppe anderer Kinder ins Departement Isère gebracht; er verbringt einige Monate bei einer Pflegefamilie in der Nähe von Grenoble; eines Tages im Mai 1944 dann holt eine junge Frau, die er nicht kennt, ihn ab und bringt ihn nach Valence. Bombenangriffe. Gabriel wird einer neuen Begleiterin übergeben, die ihn nach Lyon bringt. Wieder Bombenangriffe. Eine dritte Betreuerin bringt ihn auf langen Umwegen nach Toulouse, wo eine vierte Frau sich des Jungen annimmt. Wieder Bombenangriffe und Aufsuchen eines Schutzraums.

Als der Fliegeralarm zu Ende ist, bemerkt man, daß Gabriel verschwunden ist. Man sucht zwei Tage nach ihm und findet ihn schließlich in einem dem Untergrundnetz angeschlossenen katholischen Zentrum, in das die Polizei den auf der Straße aufgegriffenen Jungen gebracht hat. Gabriel hat seine wahre Identität nicht verraten. Aber die Reise ist noch nicht zu Ende, und als der Junge mit einer fünften Betreuerin in den Zug steigt, fragt er sie: »Madame, können Sie mir endlich sagen, wohin ich diesmal fahre?« Sie muß ihn belügen, denn er ist mit einigen anderen Kindern auf dem Weg nach Spanien ...

Vom Anfang bis zum Ende dieser unsichtbaren Untergrundkette herrscht überall größte Sorge, bis endlich die Nachricht kommt, daß die Kinder wohlbehalten ans Ziel gelangt sind. Die Eltern, sofern sie noch da sind, warten mit ängstlicher Ungeduld auf die schriftliche Mitteilung. Die Betreuerin erholt sich nur mit Mühe von der schrecklichen Verantwortung, die sie übernommen hat, und beeilt sich, diejenigen zu informieren, die ihr das Kind anvertraut haben.

Das versteckte Kind darf seine wahre Identität niemandem verraten, nicht einmal anderen Kindern, von denen es möglicherweise erfährt, daß sie gleichfalls Juden sind. Das ist für das Kind der schwierigste und schmerzvollste Aspekt seines Lebens im Untergrund.

Die Verstellung ist kein Spiel mehr, sondern eine wahre Qual, die es mit dieser Lüge allein läßt. Mit seinem Namen, den manche sogar vergessen müssen, wenn sie überleben wollen, verliert es alles, was sein Wesen und seine Erinnerung ausmacht. Der falsche Name ist das einzig übertragbare Zeichen, wenn das Kind von Hand zu Hand weitergereicht wird, ohne daß es wirklich verstünde, warum ihm all diese Zwänge auferlegt werden.

Wie lange vermag ein Kind noch zu wissen, wer es ist, wenn es so jung und so unvorbereitet in so absoluter Einsamkeit leben muß? Kann ein Kind, das solcherart all seine Bezugspunkte verliert, überhaupt noch die Hoffnung haben, daß seine Angehörigen es jemals wiederfinden? Wie soll man sich vorstellen, in welche Verwirrung solch ein Kind gestürzt wird?

Wenigstens weiß eine einzige Person in der aufnehmenden Familie, die Pflegemutter, um die wahre Identität des Kindes. Mit niemand anderem darf es darüber sprechen. Das bedeutet eine ständige Anspannung. Selbst das offenste Kind muß sich unter solchen Umständen vollkommen verschließen. Tausend Erinnerungen quälen es. Es hört Gerüchte über die Entwicklung der Lage, in der seine Angehörigen sich befinden, aber es weiß nichts über deren Schicksal. Auch antisemitische Äußerungen muß es mit anhören: »Diese Juden sind immer noch zu viele. Man sollte sie alle umlegen.« Mit unmenschlicher Anstrengung schweigt es – und schämt sich, weil es schweigt. Es ist gezwungen, dem einzigen jüdischen Kind in der Schule aus dem Weg zu gehen, zu dem die anderen so freundlich sind. Eines Tages hat dieses Kind verweinte Augen; sein Großvater ist deportiert worden. Ungeschickt versucht es, diesem Kind, dem Leidensgenossen, ein paar aufmunternde Worte zukommen zu lassen, und erhält die Antwort: »Ach, das kannst du doch gar nicht verstehen ...« Selbst die kleinste Vertraulichkeit wäre unvorsichtig und zwänge das Kind, die Stadt zu verlassen, weil es die Pflegefamilie in Gefahr brächte.

Und am schwierigsten ist noch, daß es keine Erklärung gibt, die dem Kind die Möglichkeit gäbe, seine Lage zu begreifen. Immer wieder fragt es sich: Warum? Im Vergleich zu anderen Kindern hat Roger noch Glück; er kann mit seiner Pflegemutter sprechen, wenn der Schmerz zu groß wird. Dennoch kann er seine falsche Identität nicht ertragen. Feinde, die ihm Böses wollen, könnte er ja noch belügen, aber wie soll er denen mit Lügen oder Schweigen antworten, die seine Einsamkeit durchbrechen wollen? Unmittelbar vor der Befreiung wird er durchs Dorf laufen und rufen: »Ich bin Jude, ich heiße Roger Waksman.«[8]

Zwischen Lachen und Weinen erzählt man sich in der OSE die Geschichte von dem kleinen Mädchen aus dem Heim Le Couret, dem man beigebracht hat, von dem Rabbi, der sie regelmäßig besucht, nur als dem »Herrn Pfarrer« zu sprechen. In einem Zugabteil, in dem sie zusammen mit anderen Reisenden sitzt, fragt ihre Nachbarin sie: »Hast du auch nicht vergessen, dem Herrn Pfarrer auf Wiedersehen zu sagen?« Und die Kleine antwortet: »Nein, aber seiner Frau habe ich vergessen auf Wiedersehen zu sagen.«

## In der Stunde der Gefahr

In dieser wirren Situation versuchen wir unser Bestes. Manchmal treten in den Pflegefamilien Probleme auf, und wir müssen die Kinder anderswo unterbringen. Aber woher

8 Siehe seinen Bericht im Kapitel »Wege der Kinder«.

soll ein Kind wissen, ob es seinen Eltern gehorchen soll, die ihm verboten haben, den Zufluchtsort zu verlassen, oder der Betreuerin, die es nicht kennt und die versucht, es an einem anderen Ort in Sicherheit zu bringen?

Madame Courbet, damals Mitarbeiterin eines Pariser Hilfswerks, gibt später diesen herzzerreißenden Bericht von einem Rettungsversuch:

> An diesem Morgen bittet Mademoiselle Berthe mich, nach Ozoir im Departement Seine-et-Marne zu fahren und zwei Kinder abzuholen, die dort bei einer Pflegemutter untergebracht sind. Ich stelle keine Fragen; für mich zählt allein, daß ich weiß, wo ich diese Kinder abholen und wohin ich sie bringen soll. Es ist vereinbart, daß ich sie mit zu mir nach Hause nehme. Ich kenne den Namen der Pflegemutter, die Namen der Kinder und das Ziel meiner Fahrt, das genügt.
>
> In dem kleinen Bahnhof von Ozoir steige ich aus. Es ist noch Sommer, die Luft ist feucht, der Morgen angenehm, aber mein Herz ist schwer. Ich bedaure, daß ich nicht den Grund kenne, weshalb ich die Kinder nach Paris zurückholen soll. Ich habe lediglich den Auftrag, sie abzuholen. Ich versuche, meine Beunruhigung zu dämpfen, und sage mir, daß man schon auf alles geachtet hat. Dennoch kann ich meine innere Unruhe nicht unterdrücken. Der Weg führt durch ein größeres Waldstück, und ich beschleunige meinen Schritt.
>
> Ich stehe vor dem Haus Nr. 4 in der Avenue des Acacias. Ich läute, und aus dem Garten kommt eine Hausfrau, die ich offenbar bei ihrer morgendlichen Arbeit gestört habe. Hinter ihr erscheint ein hübsches junges Mädchen von fünfzehn Jahren, dann ein kräftiger, stiller Junge, der vierzehn Jahre alt sein dürfte. Ich stelle mich als Sozialarbeiterin vor, die nach den im Departement untergebrachten Kindern sieht, und frage Madame Allain, ob die Kinder noch bei ihr sind. »Die sind schon lange weg«, erwidert sie. Ich bin überrascht. Aus dem Haus dringt kein Geräusch zu mir. Madame Allain hat mir nichts weiter zu sagen und wartet, daß ich gehe. Instinktiv lasse ich meinen Blick über das Anwesen schweifen, als suchte ich nach den Kindern. Madame Allain sagt

mir, die Mutter habe die Kinder wieder zu sich genommen, sie könne mir ihre Adresse aber leider nicht geben.

Ich gehe weg und versuche mich zu beruhigen; vielleicht ist es ja besser so; offenbar verstecken die Kinder sich gemeinsam mit ihrer Mutter. Aber meine Besorgnis ist noch größer als zuvor. Immer wieder sage ich mir: »Sie hat sie zu sich genommen. Aber warum?« Ich gehe allein vor mich hin, der Weg erscheint mir lang. Der nächste Zug nach Paris fährt erst in einer Stunde. Plötzlich höre ich hinter mir rufen: »Madame, Madame!« Ich drehe mich um und sehe das junge Mädchen, das hinter mir herläuft. »Madame«, sagt sie, »Madame Allain möchte mit Ihnen sprechen.« Die Pflegemutter erwartet mich am Gartenzaun. Der Junge neben ihr weint. »Gehen wir ins Haus«, sagt Madame Allain. »Madame«, sagt sie und zeigt auf das Mädchen und den Jungen, die nun beide weinen, »das sind die Kinder.« Ich sehe auf diese drei Menschen, die aus Gründen, die ich noch nicht kenne, fürchterlich leiden müssen. Bewegt sage ich Madame Allain, daß sie gut daran getan hat, mich zurückzurufen, daß wir gemeinsam stärker sind und die Kinder vor der Gefahr schützen können, falls sie in Gefahr sind. Ich bitte sie, mir vom Leben der Kinder seit ihrer Ankunft zu erzählen. Von wem und wie sind sie ihr anvertraut worden? Der Junge weint nicht mehr, sein Gesicht ist verschlossen und hart, aggressiv verbietet er der Pflegemutter, mit mir zu reden; er drängt sich an sie, sein Mißtrauen mir gegenüber ist deutlich erkennbar.

Die Pflegemutter will seinen Schmerz nicht noch vergrößern; sie verstummt und beginnt zu weinen, das Gesicht in den Händen vergraben. Meine Rolle ist undankbar und grausam; diese Kinder haben schon allzusehr unter den Lügen der Menschen gelitten, sie wollen nicht mehr glauben.

Ich darf nicht sagen, wer mich geschickt hat, aber ich sehe keine andere Möglichkeit, das Mißtrauen zu überwinden, das der Junge wie eine Wand zwischen uns aufgerichtet hat. Ich schlage dem Mädchen vor, mit mir in die Poststation des Dorfes zu kommen; dort würde ich meine Vorgesetzte anrufen, damit die ihr den Grund sagen könne, weshalb ich sie abholen soll. Ich will keine List anwenden, das Leiden und der Mut dieser Kinder vertragen nur die Wahrheit.

Ich erkläre ihnen meine Arbeit und daß ich nur ein einfacher Soldat bin, der die Anordnungen seiner Vorgesetzten ausführt, ohne nach Erklärungen zu fragen. Ein wenig gewinne ich dadurch ihr Vertrauen. Daraufhin bitte ich den Jungen unumwunden und inständig, Madame Allain zu erlauben, mir einige Einzelheiten zu berichten. Die Pflegemutter ist erschüttert; so erzählt Rachel mir ihre traurige Geschichte.

Die Kinder sind Franzosen, Vater und Mutter Polen, bescheidene Schneider. Der Vater ist 1941 verhaftet und nach Drancy gebracht worden. Seit der Verhaftung ihres Mannes versteckt sich die Mutter. Sie hatte die Kinder zunächst bei einer ersten Pflegemutter untergebracht, wo sie jedoch schlecht behandelt und schlecht ernährt wurden. Dann bei einer zweiten, wo sie der Böswilligkeit der Nachbarn ausgesetzt waren. Im Wissen um die Gefahr gelang es ihr jeweils, die Pflegemutter zu wechseln. Schließlich fanden sie bei Madame Allain Unterschlupf und dank ihrer Wärme und Herzlichkeit auch ein wenig Frieden.

Gelegentlich kommt die Mutter sie in Ozoir besuchen, wobei sie alle Gefahren in Kauf nimmt, um ihre Kinder zu sehen. Sie spricht kaum Französisch. Sie besitzt keine ordentlichen Papiere und trägt auch nicht mehr den gelben Stern. Sie trotzt allen Gefahren, um die letzten ihrer Lieben, die ihr geblieben sind, sehen zu können. Erst vor ein paar Tagen war sie da, und jedesmal, wenn sie wieder wegfährt, schärft sie den Kindern ein, niemandem zu folgen, auf niemanden zu hören und unter keinen Umständen Ozoir zu verlassen.

Ich bin erschüttert und wage es nicht, die Kinder zu bitten, mit mir nach Paris zu fahren. Der Wille der Mutter ist heilig. Wie sollte ich ihr unter die Augen treten, wenn den Kindern etwas zustieße? Mein Entschluß steht fest. Ich werde Rachel bitten, allein mit mir nach Paris zu fahren, denn ihr Bruder will nicht mitkommen. Der Junge richtet sich auf wie ein Löwe, schreit seine Schwester an, sie müsse dableiben, ihre Mutter habe ihnen verboten, nach Paris zu fahren, in Ozoir seien sie in Sicherheit.

Ich hole mein Familienbuch heraus und bitte Rachel, laut vorzulesen: »Françoise Courbet, geboren am 22. Dezember 1929 in Paris.« Der Junge versteht nicht, aber Rachel hat verstanden: Sie ist genauso alt wie meine Tochter. Sie kann also beruhigt mit mir nach Paris fahren, ihre Mutter besuchen und nach den Gründen für den neuerlichen Wechsel fragen. Ich bitte die Pflegemutter, den Jungen umzustimmen; widerwillig stimmt er dem Vorschlag zu, will aber, daß seine Schwester ihm verspricht, noch am selben Abend zurückzukommen. Zwischen Paris und Ozoir verkehren zahlreiche Züge. Ich bitte ihn jedoch, vernünftig zu sein. Seine Schwester soll bei mir im Bett meiner Tochter übernachten, und am nächsten Tag werde ich sie selbst zurückbringen. Er bleibt hart; er will, daß sie noch am Abend zurückkommt. Rachel bittet mich, auf den Wunsch ihres Bruders einzugehen. Daraufhin sage ich, ihre Mutter solle entscheiden, ob Rachel noch am Abend oder erst morgen zurückfährt.

Es ist Zeit zum Mittagessen, doch niemand ißt etwas. Wir haben sehr unangenehme Stunden hinter uns. Wir würden uns gerne aneinanderdrücken; wir spüren bereits die Stärke des Bandes, das uns eint. Rachel sitzt neben mir und sieht mich liebevoll an. Ich erzähle ihr von meiner Tochter, sie erzählt mir von ihrer Mutter. Wenn sie nicht für ihren Bruder verantwortlich wäre, würde sie bei der Mutter bleiben und mit ihr zusammen arbeiten. Arme, gequälte Mutter, die nicht das Recht hat zu leben, aber arbeiten muß, um nicht Hungers zu sterben.

Rachel spricht akzentfreies Französisch. Nichts unterscheidet sie von anderen jungen Mädchen. Ich frage sie, ob sie in Paris arbeiten möchte. Mit einem Foto von ihr könnte ich ihr einen falschen Ausweis auf den Namen meiner Tochter ausstellen lassen. Sie könnte arbeiten und ihre Mutter unterstützen, die dann zusammen mit dem Jungen in Ozoir leben könnte. »Du könntest bei mir wohnen; Françoise ist bei Freunden in der Normandie in Sicherheit; du könntest ihren Platz einnehmen.«

Rachel schlingt beide Arme um meinen Hals und fragt weinend: »Warum würden Sie das für mich tun? Ich kann es gar nicht glauben, Sie kennen mich doch gar nicht ...« Ich sage nur: »Damit ich eines Tages das Recht habe, meine Tochter zu umarmen; damit ich Françoise sagen kann, daß ich unter ihrem Namen ein junges Mädchen wie sie selbst gerettet habe, das dasselbe Recht zu leben hatte wie jedes junge Mädchen ...« Rachel umarmt mich und drückt mich an sich, und solcherart umschlungen erleben wir einen Augenblick tiefer Bewegung.

Alle zusammen gehen wir zum Bahnhof. Ich gehe neben Madame Allain, Rachel hängt sich bei mir ein, und der Junge fährt mit dem Fahrrad. Auf dem Weg unterhalten wir uns über banale Dinge, wie Leute, die friedlich spazierengehen.

Der Zug fährt ein. Rachel und ich trennen uns von den beiden anderen. Die Fahrt ist kurz, etwa eine Stunde bis zur Gare de l'Est. Wir sind allein im Abteil und nutzen die Zeit, um noch einmal alles durchzusprechen: Ich werde Rachel bis zur Rue des Amandiers begleiten, wo ihre Mutter sich versteckt hält; während ich auf sie warte, werde ich einige Einkäufe erledigen; für den Fall, daß sie festgenommen wird, weiß sie, was sie zu sagen hat: daß ihre Mutter ganz in der Nähe wohnt und auf sie wartet. Dann soll sie meine Adresse angeben.

Alles läuft ohne Schwierigkeiten ab. Rachel sieht ihre Mutter, die nicht weiß, warum die Ambulanz die Kinder aus Ozoir wegholen will. Sie drängt Rachel, um eine Erklärung zu bitten und mir, falls nötig, zusammen mit ihrem Bruder zu folgen. In der Ambulanz sagt uns Mademoiselle Berthe, daß es im Departement Seine-et-Marne mehrere Denunziationen gegeben hat, daß die Kinder deshalb dort nicht mehr sicher sind und daß man eine Aktion der Gestapo befürchtet. Rachel fragt, ob sie abends nach Ozoir zurückfahren kann, um ihren Bruder zu benachrichtigen und am nächsten Tag mit ihm in meine Wohnung zu kommen. Mademoiselle Berthe ist einverstanden; die Kinder sollen dann bei mir bleiben, bis Rachel ihren Ausweis hat; für Jacques und seine Mutter werde man einen neuen Unterschlupf suchen. Ich bin vollkommen beruhigt und begleite Rachel zur Gare de l'Est.

Das war an einem Donnerstag. Am Freitag bleibe ich den ganzen Tag zu Hause und warte auf die beiden Kinder. Samstagmorgen gehe ich gleich nach der Öffnung in die Ambulanz, um nachzufragen, was geschehen ist. Niemand hat etwas von den Kindern gehört. Wahrscheinlich wollten sie nur noch einen letzten Tag bei Madame Allain verbringen. Ich bin beruhigt, bleibe im Büro und bereite meine nächste Reise vor: In einigen Tagen soll ich nach Annecy fahren und fünfzehn Kinder begleiten, die in die Schweiz gebracht werden sollen. Ich schaue im Fahrplan nach, gebe noch ein paar mündliche Anweisungen und will gerade wieder gehen, als die Sekretärin mich anruft: »Madame, eine Dame möchte Sie sprechen.« Mein Herz schnürt sich zusammen, und ich kann kaum gehen. Ich trete in den Warteraum. Eine Mutter, die von Rachel und Jacques, steht vor mir, kerzengerade und vom Schmerz verhärtet; sie schreit: »Drancy! Drancy!«

Die Kinder wurden nicht gerettet; am Freitagmorgen hatte man sie in Madame Allains Haus abgeholt.

## Die Schweizer Lösung

Zahlreiche Kinder wurden in der Schweiz aufgenommen. Von 1940 an suchte die OSE dort sogar nach Paten, die für die Kosten der Schulausbildung und des Lebensunterhalts der Kinder in Frankreich aufkamen. Nach dem Krieg entstanden auf diese Weise freundschaftliche Bande zwischen Kindern und Schweizer Familien.

Als der Druck auf die Juden immer stärker wird, muß die OSE sich den antisemitischen Gesetzen Vichys beugen und sich von einigen Mitarbeitern trennen, die aus dem Ausland stammen oder in Gefahr sind. Da sie gesucht werden und ihnen die Deportation droht, entscheiden sich die meisten von ihnen, heimlich über die Schweizer Grenze zu gehen, nachdem sie dort eine Aufenthaltsgenehmigung erhalten haben. Ihr Aufenthalt in der Schweiz stärkt die bereits geknüpften Verbindungen dorthin.

Dr. Weill, der inzwischen von der Gestapo gesucht wird, geht im Mai 1943 in die Schweiz. Dort organisiert er die Aufnahme der Kinder und hält den Kontakt nach Portugal aufrecht, wo sich das europäische Büro des Joint befindet. Zusammen mit Marc Jarblum erreicht er, daß heimlich in die Schweiz eingeschleuste Kinder unter sechzehn Jahren nicht zurückgeschickt werden. Das Büro der Union-OSE in Genf, das aus Dr. Joseph Weill, Olga und Lazare Gurvic sowie Hélène und Jacques Bloch besteht, kümmert sich um Empfang und Unterbringung der Kinder in der Schweiz und um den Kontakt zu internationalen Institutionen.

Anfang 1943 können die ersten Waisenkinder der OSE unter Führung von Georges Loinger illegal die Schweizer Grenze überschreiten und in der Schweiz Zuflucht suchen. Als die Schweizer Behörden nach der Kapitulation Italiens im September 1943 ihre Haltung aus Angst vor deutschen Repressalien verhärten, wird der Grenzübertritt in die Schweiz extrem gefährlich. Doch die Kinder aus den Heimen müssen in Sicherheit gebracht werden, so daß die OSE die Einschleusung in die Schweiz noch verstärken muß. Georges Loinger berichtet:

»Der Grenzübertritt ging meist folgendermaßen vor sich: Wenn wir in Annemasse ankamen, wo wir den Bahnhof mit Hilfe der Eisenbahner stets ungefährdet durch einen Nebenausgang verlassen konnten, gingen wir mit den Kindern ins Aufnahmezentrum der Stadt, das sich dank der Unterstützung des Bürgermeisters bereit erklärt hatte, den Kindern Unterkunft und Verpflegung zu gewähren. Gegen fünf Uhr nachmittags holte ich die Kinder dort ab, und sie verließen das Zentrum, als wären sie eine kleine Gruppe Schulkinder. Ich hatte einen Basketball unter dem Arm, und singend wanderten wir an der Arve entlang zu einem kleinen Spielplatz, der versteckt im Wald lag. Er befand sich etwa einen Kilometer von der Grenze entfernt, und wir spielten dort vergnügt, bis es dunkel wurde. Beim Spiel vergaßen die Kinder ganz die Gefahr, in der sie schwebten. Einer meiner Kameraden aus einer Widerstandsgruppe in dieser Region war eigens dafür abgestellt, die Deutschen im Auge zu behalten. Er ging dann voraus, und ich folgte ihm mit den Kindern, die sich nun ängstlich an mich drückten. Wenn wir an der Grenze ankamen, zogen mein Kamerad und ich den Stacheldraht auseinander, und die Kinder schlüpften eins nach dem andern rasch hindurch. Auf Schweizer Gebiet wurden sie dann schon nach kürzester Zeit von einem Zöllner aufgelesen und zur Polizeistation geleitet, von wo man sie ins Sammellager brachte. Eine Zeitlang holte ich alle zwei Tage eine Gruppe in Aix-les-Bains ab, und vom

Glück begünstigt, gelang es uns immer, sie über die Grenze zu bringen. Manchmal näherten wir uns auch am hellichten Tag ballspielend der Grenze, und die Kinder schlüpften hinüber.«[9]

In anderen Fällen führen ortskundige Schleuser, die von Mitgliedern der OSE in Marseille und Grenoble angeheuert worden sind, die Kinder über die Grenze. Für eine oft beträchtliche Summe Geld übernimmt der Schleuser die Kinder an einem grenznahen Ort, und wenn an dem gewählten Grenzabschnitt keine Patrouille in Sicht ist, schneidet er – in aller Regel nachts – den Stacheldrahtzaun durch. Vor dem Aufbruch vereinbart man mit dem zum Anführer der Gruppe auserkorenen Kind ein Losungswort, das es auf ein Stück Papier schreiben und dem Schleuser übergeben soll, sobald die Kinder die Grenze überschritten haben. Damit belegt der Schleuser, daß alles gut verlaufen ist, und er erhält den ausgemachten Geldbetrag. In der Kleidung unter der Achsel haben die Kinder ein Schriftstück eingenäht, auf dem ihr wirklicher Name verzeichnet ist und das sie herausholen, wenn sie in der Schweiz sind.

Natürlich verläuft der Grenzübertritt in die Schweiz nicht immer so glatt, und die Eltern, die uns ihre Kinder anvertraut haben, zittern, bis die Nachricht kommt, daß alles gutgegangen ist.

Auf der anderen Seite der Grenze sind die Kinder in Sicherheit. Nach einem obligatorischen Aufenthalt in einem Sammellager nimmt die Union-OSE Genf sich ihrer an und bringt sie in von ihr geführten Schweizer Heimen unter.

## Auf dem Weg nach Palästina

Eine weitere Rettungsmöglichkeit für die Kinder ist der Weg nach Palästina. Mit Hilfe amerikanisch-jüdischer Organisationen – darunter das Joint und die HICEM – werden sie von

9 Von Vivette Samuel 1947 redigierter Bericht von Georges Loinger, der für die heimlichen Grenzübertritte in die Schweiz verantwortlich zeichnete.

Spanien aus per Schiff nach Palästina gebracht. Die eigentliche Klippe ist dabei der Übergang über die Pyrenäen. Auch dort übernehmen Schleuser die Gruppen und führen sie über die Grenze. Danach beginnen die Bemühungen um ein Visum für jeden einzelnen. Das erste gecharterte Schiff sticht im Februar 1944 in See. Weitere werden folgen.

Unter den Kindern werden zunächst jene ausgewählt, die Verwandte in Palästina haben. Einer der Organisatoren berichtet: »Die Vorbereitungen für die Abfahrt vom jeweiligen Zufluchtsort, die Ausrüstung, die Fahrt zum absolut geheimen Sammelplatz halten uns wochenlang in Atem. Unsere Emissäre und die Vertreter der auf den Grenzübertritt spezialisierten zionistischen Organisation wetteifern um die möglichst rasche Durchführung.«

Die Kinder kommen aus ganz Frankreich, und unsere Betreuerinnen benötigen manchmal acht Stunden für die Begleitung eines einzigen Kindes.

In einer Sitzung, die im April 1944 in Lyon abgehalten wird, betraut das OSE-Leitungskomitee Elizabeth Hirsch, ehemals OSE-Leiterin der Region Lyon, mit der Aufgabe, den größeren Teil der Kinder nach Spanien zu begleiten und sich dort bis zur Abfahrt des Schiffes um sie zu kümmern. Das Komitee sorgt dafür, daß die sozialen und ärztlichen Akten dieser Kinder über die Union-OSE in Genf an die Jewish Agency in Jerusalem weitergeleitet werden.

Am 8. August, um acht Uhr morgens, machen sie sich zu sechst auf den Weg; die übrigen sollen einige Tage später zu ihnen stoßen.

In Perpignan steigen wir um, und gegen Abend kommen wir mit dem Schienenbus in dem kleinen Dorf Quillian an. Dort erwartet uns einer der Schleuser. Wir sind nun schon zehn, denn in Perpignan sind vier Erwachsene zu uns gestoßen. Die Nacht verbringen wir bei dem Schleuser; am Abend des nächsten Tages fahren wir im Lastwagen nach Rouse, dem letzten Dorf vor der Grenze, wo wir die Nacht in einer Herberge verbringen. Am nächsten Tag trifft der Rest der Gruppe ein. Wir machen unser Gepäck fertig.

Die Gruppe besteht nun aus zwölf Kindern und fünf Erwachsenen, dazu kommen noch sechs Schleuser. Am nächsten Morgen um sechs Uhr steht die Karawane bereit. An Gepäck haben wir nur Verpflegung und ein paar Kleider für die Kinder. Die Sonne ist gerade aufgegangen; es scheint ein schöner Tag zu werden. Die Schleuser übernehmen die Führung; danach folgen die Kinder. Der Anführer der Schleuser ist ein alter spanischer Bauer; er verteilt Stöcke an die Kinder; anfangs macht es den Kindern Spaß, wie echte Alpinisten zu wandern, doch schon bald werfen sie die Stöcke weg, weil sie laufen und möglichst schnell vorankommen wollen. Gegen zehn Uhr sind sie müde. Zum Glück nähern wir uns inzwischen der Widerstandsgruppe, die uns die Genehmigung zum Grenzübertritt erteilen muß. Während die Schleuser die Formalitäten des Übertritts mit dem Anführer der Widerstandsgruppe regeln, unterhalten wir uns mit den Maquisards. Sie haben schon mehrere Gruppen Kinder durchziehen sehen und versichern uns, das Ende der Qualen sei nahe. Wir stärken uns mit heißen Getränken, die uns die Maquisards anbieten, und verabschieden uns mit dem Lied »Ce n'est qu'un au revoir, mes frères«. Gegen Mittag machen wir am Ufer eines Sees Rast. Die Schleuser gewähren uns eine Stunde Mittagspause. Dann geht der Marsch bis zum Abend weiter, mit einer Rast am Nachmittag und einem kleinen Halt von Zeit zu Zeit, um in Cognac oder Zitronensaft getauchte Zuckerstücke zu verteilen.

Als es dunkel wird, bereiten wir uns für die Nacht vor; die Schleuser entzünden ein Feuer, das sie bis fünf Uhr morgens in Gang halten. Unsere Kleinen sind früh eingeschlafen (eng aneinandergedrängt, weil es so wärmer ist), denn morgen ist ein wichtiger Tag: Wir müssen die Grenze passieren. Am nächsten Morgen setzen wir unseren Aufstieg ohne besondere Schwierigkeiten fort. Stets hängen einige mit wunden Füßen nach. Ein Teil der Schleuser hilft ihnen.

Gegen sechs Uhr nachmittags gehen mehrere Schleuser voraus, um die Möglichkeit eines Grenzübertritts zu erkunden. Es ist immer noch nebelig, und sie bleiben lange fort. Endlich kommt das vereinbarte Signal; schweigend gehen wir los, einer nach dem anderen. Vor uns erkennen wir den Berg; weit oben die von Deutschen bewachte Hütte und Hundegebell. All das ist nicht gerade beruhigend, und ich bewundere die Disziplin der Kinder [...].

Wir gehen quer durch das Tal und steigen den Berg hinauf; es ist dunkel, und wir sind mitten im Nebel. Nach zwei Stunden im Gänsemarsch erkennen die Schleuser, daß sie den Weg verfehlt haben. Das ist der tragischste Augenblick, denn alle sind am Ende ihrer Kräfte. Doch angesichts der Gefahr nehmen alle ihren Mut und ihre Kraft zusammen, und wir setzen den Aufstieg fort. Schließlich finden wir den Weg wieder. Am Ende des Weges müssen die Schleuser die Kinder durch den Fluß tragen, der Frankreich von Spanien trennt. Als wir endlich auf der anderen Seite sind, vermögen wir uns nicht einmal richtig zu freuen [...], wir sind kaum in der Lage, uns noch ein paar Meter weiterzuschleppen und eine geschützte Stelle zu suchen, an der wir die Nacht verbringen müssen. [...]

In Barcelona werden die Kinder vom Joint in Empfang genommen, in einer Villa außerhalb der Stadt, wo sie bis zur Abfahrt nach Palästina bleiben. Das Schiff läuft am 26. Oktober um vier Uhr morgens in Cadiz aus. Mehrere Gruppen fahren gemeinsam ab, 74 von unseren Kindern und 200 Erwachsene.[10]

Alle an dieser Aktion beteiligten Kinder überleben.

10 Bericht von Elizabeth Hirsch an Vivette Samuel.

# Der Weg in den Untergrund

## September 1943. Von Cannes nach Limoges

Im August 1943 verlassen meine Eltern auf Anraten Angelo Donatis Cannes und die inzwischen gefährlich gewordene italienische Zone[1] und gehen nach Limoges.

Nach einigen Wochen in einem bei unseren Hauswirten gemieteten Zimmer ziehen sie in eine möblierte Wohnung. Mein Vater arbeitet weiter für die zionistische Untergrundbewegung Harsharot und sammelt Geld für die Finanzierung der Hilfswerke im Rahmen des Joint. Meine Eltern haben ihre Ausweise verfälscht; sie haben den Familiennamen Hermann beibehalten, aber Geburtsort und Vornamen geändert.

Sie besitzen nicht wie wir den UGIF-Ausweis, der noch eine gewisse Sicherheit bietet. Da sie glauben, daß wir besser geschützt sind, hinterlassen sie uns beim Auszug eine Kassette mit Goldmünzen und Wertpapieren. Ich beschließe, das Geld in einem der Kissen in Françoises Kinderwagen zu verstecken.

Die Lage in Limoges verschlechtert sich rapide. Im November 1943 wird Rabbi Deutsch bei einer Razzia verhaftet, obwohl er im Besitz eines UGIF-Ausweises ist. Julien begibt sich sogleich zur Gestapo, um gegen diese Verhaftung zu protestieren, obwohl er Gefahr läuft, selbst verhaftet zu werden; es gelingt ihm, Rabbi Deutsch freizubekommen, doch für uns ist diese Episode ein Alarmsignal.

1 Nach der Kapitulation Italiens wird die Zone im September 1943 von den Deutschen besetzt. Das von Alois Brunner geleitete Sonderkommando trifft am 10. September in Nizza ein: 1819 Juden werden verhaftet und deportiert.

## Paris. Jagd auf die Juden

Meine Schwester José arbeitet in einer von Freunden aufgebauten Widerstandsgruppe als Verbindungsfrau zwischen Toulouse und Paris. Sie erhält eine kleine Unterstützung, von der sie lebt, und man besorgt ihr ein Fahrrad, das für sie ein echtes Arbeitsmittel darstellt. In Paris wohnt sie bei einer Freundin, Monique Régnier, die in den Dienstbotenzimmern ihrer Familie englische Fallschirmjäger versteckt ... Mit der Geburtsurkunde ihrer Freundin hat José sich einen Personalausweis auf deren Namen besorgt. So leben am selben Ort zwei Frauen des Namens Monique Régnier, und sie müssen darauf achten, nicht zusammen außer Haus zu gehen ... Monsieur Régnier ist ständiger Sekretär bei der Académie française. Als er von der Verhaftung und Deportation des Vaters einer Freundin von Monique erfährt, unternimmt er einen ebenso naiven wie vergeblichen Schritt: Er reicht Klage bei der Liga der Menschenrechte ein ...

Mein Vater erhält alarmierende Nachrichten aus der ehemaligen Nordzone. Die Träger des gelben Sterns sind ständig mehr oder weniger einschneidenden Schikanen ausgesetzt. Das Verbot, Verkehrsmittel zu benutzen, die Beschränkung des Besuchs von Lebensmittelläden auf bestimmte Zeiten und die strenge nächtliche Ausgangssperre machen ein normales Leben unmöglich. Langsam wächst die Panik, und bald lassen sich die elementarsten Dinge und alltäglichsten Verrichtungen nur noch in Todesangst erledigen.

Tausende von Haushalten verzichten sogar auf die monatlichen Lebensmittelzuweisungen, weil die Erneuerung der Lebensmittelkarten mit wachsenden Gefahren verbunden ist. Ganze Familien verstecken sich bei wohlwollenden Nachbarn, auf dunklen Speichern, in entlegenen Städtchen und Dörfern. Die gesamte, auf solch ein Leben nur schlecht vorbereitete jüdische Gemeinschaft geht zunehmend in den Untergrund.

Die Gefahr lauert überall, auf der Straße ebenso wie zu Hause. Sie bedroht jeden, ganz gleich ob er sich peinlich genau an die Gesetze hält oder ob er sie ignoriert. Wie sollte man ihr entgehen?

Wer sich über das laufende Geschehen nicht ständig informiert, ist verloren. Unwissenheit oder mangelnder Kontakt zu besser Informierten haben oft tödliche Folgen.

Einige wenige verfolgen Tag für Tag die Entwicklungen der antijüdischen Politik, über Sender, die hier und da im Land verstreut sind, und über Nachrichten, die auf Umwegen aus der ganzen Welt zu ihnen gelangen. Sie wissen alles oder fast alles über das schreckliche Schicksal, das den Deportierten droht, und schöpfen dennoch aus dieser monströsen Katastrophe die Zuversicht und die Kraft zum Widerstand.

Es bedarf einer umfassenden präventiven Aktion, wenn man diese Männer, Frauen und Kinder noch retten will, die allein ihre jüdische Herkunft dem sicheren Tod überantwortet.

In Paris bestehen schon seit langem Gruppen, die sich um die Hilfe für Erwachsene, die Rettung von Jugendlichen und den Schutz der Kinder kümmern. Es gilt, bei möglichst vielen den Willen zur Selbstverteidigung zu stärken, der Masse der Resignierten und Gebrochenen ein wenig Optimismus einzuflößen und ihnen den Mut wie auch die Mittel zu geben, in die bislang so gefürchtete Illegalität zu gehen.

Man hat Untergrundaktivitäten in die Wege geleitet, die zum Teil finanzieller Unterstützung bedürfen. So sind in Paris zahlreiche Druckereien entstanden, die falsche Ausweise herstellen. Sozialarbeiterinnen, die gleichfalls mit falschen Papieren ausgestattet sind, suchen in Stadt und Land nach Zufluchtsorten für die Bedrohten.

Und nun werden auch wir Opfer unseres allzugroßen Vertrauens.

## Januar 1944. Mein Vater wird verhaftet

Am 19. Januar 1944, Julien ist gerade auf Reisen, sehe ich durch das Fenster meines Büros zu, wie draußen rationierte Lebensmittel verteilt werden. Es ist sechs Uhr, meine Arbeit ist beendet. Als ich die Treppe hinuntergehe, begegne ich meinem Vater und bitte ihn, auf mich zu warten, weil ich noch ein paar Einkäufe erledigen muß. Danach wollen wir zum Essen zu mir nach Hause gehen, wo bereits meine Mutter mit Régine und Françoise wartet. In den wenigen Minuten, die ich fort bin, kommen Milizionäre und, wie es scheint, ein Mitglied der Gestapo in Zivil ins Büro und überprüfen die Ausweise der dort Anwesenden. Alle außer meinem Vater haben einen UGIF-Ausweis. Auch Pierre Dreyfus ist dort, dessen Ausweis auf den Namen Dutertre lautet, und auf die Frage: »Warum arbeiten Sie hier bei Juden«, erwidert er selbstsicher: »Weil sie gut zahlen.« Die Milizionäre suchen einen Widerstandskämpfer, der zwischenzeitlich gekommen war, aber die Miliz rechtzeitig kommen sah und deshalb hat fliehen können. So richtet sich der ganze Zorn auf meinen Vater.

Als er mich eintreten sieht, sagt er rasch: »Da sind diese Herren von der Gestapo.« Geistesgegenwärtig gehe ich scheinbar unbekümmert durch das Büro und bitte den Milizsoldaten, der vor der Tür zum Nebenzimmer steht, mich vorbeizulassen; wie durch ein Wunder tritt er zur Seite, ohne mir Fragen zu stellen; ich gehe durch das leere Nebenzimmer und bin wieder im Treppenhaus. Ich habe das Gefühl, von einer übernatürlichen Kraft gezogen zu werden, ich denke nur an Françoise. Erst auf der Straße beginne ich zu zittern. Dennoch kehre ich noch einmal ins Haus zurück und warne eine andere Organisation, deren Büro sich im Erdgeschoß befindet. Dann eile ich zu unserer Wohnung, Angst im Bauch.

Mein erster Reflex ist es, mit meiner Mutter, Françoise und Régine bei Freunden unterzuschlüpfen. Am Abend gehe ich zum Bahnhof und hole Julien ab. Mein Vater ist verhaftet und ins Gefängnis von Limoges gebracht worden. Bevor man ihn abführte, hat er Denise Vormus noch das für die Bekleidung der Kinder bestimmte Geld des Joint zustecken können. Nach der Verhaftung hat er die Angabe seiner echten Adresse noch eine Zeitlang hinausgezögert. Danach hat die Gestapo die Wohnung meiner Eltern geleert und versiegelt.

Am nächsten Tag trifft meine Schwester in Limoges ein; sie glaubt, die ganze Familie vorzufinden, um Françoise versammelt, die sie noch nicht gesehen hat; sie erfährt die schreckliche Nachricht.

Juliens Bemühungen, bei der Gestapo die Freilassung meines Vaters zu erreichen, bleiben erfolglos; ebenso die Organisation eines Fluchtversuchs. Dennoch beschließt Julien, das Büro wieder zu öffnen. Wir bringen Françoise und Régine bei Freunden in Sicherheit, bei den Loingers, die auf dem Land leben. Neben seiner Tätigkeit in der OSE ist Georges Loinger auch Mitglied der kämpfenden Résistance, aber das erfahre ich erst später.

Auch meine Mutter sucht sich einen Unterschlupf auf dem Land, nicht weit von Limoges. Wir bleiben in der Stadt, solange wir Kontakt zu meinem Vater haben. Ich kann ihm schreiben und ihm ein Foto schicken, das José mit Françoise zeigt, so daß er weiß, daß meine Schwester wohlbehalten angekommen und daß uns allen nichts geschehen ist ... Und mein Vater kann mir antworten.

Als wir erfahren, daß er nach Drancy gebracht worden ist, beschließen wir in Absprache mit der Leitung der OSE, das Büro in Limoges zu schließen. Die Lage ist zu gefährlich geworden, sämtliche Aktionen müssen nun in den Untergrund verlegt werden.

In Paris versucht meine Schwester, was doch von vornherein als aussichtslos erscheint: Sie nimmt Kontakt zu einer Frau auf, die behauptet, meinen Vater aus dem Lager Drancy herausholen zu können, für 2500 Francs – damals eine beträchtliche Summe. José sammelt das Geld bei ihren Bekannten, leiht einen großen Teil bei Maurice Brenner; dabei handelt es sich um Mittel des Joint, und wir treffen Vorkehrungen, das Geld schnell zurückzahlen zu können. In einem schmutzigen Café trifft sie die Frau und steckt ihr das Geld unter dem Tisch zu. Bei ihrem Anblick wird ihr klar, daß diese Frau gelogen hat und nichts tun wird; aber man muß alles tun, selbst wenn man nicht daran glaubt. Meiner Schwester ist bewußt, daß unser Vater dank seiner Verbindungen zu jüdischen Organisationen sehr genau weiß, was in den Konzentrationslagern geschieht.

Ohne mir etwas davon zu sagen, nimmt meine Schwester auch Kontakt zu einer Freundin aus dem Lycée Fénélon, Henriette Lutz, auf und informiert sie über die Situation. Henriette Lutz und ihr Mann sind Kommunisten. Seit der Geburt ihrer Tochter, die etwas jünger ist als Françoise, haben sie ihre Tätigkeit für die Résistance eingestellt. Bewegt von der Verhaftung meines Vaters, bieten sie uns sogleich ihre Papiere an: Heiratsurkunde, Geburtsurkunden und Henriettes Taufschein (Claude ist Protestant, Henriette Katholikin). Ein Verbindungsmann bringt sie zu uns nach Limoges. Wir brauchen nur noch im Geschäft Ausweisformulare zu kaufen, unser Foto daraufzukleben und sie mittels der in unserem Besitz befindlichen Originaldokumente auf dem Bürgermeisteramt in Limoges abstempeln zu lassen. Ich heiße nun also Henriette Lutz; sie ist mir sehr nahe, und ich habe keine Schwierigkeiten, ihren Namen zu tragen. Aus Julien wird Claude Lutz, und Françoise heißt Christine Lutz. Julien und ich versuchen, uns gegenseitig mit »Chéri« anzureden, um uns nicht zu verraten.

## Der Schraubstock zieht sich zusammen

Im Oktober 1943 hatte die Razzia im Kinderheim La Verdière in Marseille stattgefunden, die zur Deportation sämtlicher Kinder und der Heimleiterin Alice Salomon führte. Es folgte die Verhaftung meines Vaters in Limoges. Am 8. Februar 1944 wurden die Mitglieder des Büros in Chambéry verhaftet, darunter Alain Mossé, ehemals hoher französischer Funktionär und Leiter der OSE in Chambéry – ein Beleg dafür, daß der UGIF-Ausweis keinen Schutz mehr bietet. Die Verhaftung der Mitglieder des UGIF-Büros in Lyon bestätigt diese Feststellung. Auch Fizer, der für den Transport von Kindern in die Schweiz sorgte, wird verhaftet. Es gelingt ihm, aus dem Lager Drancy einen Brief an die Leiterin eines Heims in Limoges zu schicken; darin rät er verklausuliert, aber dringend zur Schließung sämtlicher Heime. Zwei Briefe von Alain Mossé, die einige Tage später eintreffen, zeigen vollends, wie gefährlich die Lage geworden ist. Er läßt erkennen, daß die deutsche Polizei bestens über die Arbeit der OSE Bescheid weiß.

Die Auflösung der Heime muß unbedingt beschleunigt werden. Die Kinder, die sich dort unter falschem Namen aufhalten, müssen schnellstens evakuiert werden. Die Aufgabe ist schwierig, denn für jedes Kind müssen neue Papiere beschafft werden. Die Abreise erfolgt in gedrückter Stimmung und voller Angst, denn die Bahnhöfe werden von den Ordnungskräften, der Miliz und der Gestapo überwacht.

Die Bevölkerung zeigt im allgemeinen viel Sympathie für die Kinder, und viele erklären sich bereit, Kinder aufzunehmen. So können die etwa 500 Kinder, die sich im Februar 1944 noch in den Heimen befinden, schnell herausgeholt und von der Gruppe Garel über das ganze Land verstreut, mit Hilfe der von Jacques Salon in Lyon eingerichteten Sammelstation in die Schweiz gebracht oder in Heimen des Secours national, aber auch in Klöstern untergebracht werden.

Um die Spuren der Kinder zu verwischen und zugleich die Einrichtungen der Heime zu erhalten, ist es außerdem notwendig, die nun leerstehenden Häuser offiziellen Organisationen zu übergeben: Le Masgelier wird der Präfektur des Departements Creuse zur Verfügung gestellt, die dort andere Kinder unterbringt; Poulouzat und La Pouponnière werden Heime der Amitié chrétienne; das Château de Brout-Vernet wird ein Heim der Quäker. Die Zentren in Montintin und Chabannes werden im Juni 1944, kurz vor der Befreiung, vom Arbeitsministerium übernommen. Schon sehr bald sind die letzten Heime geschlossen. Die Präfekten erklären sich vielfach bereit, sie zu requirieren, damit die Deutschen keinen Verdacht schöpfen. Die Zahl der Einschleusungen in die Schweiz steigt beträchtlich, trotz der verstärkten Bewachung der Grenze. Die OSE schickt Julien und mich nach Chambéry, den Kreuzungspunkt zwischen Lyon und der Schweiz, damit wir dort eine Verbindungsstelle einrichten.

## März–Juni 1944. Chambéry

Auf dem Weg nach Chambéry machen wir kurz in Paris Station, wo wir das Ehepaar Lutz treffen. Obwohl das verrückt ist, essen wir mit unseren Freunden in einem Restaurant. Wir haben die auf ihren Namen lautenden Ausweise bei uns, während sie ihre Ausweise zu Hause gelassen haben ... Aber es scheint ihnen gutzugehen, und sie sind glücklich, auf ihre Weise Widerstand leisten zu können.

Nachdem wir uns sämtlicher kompromittierender Dokumente entledigt haben, beziehen wir in Chambéry eine möblierte Wohnung in der Nähe der Gendarmerie. Wir sind die einzigen Bewohner des Hauses. Was ist aus den anderen geworden? Wir stellen keine Fragen.

Julien gibt sich als Versicherungsvertreter aus; diesen Beruf hatte er früher in Straßburg ausgeübt. Er ist im Besitz eines Arbeitsvertrags mit einer Versicherungsgesellschaft in Limoges – eine kostbare Tarnung. Vorsichtshalber stattet er dem Pastor von Chambéry einen Besuch ab, um sich einen Taufschein ausstellen zu lassen. Er erklärt ihm, er sei als Kind aus gesundheitlichen Gründen beschnitten worden und fürchte nun, seine Religionszugehörigkeit nicht nachweisen zu können, falls er in eine Kontrolle gerate. Der Pastor erklärt sich bereit, sich an die protestantische Gemeinde in Straßburg zu wenden und um das gewünschte Dokument zu bitten (in Straßburg war der echte Claude Lutz von seinem Großvater getauft worden). Dank der Ausweispapiere des Ehepaars fühlen wir uns in Sicherheit.

Wir stehen auf Abruf bereit. Wir sollen die Verbindung zwischen den verschiedenen Personen aus Lyon sicherstellen, die den Grenzübertritt in die Schweiz organisieren. Chambéry ist ein strategischer Ort, weil er in der Nähe der Grenze liegt. Unsere Wohnung dient als Anlaufstelle für die Mitglieder der Organisation, die gelegentlich bei uns übernachten. Julien fährt regelmäßig nach Lyon zu René Borel, in dessen Wohnung die geheimen Zusammenkünfte stattfinden. Die Nachrichten von der Ostfront sind gut, aber es geht das Gerücht, daß die Deutschen eine Geheimwaffe besäßen. Die Transporte aus Drancy werden verstärkt. Wir erfahren, daß mein Vater mit unbekanntem Ziel deportiert worden ist.

### März 1944. Nelly

Anfang März wird Juliens Schwester Nelly, die in Raon-l'Étape lebt, zusammen mit ihrem Mann und ihren drei Kindern verhaftet. Bis dahin war ihr Mann in deutscher Kriegsgefangenschaft gewesen; deshalb war sie vor den Razzien sicher und erhielt als Frau eines Kriegsgefangenen sogar eine Unterstützung ... Bei seiner Rückkehr jedoch geriet seine ganze Familie in Gefahr, denn aus dem Kriegsgefangenen, der dank des Austauschs[2] zurückkehrte, wurde damit ein Jude.

Ich beschließe, ihnen zu helfen oder wenigstens die Kinder herauszuholen, und fahre über Paris nach Écrouves.

Die Züge sind überfüllt, die Fahrt dauert lange, ich habe meine acht Monate alte Tochter in Chambéry gelassen ... Paris macht einen traurigen, elenden Eindruck auf mich. In der Bahnhofsgaststätte der Gare d'Austerlitz trifft es mich wie ein Schlag, als ich eine Frau mit einem Kind auf den Armen sehe: Mein Kind? Die Ähnlichkeit ist verblüffend. Alle nur denkbaren tragischen Szenarios gehen mir durch den Kopf: Entführung, Verhaftung ...

Gleich nach meiner Ankunft in Écrouves nehme ich Kontakt zu einer Sozialbetreuerin auf. Sie sagt mir, daß Nelly schwanger ist und daß sie sich bei der Razzia geweigert hat, ihre Kinder bei den Nachbarn zu lassen. Auch die Lehrerin hat ihr angeboten, sich um die Kinder zu kümmern, doch sie wollte sich nicht von ihnen trennen. Sie hatte keine Ahnung, welche Gefahren ihnen drohten, wie die Briefe zeigen, die sie an ihren Vater in Gannat schrieb.

2 Im Austausch gegen französische Arbeiter ließen die Deutschen gefangene Familienväter mit vielen Kindern frei.

Darin heißt es am 27. März 1944:

»Gott sei Dank geht es hier, wir sind noch froh, da zu sein, aber fragen uns ständig ängstlich, was der morgige Tag bringen wird. [...] Ein Gebäude gleicht dem anderen, aber jedes hat nur eine Tür, und alle Fenster sind vergittert. Wir benutzen die Gitter, um die Wäsche aufzuhängen [...]. Wegen der Strohsäcke sind Schmutz und Staub unvermeidlich, aber alle tun ihr Bestes, unsere Stubenälteste ist sehr energisch. Es herrscht ein fast militärisches Regiment, mehrmals am Tag wird jetzt ein Appell abgehalten. [...] Den Kindern macht der Umgang mit all diesen Leuten und den anderen Kindern eher Spaß, aber sie dazu zu bringen, auf dem Boden zu schlafen und zu essen, ist eine andere Geschichte. [...] Annies Lehrerin hat ein Paket angekündigt, das sie zusammen mit den Schülern gepackt hat; es kommt sicher morgen an ...«

Trotz meiner Bemühungen ist es nicht möglich, die Kinder freizubekommen, und ich weiß nicht, ob Nelly sich weigert, sich von den Kindern zu trennen, oder ob die Lagerleitung die Freilassung verhindert. Ihre letzten Briefe, in denen sie uns zu beruhigen versucht, zeigen, daß sie überhaupt nicht ahnt, was sie erwartet. Der allerletzte, rasch niedergekritzelte Brief ist sehr kurz, und auch darin mischt sich noch Hoffnung in die Angst:

»Seit zwei Stunden sind sie dabei, uns in Viehwaggons zu verladen, zweifellos nach Drancy. Es geht uns gut. [...] Das Lager hat uns vor der Abfahrt mit Verpflegung versorgt. Schickt keine Pakete mehr. Vielen Dank für das letzte. Auf Wiedersehen. Bis bald. [...] Die Moral ist gut. Gott schütze euch.«

## April 1944. Lison und Paul

Diese Tragödie veranlaßt Juliens ältere Schwester Suzanne, ihre Kinder in die Schweiz zu schicken. Lison und Paul machen sich im April 1944 auf den Weg, in einer Gruppe, die von Georges Loinger geführt wird. Zum erstenmal erleben wir am eigenen Leibe, welche Angst die Familien ausstehen, die uns ihre Kinder anvertrauen.

Sobald Georges Loinger mich bei seiner Rückkehr nach Chambéry benachrichtigt hat, soll ich Julien, der den Tag im Untergrundhauptquartier in Lyon verbringt, durch ein verschlüsseltes, postlagerndes Telegramm informieren. Julien hat sich ausgerechnet, daß mein Telegramm um die Mittagszeit da sein müßte. Von Mittag an geht er alle halbe Stunde auf die Post: kein Telegramm. Um siebzehn Uhr immer noch nichts. Voller Angst begegnet er zufällig einer Freundin, deren Kind in derselben Gruppe in die Schweiz gebracht werden sollte. Auch sie hat noch keine Nachricht vom erfolgreichen Grenzübertritt, obwohl sie diese aus einer anderen Quelle bekommen sollte. Auf der Rückfahrt nach Chambéry kann Julien nicht anders, als sich das Schlimmste auszumalen. Er denkt an den Schmerz seiner Schwester, an die Not der Kinder, an die Möglichkeit, daß wir inzwischen verhaftet worden sind ... Wer weiß, ob die Kinder nicht unsere Adresse angegeben und die Deutschen nicht schon seine Frau, seine Tochter und seine Schwester abgeholt haben?

Meine Schwägerin und ich erschrecken zutiefst, als wir ihn so blaß eintreten sehen. Wir haben jedoch Georges Loinger gesehen und das Telegramm wie verabredet abgeschickt ... Die Erklärung erfahren wir erst später: Aufgrund einer falschen Einsortierung wartete das Telegramm auf der Post in einem anderen Fach ...

## April 1944. Besuch von der Gestapo

Bei meiner Rückkehr aus Écouvres habe ich eine Fehlgeburt. Ich wußte nicht, daß ich am Beginn einer Schwangerschaft stand. Hätte ich es gewußt, hätte ich mich nicht solch einem Risiko ausgesetzt.

Ich habe mich kaum von dem medizinischen Eingriff erholt, dem ich mich habe unterziehen müssen, da steht um sechs Uhr morgens die Gestapo vor unserer Tür.

Wir sind mitten im Pessach-Fest, aber trotz des jüdischen Festtags habe ich darauf verzichtet, Mazzot auf dem Schwarzmarkt zu kaufen. Wir heißen »Lutz« und können uns solche Fehler nicht erlauben. Ich wage mir gar nicht auszumalen, was passiert wäre, wenn die Gestapo Pakete mit ungesäuertem Brot bei uns gefunden hätte.

Wir schlafen noch, als sie an der Tür läuten, und Régine öffnet. Sie lassen ihr keine Zeit, uns Bescheid zu sagen, sondern kommen direkt in unser Zimmer. Françoise sitzt auf unserem Bett. Wir stehen ruhig auf.

Sie nehmen unverzüglich eine anatomische Überprüfung bei Julien vor, aber er besitzt zum Glück eine ärztliche Bescheinigung, die seine Beschneidung erklärt. Auch Françoise unterziehen sie solch einer Untersuchung. Sie sind sehr korrekt, aber ich bin völlig aufgewühlt. Fast würde ich weinen über die Erniedrigung.

Sie zeigen uns ein Notizbuch, in dem unsere Adresse vermerkt ist, zum Glück ohne unseren Namen. Sie haben jemanden an der Schweizer Grenze festgenommen und versuchen nun mit Hilfe der eingetragenen Adressen die Spuren rückwärts zu verfolgen. Julien erklärt, daß wir erst seit kurzem hier wohnen und daß es sich wohl um einen Mieter handelt, der schon ausgezogen ist. Sie durchsuchen die Wohnung und unsere Koffer. Wir haben keinerlei kompromittierende Papiere im Haus, mit Ausnahme der gefälschten Lebensmittelkarten, die für die in der Region versteckten Kinder bestimmt sind. Unter dem Vorwand, ein Fläschchen machen zu wollen, gehe ich in die Küche und verbrenne die Karten im Ofen. In der Zwischenzeit fragen sie Régine, ob ich in die Kirche gehe – sie haben mich zuvor schon nach meinem Taufschein gefragt. Sie gibt spontan die klügste Antwort, die man in dieser Situation geben kann: »Oh, nicht jeden Sonntag, aber an hohen Festtagen.« Mit Erlaubnis der Gestapo schicke ich Régine zum Milchholen und sage ihr heimlich, sie solle unsere Freunde warnen. Ich erwarte eigentlich, daß sie die Gelegenheit nutzt und fortbleibt, doch sie kommt zurück und sagt mir: »Sie hätten sonst Verdacht geschöpft ...«

Schließlich verschwinden sie mit unseren Papieren, um sie zu überprüfen. Ich bereite das Frühstück vor, als wäre gar nichts geschehen. Wir sitzen beim Frühstück, als sie zurückkommen, die Papiere auf den Tisch werfen und ohne ein Wort wieder gehen. Während des Wartens haben wir uns nicht gerührt. Eine Flucht wäre ein Zeichen gewesen, daß wir logen, und möglicherweise warteten sie unten auf uns. Wir wissen, daß man in solch einer Situation vor allem nicht zu fliehen versuchen darf.

## Mai 1944. Juliens Verhaftung

Am 8. Mai 1944 fährt Julien zu einem geheimen Treffen in Lyon. Ich habe ihn gebeten, mir Kirschen mitzubringen ... Am Abend erhalte ich ein Telegramm – ich versuche nicht, herauszubekommen, wie man es schafft, es mir trotz der Ausgangssperre zuzustellen.

In dem Telegramm heißt es: »Claude schwer erkrankt. Alle Vorkehrungen treffen, damit Ansteckung ausgeschlossen.« Julien ist unter dem Namen Claude Lutz verhaftet worden.

Sofort mache ich mich mit Françoise, Régine und dem Kissen, in dem unser Geld versteckt ist, auf den Weg zu Freunden. Um die für Juliens Rückkehr vorgesehene Zeit gehe ich dennoch zum Bahnhof. Aus dem Zug steigt Germaine Masour, die Georges Garel geschickt hat, um mich zu benachrichtigen.

Sie erzählt mir, daß Julien nach dem Geheimtreffen Maurice Brenner, den Vertreter des Joint in Lyon, begleitet hat. Beide waren beunruhigt, weil Jacques Salon nicht zu dem Treffen erschienen war. Als sie sich dem Pont Bellecour näherten, sah Julien Jacques auf der anderen Straßenseite; er rief seinen Namen und ging zu ihm hinüber; sogleich wurde er von Milizionären umringt. Da ihm klar wurde, daß Jacques als Köder durch die Straßen geführt wurde, tat er so, als hätte er sich geirrt ... Auch Jacques sagte so etwas wie: »Entschuldigung, aber wir kennen uns nicht.« Julien wurde sogleich einer anatomischen Untersuchung unterzogen und trotz der ärztlichen Bescheinigung zusammen mit Jacques weggebracht, obwohl sich keine Verbindung zwischen beiden herstellen ließ.

Maurice Brenner ging dagegen weiter. Er hatte mir das Telegramm geschickt. Er trug eine große Summe Geld bei sich, die für das Untergrundnetz bestimmt war. Hätte man auch ihn festgenommen, wären die Folgen für ihn und für seine Kameraden katastrophal gewesen.

Jacques und Julien werden ins Gefängnis von Montluc gebracht, in die Baracke für Juden. Jacques wird verhört und gefoltert, aber er redet nicht. Er wird Schäden davon zurückbehalten. Julien läßt man in Ruhe.

Ich beschließe, nach Lyon zu fahren, um bei den Behörden vorzusprechen. Ich frage den Pastor, der Julien geholfen hat, den Taufschein zu bekommen, ob er eine Familie kennt, die meine kleine Tochter eine Zeitlang aufnehmen kann. Françoise, die erst zehn Monate alt ist, übt solch einen Charme auf ihn aus (vielleicht spürt sie, daß ihr Leben in Gefahr ist), daß er mir mit dem Einverständnis seiner alten Haushälterin anbietet, sie könne zusammen mit Régine, die sich um die Kleine kümmern soll, bei ihm bleiben, solange ich weg bin. Ich gebe Régine das kostbare Kissen, erkläre ihr auch, was sich darin befindet, und lasse ihr noch einige Lebensmittelkarten da, die sie bei Bedarf benutzen soll.

Den ganzen Tag über, während ich meine Abreise vorbereite, fühle ich mich wieder einmal bestärkt durch die Unterstützung derer, die um mich sind, so daß ich sogar meine kleine Tochter ohne allzugroße Besorgnisse zurücklassen kann.

Nach meiner Ankunft in Lyon am 10. Mai 1944 nehme ich Kontakt mit Freunden auf, die in der Résistance arbeiten. Sie erlauben mir, einen Wachmann des Gefängnisses in Montluc, einen österreichischen Soldaten, zu treffen. Ich habe ein Paket gepackt, das einen Schlafsack, Lebensmittel, Geld und einen Kulturbeutel mit einer Nagelschere enthält. Dank der Hilfe des Soldaten gelangt das Paket tatsächlich zu Julien. So weiß Julien, daß es Françoise und mir gutgeht. Über denselben Soldaten erhalte ich auch eine Nachricht von Julien.

Meine Bemühungen werden jeden Tag verzweifelter und waghalsiger. Am Ende gehe ich sogar direkt zur Gestapo, um ihnen zu sagen, daß »Claude« kein Jude ist. Germaine Masour wartet an der Straßenecke auf mich, um zu sehen, ob ich auch wieder herauskomme. Der deutsche Soldat, der mich empfängt, hat offenbar das Gefühl, daß ich mich ans Messer liefere. Er schickt mich weg.

Da ich nicht mehr weiß, was ich tun soll, wende ich mich mit einem Empfehlungsschreiben des Pastors von Chambéry an den Pastor von Lyon, um ihn zu bitten, sich für uns in Montluc einzusetzen. Er hört mir recht kühl zu, als ich ihm erkläre, daß man sich geirrt habe und mein Mann kein Jude sei.

Als ich einige Tage später wieder zu ihm gehe, empfängt er mich voller Zorn und sagt mir ins Gesicht: »Madame, Sie haben gelogen, Sie sind eine Lügnerin.« Später erfahre ich, daß ein junger Mann bei einem Essen in der Stadt arglos von Juliens Verhaftung erzählt und dabei gesagt hat, daß Julien sich für einen anderen ausgebe.

Ich weiß nicht, ob der Pastor wütend ist, weil Julien Jude ist oder weil ich ihn belogen habe ... Ich habe nicht die Kraft, die Frage zu vertiefen; ich stehe auf und gehe.

Am 21. Mai erfahre ich, daß ein Transport nach Paris, Drancy und Compiègne abgehen soll und daß Julien dabeisein wird. Ich gehe zum Bahnhof, in der Hoffnung, ihn wenigstens von ferne sehen zu können ...

Am nächsten Tag fahre ich mit Pierre Dreyfus nach Limoges, um bei der Versicherungsgesellschaft vorzusprechen, bei der Julien angeblich arbeitet. Wir kommen erst tief in der Nacht an, und Pierre nimmt mich mit zu sich nach Hause. Andrée Salomon ruft an, um zu erfahren, ob wir gut angekommen sind. Ein paar Augenblicke später ruft sie nochmals an und sagt mir überglücklich nur diese paar Worte: »Vivette, Sie können Kirschen essen.« Während meines ganzen Aufenthalts in Lyon habe ich mich geweigert, Kirschen zu essen, obwohl sie überall zu haben waren (»Nicht bevor Julien wieder frei ist«, sagte ich). Diese überschwengliche Nachricht ist für mich daher vollkommen klar ...

Der Transport, in dem Julien sich befand, war am Nachmittag nach Paris abgefahren. Julien, Jacques Salon und andere, die sich im selben Waggon befanden, beschlossen, in der Nacht vom Zug zu springen. Der Waggon wurde an beiden Enden von deutschen Soldaten bewacht, die sich schlafen legten, nachdem sie gegessen und getrunken hatten. Mit Hilfe der Nagelschere, die ich Julien hatte zukommen lassen, konnten er und seine Freunde die Fensterverschlüsse öffnen. Vor jedem Bahnhof verlangsamte der Zug seine Fahrt – später wurde bekannt, daß die Eisenbahner auf diese Weise Widerstand leisteten und den Passagieren die Möglichkeit boten, aus dem Zug zu springen. Julien sprang als letzter. Er hatte zunächst ein wenig gezögert, doch es war der 21. Mai, mein Geburtstag, und er zog es vor, seine Frau als Witwe statt als Frau eines Deportierten zu wissen, und so sprang er, als der Zug sich dem Bahnhof von Maisons-Alfort näherte. Bei seinem Sturz kugelte er sich die Schulter aus und landete direkt vor einem französischen Streckenwärter, der den Befehl hatte, auf alles zu schießen, was sich bewegte. Auf seine Fragen gab Julien ihm wahrheitsgemäß Auskunft, und er hatte unerhörtes Glück: Der Streckenwärter zeigte ihm den Weg und befahl ihm abzuhauen. Mit seiner ausgerenkten Schulter und ohne Brille (sie war bei dem Sturz zerbrochen) tastete Julien sich nach Maisons-Alfort durch und fand schließlich einen Arzt, der ihm die Schulter einrenkte, ihn mit meiner Schwester telefonieren ließ und ihm eine Métrofahrkarte nach Paris schenkte.

Schmutzig und in zerrissenen Kleidern kam Julien in Paris an, aber es war früher Morgen, und niemand achtete auf ihn.

Keiner der aus dem Zug Gesprungenen kam ums Leben. Später erfahren wir, daß die Deutschen beim Appell so taten, als wäre nichts geschehen. Da sie die Flüchtlinge nicht auf der Flucht ertappt hatten, zogen sie es vor zu schweigen.

Jacques Salon wurde zunächst von Eisenbahnern aufgenommen und flüchtete dann zu Dr. Minkowski. Wegen der Mißhandlungen, die er hatte ertragen müssen, ist er sehr schwach. Man bringt ihn heimlich in ein Krankenhaus, wo er bis zur Befreiung bleiben wird.

Meine Schwester war nach Lyon gefahren, um mich zu benachrichtigen, und als sie mich dort nicht antraf (ich war in Limoges), nahm sie Kontakt mit Andrée Salomon auf.

Ich fahre unverzüglich nach Paris, um Julien zu treffen.

Wir möchten sofort nach Chambéry zurückkehren und erfahren, wie es Françoise geht, aber wir müssen Julien zunächst eine neue Brille und neue Papiere besorgen. Wir wohnen in einer aufgegebenen Wohnung mit geschlossenen Fensterläden und ohne Licht, um nicht bemerkt zu werden. Wir können nicht in die Wohnung im Quartier Latin, für die meine Eltern immer noch Miete zahlen; schon 1943 hat man ihnen mitgeteilt, daß diese Wohnung ausgeräumt und beschlagnahmt worden ist. Der Strom in der Stadt wird oft abgestellt. Paris erscheint mir schmutzig und grau. Dieser Aufenthalt, der in Wirklichkeit nur eine Woche dauert, erscheint mir endlos.

Endlich fahren wir zurück nach Chambéry und erfahren am Bahnhof, daß die Stadt bombardiert worden ist. Ich habe fürchterliche Angst und laufe zum Haus des Pastors. Das Haus ist unversehrt. Während des Luftalarms haben sie sich in einen Schutzraum geflüchtet. Régine hatte sogar die Geistesgegenwart, das berühmte Kissen mitzunehmen, wie der Pastor mir erzählt. Ich betrete immer noch zitternd das Zimmer, in dem Régine einen Mittagsschlaf hält. Françoise steht in ihrem Bettchen; als sie mich sieht, wendet sie den Kopf ab und tut so, als kenne sie mich nicht.

Wir fühlen uns in zu großer Gefahr, um unsere Arbeit in der bisherigen Weise fortzusetzen. In Absprache mit der OSE bereiten wir uns darauf vor, in die Schweiz zu gehen. Unsere Abfahrt ist auf den 6. Juni festgelegt ... Wir warten in Valence, als ganz früh am Morgen dieses Tages Robby Epstein, der zur Gruppe Garel gehört, zu uns kommt und uns von der Landung in der Normandie berichtet.

Wir beschließen, nicht mehr abzufahren.

# Das Kriegsende

## Juni–August 1944. Saint-Innocent. Warten

Nach der Landung der Alliierten in der Normandie beginnt eine lange Zeit des Wartens. Des Wartens auf die Befreiung, auf Nachrichten von der Front, auf das Ende des Krieges, auf die Rückkehr der Gefangenen und der Deportierten.

Aus Vorsicht behalten wir unsere Papiere auf den Namen Lutz und begegnen unseren Nachbarn mit Zurückhaltung; aber alles ist anders geworden, wir fühlen uns wieder als Mitglieder der französischen Gemeinschaft und sind bereit, ihr Schicksal zu teilen. Wir sind froh, nicht in die Schweiz gegangen zu sein. Diesen letzten Kampf für die Freiheit wollen wir in Frankreich miterleben.

Wir kommen bei Bauern in Saint-Innocent unter, einem kleinen Dorf am See über Aix-les-Bains. Das Haus liegt bei der Kirche, und der Pfarrer kommt, um uns zu begrüßen. Wir sagen ihm, daß wir Flüchtlinge seien, und ersparen uns weitere Einzelheiten. Sonntags gehe ich zur Messe. Wir fühlen uns in Sicherheit und genießen diese Atempause. Oft gehen wir mit Régine und Françoise an den See; die deutschen Soldaten, die dort baden, denken nicht daran, uns Schwierigkeiten zu machen. Das Ende des Krieges ist nahe. Ein deutscher Sieg ist nicht mehr vorstellbar.

Nachrichten dringen nur schwer zu uns. Im August sehen wir auf einer Straße unterhalb des Dorfes deutsche Panzer, die den Ort verlassen. Sie ziehen aus der Region ab, ohne auf Widerstand zu stoßen; aber der Krieg ist noch nicht zu Ende. Im Vercors gehen die Kämpfe weiter.

Am 21. August fahren Julien und ich nach Aix-les-Bains. Dort hat man Trikoloren aufgehängt. Eine jubelnde Menge singt, weint, liegt sich in den Armen ... eine Explosion der

Freude. Diese Menschen in den Straßen, waren sie gestern Kollaborateure oder Widerstandskämpfer? Was soll's? Dies ist ein außergewöhnlicher Tag, da sollte man nicht allzu viele Fragen stellen. Einige Tage später treffen die Amerikaner in Jeeps ein – Fahrzeuge, die wir noch niemals zuvor gesehen haben.

Presse und Radio sind wieder frei. Nur schwer ertrage ich die Vergeltungsaktionen und Denunziationen, die bedrükkend an die erste Zeit der Okkupation erinnern. Frauen, die im Verdacht stehen, Beziehungen mit Deutschen gehabt zu haben, werden öffentlich kahlgeschoren und auf der Straße zur Schau gestellt: Das ist unerträglich, und ich mache mir Vorwürfe, nicht einzugreifen.

Während dieser Zeit arbeitet meine Schwester, die später mit dem Croix de guerre ausgezeichnet wird, in einer Pariser Widerstandsgruppe. Am 25. August erreicht uns die Nachricht von der Befreiung der Hauptstadt. General de Gaulle fährt die Champs-Élysées hinunter. Wir fahren nach Aix-les-Bains.

Um diese Zeit erfahren wir von Georges Loinger und Emmanuel Racine von der letzten Tagödie der Untergrundaktivitäten: der Verhaftung und Deportation Mila Racines und vom Tod Marianne Cohns, einer jungen Mitarbeiterin der Éclaireurs israélites, die einige Tage vor der Befreiung von Annemasse verhaftet worden ist, als sie versuchte, eine Gruppe von Kindern heimlich in die Schweiz zu bringen. Mit einer Gruppe sehr kleiner Kinder hatte sie den Bahnhof von Grenoble verlassen. Die Fahrt verlief ohne Zwischenfälle. Vor Annemasse stiegen sie aus, und im Gänsemarsch ging es auf der Straße weiter, als ein Lastwagen mit deutschen Soldaten neben ihnen hielt. Die Soldaten fragten, wohin sie unterwegs waren, und boten an, sie dorthin zu bringen. Marianne gab als Ziel das nächstgelegene Heim des Secours national an, obwohl sie wußte, daß noch keine Gruppe über dieses Heim geleitet worden war. Sie hoffte jedoch, dort verständnisvolle Komplizen zu finden. Das war nicht der Fall. Aus unbekannten Gründen (ein Mißverständnis, Feigheit?) erklärte die

Heimleiterin, daß sie niemanden erwarte. Es folgten Verhör und Durchsuchung. Man fand die ins Futter der Kleidung eingenähten echten Dokumente, die die Kinder brauchten, um in der Schweiz bleiben zu können. Alle wurden verhaftet und interniert. Da Marianne Cohn Repressalien gegen die Kinder befürchtete, lehnte sie einen Fluchtversuch ab, den Emmanuel Racine und der Bürgermeister Jean Deffaugt ihr vorgeschlagen hatten. Als die Stadt Ende August befreit wurde, fand man Mariannes Leichnam gräßlich verstümmelt in einem Massengrab. Die Kinder wurden gerettet.

## September 1944. Wir verlassen den Untergrund

Aix ist befreit, aber der Krieg geht weiter. An der russischen Front toben heftige Kämpfe, und das bombardierte Deutschland ergibt sich nicht; auch im Osten Frankreichs wird gekämpft. Die Lebensmittel sind weiterhin knapp. Wir brauchen immer noch Lebensmittelkarten, und das wird auch noch eine Weile so bleiben. Die Frauen besorgen sich auf dem Schwarzmarkt Fallschirmseide und nähen sich Kleider daraus. Die Amerikaner verteilen Schokolade, Zigaretten, Kaugummi, Dosen mit Corned beef und Nylonstrümpfe, die man nie tragen kann ... Neue Romanzen beginnen ...

Als wir in Chambéry aufs Postamt gehen, um unsere Post abzuholen, sind wir überrascht, daß die Schalterdame, die wir gar nicht kennen, uns mit Namen anspricht. Sie war es gewesen, die das Telegramm in Empfang genommen hatte, in dem Maurice Brenner mir Juliens Verhaftung mitgeteilt hatte, und die dafür gesorgt hatte, daß es mir trotz der Ausgangssperre noch um acht Uhr abends zugestellt wurde, weil sie ahnte, daß es sich um eine dringende Nachricht handelte. Sie ist erfreut, Julien zu sehen.

Wir statten dem Pastor einen Besuch ab, der Françoise und Régine bei sich aufgenommen hat, und sagen ihm die Wahrheit. Er gesteht uns, daß er einen Verdacht gehabt hatte, bis Claudes Taufschein tatsächlich eintraf.

Die jüdischen Flüchtlinge kommen nach und nach aus ihren Verstecken hervor. Das Nachrichtenwesen kommt nur unter Schwierigkeiten wieder in Gang. Für Reisen braucht man immer noch eine Genehmigung. Die Mitglieder der OSE nehmen wieder Kontakt zueinander auf. Lyon wird zum Zentrum dieses Neuanfangs. Auch die Verbindung zur Union-OSE in Genf wird wiederhergestellt. Dr. Joseph Weill kehrt sogleich nach Frankreich zurück. Die OSE muß schnellstmöglich wieder handlungsfähig werden.

Am 25. September 1944 kommen die Mitglieder der OSE-Leitung in Lyon zusammen. Ihre erste Entscheidung betrifft die rasche Wiederherstellung des Hauptsitzes in Paris. Die Leitung geht wieder an Dr. Eugène Minkowski.[1] Die Strukturen der Vereinigung werden an zwei großen Achsen ausgerichtet: dem medizinisch-sozialen Dienst unter Leitung von Julien Samuel, der in ganz Frankreich medizinisch-soziale Zentren einrichten soll; und dem Kinderhilfswerk unter Leitung von Robert Job, dessen wichtigste Aufgabe es ist, die Heime wieder zu eröffnen und die verstreuten Kinder zu sammeln.

Andrée Salomon erhält den Auftrag, mit den versteckten Kindern wieder Kontakt aufzunehmen; Germaine Masour soll eine Abteilung aufbauen, die sich um die Familienzusammenführung und die Auswanderung kümmert.

Ich erhalte Anfang September von der OSE und vom CAR den Auftrag, in Chambéry einen Notdienst für die jüdischen Flüchtlinge in der Region einzurichten. Rasch ist ein Büro mit Telefon angemietet, das als Anlaufstelle dient. Man bittet mich, pragmatisch vorzugehen und dem drängendsten Bedürfnis nachzukommen: den Alten und den alleinstehenden Frauen bei der Suche nach einer Unterkunft zu helfen.

An vielen Orten werden kleine Zentren eröffnet. Die Er-

1 Dr. Eugène Minkowski hatte Paris nicht verlassen; in Zusammenarbeit mit anderen Hilfsorganisationen bemühte er sich mit einer ganz kleinen Gruppe von Mitarbeitern in der Nordzone um die Rettung der Kinder. Im Vorsitz folgte ihm später Senator Justin Godart, dann Georges Garel. Im Januar 1945 wird die OSE dann wieder ein offizieller Verein nach dem Gesetz von 1901.

wachsenen befinden sich materiell in einer extrem prekären Lage. Bei schlechter Gesundheit, oft mittellos und unfähig, an ihren ehemaligen Wohnort zurückzukehren, suchen sie nach den verstreuten Mitgliedern ihrer Familie, die gerade erst aus ihren Verstecken hervorkommen. Im Büro in Chambéry gilt es, schnell zu reagieren und zu improvisieren, ohne eine andere Leitlinie als die Bitte, das Unmögliche möglich zu machen ... Ich habe das Glück, von Adeline Barsky unterstützt zu werden, einer Klassenkameradin, die einige Jahre später Pierre Dreyfus heiraten wird, meinen Nachfolger in Limoges.

Meine Tage sind lang, die zu bewältigende Arbeit ist gewaltig. Bevor ich morgens aus dem Haus gehe, kümmere ich mich um meine kleine Tochter; dann lasse ich sie in der Obhut von Régine und fahre mit dem Zug nach Chambéry. Erst spätabends komme ich wieder nach Hause. Ich habe keine Zeit, mich zu informieren, was anderswo geschieht. Ich lese keine Zeitung. Ich schaue mir nicht die Wochenschau im Kino an.

Eine Gruppe von Betreuern wird zusammengestellt, die nach den in Pflegefamilien und Institutionen untergebrachten Kindern suchen soll. Die im März 1944 requirierten Heime werden an die OSE zurückgegeben. Erst die in Montintin und Le Masgelier, dann die in der Haute-Savoie. Sie sind leer, und die sanitären Einrichtungen müssen erneuert werden; die Möbel stellt das Ministerium für Gefangene, Deportierte und Flüchtlinge, die Kleider und die Bettwäsche das Joint zur Verfügung. Wenn im Oktober wieder die Schule beginnt, muß auch der Schulbesuch gesichert sein. Die Kinderheime nehmen bevorzugt die Kinder auf, die in Frankreich geblieben sind; die Kinder, die sich in der Schweiz befinden, leben im allgemeinen unter besseren Bedingungen. Rasch sind die Heime überfüllt.

Das Joint gewährt beträchtliche Hilfe bei der Lösung des nun vorrangigen Verpflegungsproblems und liefert erhebliche Mengen an Grundnahrungsmitteln. Schon bald sind mehr als zwanzig Heime in Betrieb. Robert Job möchte den vor dem Krieg üblichen Gedanken der Philanthropie durch den der Solidarität ersetzen; deshalb bezeichnen sich die Kinderheime nun nicht mehr als Waisenhäuser. Sie sind keine endgültige Lösung mehr, sondern eine Zwischenstation auf dem Weg zur Adoption oder zur Emigration.

## Die Kinder wiederfinden

Die Öffnung der Schweizer Grenze ermöglicht wieder eine enge Zusammenarbeit mit der Union-OSE in Genf, der die Aufgabe zufällt, die aus aller Welt eintreffenden Suchanfragen zu beantworten. Diese Arbeit ist recht gut zu bewältigen, weil zunächst die Direktion Montpellier und dann das Untergrundnetz während des Krieges ständig verschlüsselte Listen der versteckten Kinder, Dokumente, Karteikarten mit Angaben zur Identität[2] und Dossiers mit Angaben zu Adressen der Familie im Ausland nach Genf geschafft hat.

Eine ständig auf dem neuesten Stand gehaltene Zentralkartei enthält sämtliche Angaben zu den versteckten Kindern. Sie befindet sich in Genf und umfaßt 4000 Karteikarten; dennoch gilt sie als unvollständig. Mehr als 1000 dieser Karteikarten betreffen Kinder, die heimlich in die Schweiz eingeschleust und dort in Heimen, bei Familien oder (soweit es sich um Jugendliche handelte) in Bildungszentren untergebracht worden sind. Weitere 1000 Karten betreffen Kinder, die in Frankreich versteckt worden sind. Es scheint, daß nochmals 6000 Karten irgendwo in Frankreich in Sicherheit gebracht wurden. Soweit ich weiß, hat man sie niemals wiedergefunden. Doch ab Januar 1945 rekonstruiert die OSE den Weg der Kinder, die sich in ihrer Obhut befunden haben

Judith Hemmendiger-Feist, eine junge Sozialarbeiterin, die zusammen mit Olga Gurvic bei der Union-OSE in Genf

2 Die verschlüsselten alphabetischen Listen verweisen auf andere Listen, in denen die Tarnnamen und die neuen Aufenthaltsorte verzeichnet sind. Auf den Karteikarten sind verschiedene Daten festgehalten: Identität, Geschichte, ein Foto, Stand der Schulausbildung, Verwandte des Kindes im Ausland …

arbeitete, berichtet, daß sie möglichst viele Informationen über die Kinder sammeln und nach Möglichkeit auch ein Foto von ihnen machen mußte, um unter den 500 in die Schweiz geflüchteten Kindern möglichst rasch jene ausfindig zu machen, für die Suchanfragen von ihren Eltern oder ihrer Familie eintrafen. »Später wurden wir mit Briefen von Eltern überschwemmt, die aus dem Untergrund hervorkamen und nun ihre Kinder suchten. Wir lasen jeden Brief aufmerksam durch, durchsuchten die Karten, und welche Freude, welche Bewegung, wenn dann das Puzzle fertig war!«[3] Manche Kinder kennen nur ihren Vornamen, manche ihren Geburtsort, und dann hilft nur noch eine regelrechte Befragung der Einwohner eines Gebiets ... Es geht darum, Tausende von Kindern wiederzufinden, die vor allem in der Südzone getarnt in kirchlichen Einrichtungen oder in Familien leben.

## Meine Rückkehr nach Paris

Im Februar 1945 stellt das OSE-CAR-Büro in Chambéry seine Arbeit ein. Julien, der im ganzen Land umherreist, um die medizinisch-sozialen Zentren der OSE auf den Weg zu bringen, wird in der Zentrale in Paris gebraucht. Wir beziehen vorläufig eine Wohnung in der Rue René-Bazin im XVI. Arrondissement; sie gehört der Frau eines Offiziers, der sich der Résistance angeschlossen hatte und nach Buchenwald deportiert worden ist; wir haben versprochen, die Wohnung zu räumen, sobald ihr Mann aus Buchenwald zurückkehrt. Die Wohnung ist komfortabel, aber ich fühle mich dort nicht wohl; in Erwartung der Rückkehr ist alles an seinem Platz geblieben: Kleider, Post, Bücher. Ich habe das Gefühl, in das Privatleben dieser Menschen einzudringen und, ohne es zu wollen, indiskret zu sein. Die Geburt meines zweiten Kindes rückt näher.

Régine geht nicht mit uns nach Paris. Wir vertrauen sie

3 In *Notre mémoire* zitierter Bericht von 1993, AIU, Paris.

dem OSE-Kinderheim L'Hirondelle bei Lyon an; geleitet wird dieses Heim von niemand anderem als Juliens Bruder Nathan und dessen Frau Hélène. Régine ist froh, ihre Schulausbildung fortsetzen zu können und zugleich in gewisser Weise in der Familie Samuel zu bleiben. Wir fahren sie oft besuchen. Régine und Françoise hängen immer noch sehr aneinander.

Nathan und Hélène Samuel haben den Krieg in Lanteuil, einem kleinen Dorf bei Périgueux, überstanden. Wie durch ein Wunder blieben sie verschont. Nach dem Krieg beschließen sie, ihr Leben den Kindern der OSE zu widmen, in denen sie ihre eigenen Kinder erblicken. Als wir sie später in dem Heim besuchen, das sie in Hagenau bei Straßburg leiten, spürt Françoise, die inzwischen fünf Jahre alt ist, sehr deutlich die unglaubliche Liebe, die diese beiden jedem entgegenzubringen vermögen; sie sagt zu mir: »Maman, du hast nur drei Kinder, aber Tante Hélène hat hundert.«

Am 1. Januar 1945 befinden sich 750 Kinder zwischen drei und achtzehn Jahren in elf OSE-Heimen. Die OSE betraut Jacqueline Lévy, eine zwanzigjährige Kindergärtnerin, die in Rivesaltes gearbeitet hat, mit Aufbau und Organisation eines Heims für Kleinkinder, nachdem sie einen bewundernswerten Bericht über die Bedürfnisse dieser Kinder vorgelegt hat.

In dieser Zeit des Wiederaufbaus, großer Brüderlichkeit und härtester Arbeit wechselt die Angst vor der Gewißheit des Verlustes mit der Freude des Wiederfindens.

Meine Mutter lebt in einem Dorf im Departement Creuse. Nach der Verhaftung meines Vaters ist sie dorthin gegangen, nur mit ein wenig Geld, ihrem Ausweis auf den Vornamen Raymonde (statt Rachel) und ein paar Toilettesachen. Im Winter leidet sie unter der Kälte in einer zugigen, freistehenden Baracke. Jeden Tag geht sie in den Wald und sammelt tote Äste für ihr Öfchen. Als Vegetarierin ernährt sie sich hauptsächlich von Äpfeln und ein paar Kartoffeln. Samstags macht sie sich mit einem Rucksack auf den Weg in die umliegenden Dörfer; stundenlang marschiert sie, um ein paar Eier, Käse oder einige Zwiebeln zu beschaffen – reich an Vitaminen, sagt sie, und sehr knapp. Sie will nicht nach Paris zurück; sie will dort auf die Heimkehr meines Vaters warten.

Außerdem ist die Pariser Wohnung, für die mein Vater bis 1943 Miete gezahlt hat, immer noch von Flüchtlingen aus dem Norden besetzt. Meine Mutter wird einen langen Prozeß führen müssen, bevor sie dort 1955 wieder einziehen kann. Meine Schwester hat ihr Abitur gemacht und lebt nun in Paris. Sie schreibt sich in der medizinischen Fakultät ein.

Am 10. April 1945 wird unser Sohn geboren. Wir geben ihm den Namen Jean-Pierre, und Julien gibt ihm den Beinamen »der kleine Prinz«.

Es stellt sich die Frage der Beschneidung. Ich bin zunächst strikt dagegen – ich denke immer noch an die »anatomische Überprüfung« und die Erniedrigung bei der Durchsuchung unserer Wohnung in Chambéry.

Aber ich denke auch, daß die Tradition nicht abreißen sollte. Schließlich nimmt Dr. Henri Nerson, der mir bei der Geburt beigestanden hat, den Eingriff in unserer Pariser Wohnung vor. Françoise begrüßt das Baby mit großer Freude, schon ganz die große Schwester mit ihren achtzehn Monaten …

Wir verfolgen sehr genau das Weltgeschehen: Die Ereignisse überstürzen sich. Samstag, den 11. April 1945, wird der Tod Präsident Roosevelts gemeldet. »Ein großer Verlust für die zivilisierte Welt« titeln die neuen Zeitungen, die seit der Befreiung erscheinen. Am 28. April wird Mussolini hingerichtet. Donnerstag, den 3. Mai, kann man auf der Titelseite von *Le Monde* lesen: »Hitler ist tot, sein Nachfolger Admiral Dönitz will den ›Kampf gegen den Bolschewismus‹ fortsetzen.« Nach Hitlers Selbstmord erfahren wir durch den Londoner Rundfunk, daß Admiral Dönitz die bedingungslose Kapitulation der deutschen Truppen befohlen hat. Der Krieg gegen Japan geht dennoch weiter. Am 6. August wird die amerikanische Atombombe auf Hiroshima abgeworfen. Japan kapituliert. Der Krieg ist vorüber. Nun beginnen die Prozesse gegen die »Kollaborateure« und das Warten auf die Heimkehr der Deportierten.

## Wir werden ohne sie leben müssen

Wir warten auf die Heimkehr meines Vaters. Monatelang meine ich ihn wie durch ein Wunder aus einem Métroaufgang herauskommen zu sehen. Doch schon bald werden wir endgültig über sein Schicksal informiert, von einem jungen Mann, der mit ihm in Limoges im Gefängnis gesessen hat und mit ihm nach Auschwitz deportiert worden ist. Guy Kohen, der bei seiner Verhaftung zwanzig Jahre alt gewesen war, schreibt im Juni 1945 in einem Artikel:

> Ein Mann befand sich bereits in dem Raum [der Zelle, in die man ihn am 1. Februar 1944 führte]. Klein von Gestalt, ordentliches Haar, lebendige Augen, gerade, energische Nase, ein freundlicher Mund mit schönen, wie mit dem Pinsel gemalten Lippen. Er sah mich mißtrauisch an.
>
> Und auch ich beobachtete ihn mißtrauisch. Den Deutschen war alles zuzutrauen. Ich sah im übrigen nicht gerade vertrauenerweckend aus: Mit meiner zerrissenen Hose, meinem angeschwollenen Gesicht, dem blauen Auge und der zerbrochenen Brille sah ich aus wie ein wasserköpfiger Silenus, der gestürzt war, weil er zu tief ins Glas geschaut hatte.
>
> Eine Viertelstunde lang beobachteten wir einander, ohne ein Wort zu sagen.
>
> Monsieur Hermann brach als erster das Schweigen. Er fragte mich nach meinem Namen, wollte wissen, wo und warum ich verhaftet worden war. Aus meinen Antworten ersah er, daß ich kein »Spitzel« war; und nun vertraute er sich mir an, wir wurden gute, wahre Freunde, und fast könnte man sagen: Brüder.
>
> Es war für uns beide eine große Freude, ausgiebig miteinander sprechen zu können nach diesen schrecklichen Tagen düsteren Schweigens, diesen angsterfüllten Nächten, in denen das Herz bei jedem Geräusch zu rasen beginnt und die Schritte des Wärters dich hochfahren lassen. Wenn man einen Kameraden hat, faßt man wieder Mut, das Tier verstummt, und man wird wieder Mensch.
>
> Mehrere Tage verbrachten Monsieur Hermann und ich in voll-

kommener Zweisamkeit; er erzählte mir sein Leben in einer Ausführlichkeit, mit der er mir das ganze Vertrauen beweisen wollte, das er mir entgegenbrachte. Ich war jung, aber ich vermochte bereits die unermeßliche Bildung dieses Mannes zu schätzen, sein unerschöpfliches Wissen, seine maßvolle, aber solide Philosophie, seine Besonnenheit und vor allem seine Warmherzigkeit. Wie oft, wenn es Abend wurde und die Dämmerung uns schwermütig daran erinnerte, daß nun die Nacht, unsere Feindin, kam, fühlten wir eine bittere Träne über unsere Wange laufen? Und wir tranken diese Träne voller Leidenschaft, stand sie doch für alle, die wir liebten, für alles, was uns wichtig war, für unsere Vergangenheit. Waren wir nicht schon halbtot?

Er erzählte mir von seiner Frau, seinen Töchtern, seinem Schwiegersohn, von den versteckten jüdischen Kindern, den Flüchtlingen, die heimlich in die Schweiz gebracht wurden, den Geheimtreffen und vielen anderen Dingen, die ihm am Herzen lagen. Ich betrachtete diesen Mann, und ich bewunderte ihn.

Ihm war, mehr als jedem anderen, klar, daß wir deportiert werden würden. Er wußte, was »Drancy« bedeutete, diese Drehscheibe für die Fahrt in den Tod. Aber niemand machte uns so sehr Mut wie er. Als wir zu sieben in der Zelle waren, die er zuvor allein belegt hatte, war er für uns der Patriarch, und ich kann sagen, wir beteten ihn an (der Ausdruck ist nicht zu stark), wir achteten ihn, wie einst die Hebräer Moses anbeteten und achteten.

Er war ein großer Idealist, voller Kraft und Aufrichtigkeit; sein Leben lang hatte er für den zionistischen Gedanken gekämpft; bis zu seiner letzten Stunde trat er dafür ein. Man mochte seine Auffassungen teilen oder nicht, doch es war unmöglich, nicht von der Glaubenskraft erschüttert zu sein, die dieser moderne Prophet ausstrahlte.

Keinen Augenblick haben wir uns voneinander getrennt; gemeinsam sind wir nach Drancy gefahren; nebeneinander haben wir in diesem Lager geschlafen und in dem Waggon, mit dem wir deportiert wurden. Erst am Morgen des 10. März, dem Tag unserer Ankunft in Auschwitz, haben wir uns getrennt. Ich ging in Richtung des langsamen Todes, er hin zum schnellen Tod. Wir hätten uns wiederfinden können; Gott hat es nicht so gewollt.

Verehrter Monsieur Hermann, Sie, der Sie mich so viele Dinge gelehrt haben, aus allen Gesichtswinkeln, der Sie der menschlichste unter den Menschen waren, Sie sind von ihnen ermordet worden, wie Millionen Unschuldiger von ihnen ermordet worden sind. Aber eines haben sie nicht und werden sie niemals töten können: Ihre schöne Seele und die Erinnerung, in der wir Sie behalten werden. Ich bin der letzte Lebende, der Ihnen die Hand geschüttelt hat, und deshalb sage ich Ihnen: »Monsieur Hermann, ruhen Sie in Frieden. Die Gerechtigkeit ist wiederhergestellt.«

So paradox es klingen mag, ich bin erleichtert, als ich erfahre, daß mein Vater nicht ins Lager kam, daß er nicht diese lange Passion durchleben mußte, er, der feinsinnige Humanist ... Man schickte ihn gleich bei der Ankunft in Auschwitz in die Gaskammer.

Er ist im *Mémorial de la déportation des Juifs de France*[4] verzeichnet, unter dem Namen Noël Hermann, deportiert aus Drancy mit Transport 69 am 7. März 1944.

Wir erfahren auch, daß die schwangere Nelly und ihre drei Kinder gleich bei der Ankunft in Auschwitz in die Gaskammer geschickt wurden und daß ihr Mann Élie nur wenige Monate überlebte, bevor er an Erschöpfung starb. Sie wurden am 13. April 1944 mit Transport 79 deportiert. Annie war acht Jahre alt, Bernard sechs und Jean sieben. Außer Nellys letzten Briefen bleiben mir und unseren Kindern, die sie nicht kennengelernt haben, zwei ihnen gewidmete Seiten im *Mémorial des enfants*[5] und zwei Fotografien.

Was den jüngeren Bruder meiner Mutter, Isaac Spirt, betrifft, erfahre ich erst Jahre später von den näheren Umständen seiner Verhaftung und seiner Deportation mit dem Transport vom 6. November 1942.

4 Es handelt sich um alphabetische und chronologisch nach Transporten geordnete Listen der aus Frankreich deportierten Juden, die 1978 von Beate und Serge Klarsfeld herausgegeben wurden.

5 Serge Klarsfeld, *Mémorial des enfants juifs déportés de France*, publiziert und herausgegeben von der Association des fils et filles des déportés juifs de France und von der Beate-Klarsfeld-Stiftung, Paris 1994.

## Die Lage der Kinder in der Nachkriegszeit

Ich gehe oft in die Rue Spontini, den Sitz der OSE; der Empfang dort ist stets herzlich. So nehme ich an den gewaltigen Aktivitäten teil. Alles muß wiederaufgebaut werden. Es fehlt an Personal, die Bedürfnisse sind riesig, aber die unmittelbare Zukunft ist dank der technischen und finanziellen Unterstützung des Joint gesichert.

Einige Zahlen verdeutlichen die Lage der jüdischen Kinder in der Nachkriegszeit:

- 11 600 jüdische Kinder wurden aus Frankreich deportiert und kamen in den Vernichtungslagern ums Leben, aber 72 400 Kinder unter achtzehn Jahren überlebten.
- Etwa 62 000 konnten bei ihren Eltern bleiben oder wurden von ihren Eltern in nichtjüdischen Einrichtungen oder Familien untergebracht.
- 8000 bis 10 000 Kinder, meist ausländischer Herkunft, konnten von jüdischen Organisationen in Sicherheit gebracht werden, die es ihnen ermöglichten, nach Übersee zu emigrieren, in die Schweiz oder nach Spanien zu gehen oder durch Vermittlung der Untergrundnetze in nichtjüdischen Familien oder Einrichtungen (in Klöstern oder weltlichen Institutionen) unterzukommen.[6]

Auch wenn wir keine Statistik darüber besitzen, muß man doch einräumen, daß die französischen oder französischsprachigen Familien größere Chancen hatten, ihre Kinder in Sicherheit zu bringen, sofern sie die mit der »jüdischen Herkunft« verbundene Gefahr rechtzeitig erkannten. So mußte die OSE sich vor allem der Kinder ausländischer Familien annehmen und sie verstecken.

Nach der Befreiung hat die OSE keine Schwierigkeiten, die durch ihre Vermittlung in der Südzone untergebrachten Kinder wiederzufinden. Allerdings sind einige Kinder, die inzwischen an ihrer Pflegefamilie hängen, nicht zu einer neu-

6 Annette Wieviorka, *Déportation et Génocide*, Paris 1992; Lucien Lazare, *La Résistance juive en France*, Paris 1987; Serge Klarsfeld, *Mémorial de déportation des Juifs de France* und *Mémorial des enfants*.

erlichen Trennung bereit. Sie fühlen sich zu Hause in ihrem neuen Leben und in der liebevollen Zuwendung ihrer Pflegefamilie, wobei sie vielfach um ihre wirkliche Identität wissen, und die Freundschaft ihrer Lehrer und Schulkameraden beschleunigt noch ihre Integration. Als man sie dorthin brachte, sagte die Betreuerin: »Das ist deine neue Identität. Für den Augenblick mußt du alles andere vergessen; du darfst nicht unvorsichtig sein und nicht zuviel von dir erzählen ...« Und jetzt sagt man ihnen, daß sie Juden sind und das Recht haben, Juden zu sein und auch als solche zu leben. Vor allem für die Jüngsten ist diese neuerliche Trennung schmerzhaft, nun, da sie gerade erst wieder zu ein wenig Heiterkeit gefunden haben.

Haben wir hinreichend darauf geachtet, die Kinder – und vor allem die jüngsten –, deren Pflegefamilie sie gefühlsmäßig adoptiert hat und sie behalten möchte, nicht ein weiteres Mal zu traumatisieren? Wenn die wechselseitige Bindung zwischen dem Kind und seiner Pflegefamilie stark ist und die Eltern nicht zurückgekommen sind, wird jeder Einzelfall aufmerksam im Interesse des Kindes geprüft, wobei auch der Wunsch der Eltern berücksichtigt wird, daß ihre Kinder in einem jüdischen Milieu aufwachsen sollen.

Manchmal kann das Kind in der Pflegefamilie bleiben, unter Aufsicht der OSE und falls gesichert ist, daß es seine Identität bewahren kann.

Wenn die Eltern oder ein Elternteil zurückkehren, versteht es sich von selbst, daß sie ihr Kind zurückbekommen. Doch das geht nicht immer ohne Schwierigkeiten. Die Trennung und all das, was die Familienmitglieder haben durchmachen müssen, verstärken häufig die Konflikte, die es auch in »normalen« Familien geben kann. Das Kind findet bei seinen Eltern nicht immer den Schutz, den es erwarten darf. Die Eltern sind oft in ihren verdrängten Erinnerungen gefangen und verstummen, oder aber ihre affektiven Ansprüche erdrücken die Kinder, etwa das Bedürfnis, daß ihr Leiden anerkannt wird.

Die Lage ist auch nicht einfacher, wenn Kinder bei einem

Onkel oder einer Tante leben, zusammen mit Vettern und Kusinen, die ihre »wirklichen« Eltern noch haben. Zu Recht oder zu Unrecht haben die Waisen oft das Gefühl, anders behandelt zu werden als die leiblichen Kinder.

Weitaus differenziertere und oft segensreiche Identifikationsmöglichkeiten bieten sich paradoxerweise den in Heimen untergebrachten Kindern, dank der Nähe zu Erziehern unterschiedlicher politischer oder religiöser Ausrichtung, dank der Kameradschaft mit Gleichaltrigen und schließlich auch dank der Bemühungen, ihnen größtmögliche Chancen auf materieller, erzieherischer und moralischer Ebene zu eröffnen. Sie haben dieselbe Vergangenheit wie die übrigen Kinder im Heim, sie integrieren sich in diese Umwelt besser als andere in die Familien, von denen sie aufgenommen worden sind. Ihnen wird es mit der Zeit gelingen, ihre Traumatisierung zu überwinden.

Ein Problem stellen auch die Kinder dar, die in einem Kloster untergekommen sind. Einige von ihnen sind versucht zu konvertieren oder haben sich sogar schon taufen lassen. Gewiß, sie sind gerettet worden, und das ist das Wichtigste. Aber was ist mit dem ihren Eltern gegebenen Versprechen, sie innerhalb der jüdischen Kultur aufzuziehen? Wir fühlen uns in der Pflicht, dieses Versprechen nun zu erfüllen.

## Das Chaos in den Behörden

In der OSE werden sämtliche Mitarbeiter zu Besprechungen zusammengerufen. Bei diesen Besprechungen kann jeder frei reden, und die Debatten verdeutlichen, wie kompliziert die Probleme sind, vor denen wir nun stehen, vor allem hinsichtlich der Behörden. Andrée Salomon faßt die Lage folgendermaßen zusammen: »Wenn es uns gelungen ist, unsere Arbeit erfolgreich auszurichten und die Kinder von Rivesaltes zu befreien, so weil wir uns auf die Sympathie mancher Behörden, das heimliche Einverständnis anderer staatlicher Stellen und auf die innere Stärke unseres Willens verlassen konnten, der wußte, worauf er sich richtete und worauf er sich richten mußte: auf die Befreiung der Kinder. Jetzt, da Frieden ist, sorgt die Ordnung wieder für behördliche Schikanen, die unerträglich werden.«

Tatsächlich hat der Auswanderungsdienst mit zahlreichen Komplikationen zu kämpfen. Aus den Vereinigten Staaten treffen eidesstattliche Erklärungen ein, in denen bestätigt wird, daß ein amerikanisches Ehepaar die Verantwortung für ein Waisenkind übernimmt, aber diese Kinder von verschollenen Eltern haben keinen gesetzlichen Vormund, der die Erlaubnis zum Verlassen Frankreichs unterzeichnen könnte. Wir müssen auf das neue Gesetz vom April 1945 warten, das die Vormundschaft bei den Kindern von Deportierten regelt. Das neue Gesetz sieht vor, daß die Kinder verschollener Deportierter den Hilfswerken anvertraut werden. Nach der Einrichtung eines Familienrats und der Bestellung eines vorläufigen Vormunds unter Aufsicht des Office national des pupilles de la nation gilt die OSE als ihr faktischer Vormund.

Um die Situation der Kinder zu legalisieren, müssen wir ihre Identität nachweisen und bis zu den ersten, 1941 angelegten Karteikarten zurückverfolgen. Auf den neuen Karteikarten muß das Datum der Deportation der Eltern vermerkt werden. Dieses Datum wird dann später als Todestag ihrer verstorbenen Angehörigen gelten.

Auch die Akten für die Entschädigung müssen rasch geliefert werden – sie sind für die Rückerstattung des Vermögens oder die Gewährung der Rente erforderlich, auf die Kinder deutscher Staatsbürger Anspruch haben, die aus Frankreich deportiert worden sind. Annelise Eisenstadt, die für die Kartei zuständig ist, arbeitet hier mit Else Schönberg zusammen, die sich um die rechtlichen Aspekte kümmert.[7] Sie führen eine ausgedehnte Korrespondenz mit den Dienststellen in Berlin und Düsseldorf und finden Fall für Fall die nötigen Argumente, die es den Kindern deutscher Herkunft ermöglichen, die ihren Eltern weggenommenen Vermögenswerte

7 Beide stammen aus Deutschland und waren im Lager Gurs interniert.

zurückzuerhalten. Paradoxerweise befinden sich die französischen Staatsangehörigen in einer weniger günstigen Lage, denn das für die Opfer des Naziregimes bestimmte Geld wird von Deutschland an den französischen Staat ausgezahlt, der es nur sehr spärlich verteilt.

Was die Adresse der Kinder betrifft, die von den Behörden benötigt wird, gilt als offizieller Wohnsitz der letzte Wohnsitz der Eltern vor ihrer Deportation. Falls diese Adresse unbekannt ist, kann auch der Sitz der OSE als Wohnsitz angegeben werden.

Nach den endlosen Trennungen, die sie erlitten haben, liegt es uns allen sehr am Herzen, die Kinder und ihre Familien wieder zusammenzuführen, auch wenn die Angehörigen weit entfernt leben. Wenn Angehörige sich für das Kind interessieren, müssen wir jedoch eine genaue Untersuchung vornehmen, um sicherzugehen, daß die Bedingungen für die Aufnahme des Kindes gut sind.

### Familienzusammenführung auch in Übersee

Die Familienzusammenführung in Übersee wird, soweit sie denn möglich ist, grundsätzlich gefördert. Aber wenn die Auswanderung beschlossen ist, beginnen die Schwierigkeiten. Die von den Vereinigten Staaten seit 1890 festgesetzten Einwanderungsquoten sind zwar für England und Frankreich recht großzügig bemessen, doch für Menschen aus den mittel- und osteuropäischen Staaten sind sie ausgesprochen restriktiv. Die Vielfalt der in jedem einzelnen Fall anzulegenden Akten und die begrenzte Zahl der auf den Schiffen zur Verfügung stehenden Plätze komplizieren das Problem, vor allem wenn die Nationalität des Kindes unbekannt ist.

Germaine Masour wendet sich im November 1945 zusammen mit Georges Garel an das amerikanische Konsulat und bittet um dreizehn Visa für die aus Buchenwald zurückgekehrten Jungen. Sie werden von Onkeln und Tanten in den Vereinigten Staaten erwartet. Aber man antwortet ihnen:

»Wir müssen zuerst die amerikanischen Soldaten zurückbringen, dann die Frauen nachkommen lassen, die sie in Frankreich geheiratet haben, und erst danach können wir uns um die Emigration von Ausländern kümmern.«

Die ersten Visa werden erst im Sommer 1946 eintreffen. Mehrere Gruppen machen sich auf den Weg nach Palästina, wohin zahlreiche Jugendliche auswandern möchten. Einige Länder sind auch bereit, Kinder ohne Familie aufzunehmen; so gehen 1000 Kinder nach Kanada, wo sie zunächst in einem zentralen Aufnahmelager und anschließend in jüdischen Familien untergebracht werden; Australien nimmt etwa einhundert Kinder auf, Südafrika Kinder unter zwölf Jahren.

Die OSE bemüht sich, die Verbindung zu den ausgewanderten Kindern aufrechtzuerhalten. Sie bleibt in Kontakt mit denen, die 1944 heimlich durch Vermittlung der Jewish Agency nach Palästina ausgewandert sind. Schwieriger ist es dagegen, die Verbindung zu den Kindern in den Vereinigten Staaten zu halten, denn die Amerikaner sind der Ansicht, die Kinder, die sie aufgenommen haben, sollten ihre schmerzvolle Vergangenheit vergessen und in Amerika ein neues Leben beginnen. Sie meinen, dieses Ziel schneller erreichen zu können, wenn die Kinder bereit sind, jede Verbindung zu den Menschen abzubrechen, die bisher eine Rolle in ihrem Leben gespielt haben. Der Arzt Ernst Papaneck, der die Kinder in Frankreich begleitet hat und in den Vereinigten Staaten gehindert worden ist, sie wiederzusehen, sieht die Dinge anders: »Wir waren überzeugt, daß unsere ehemaligen Schützlinge gar nicht vergessen können, was sie erlebt haben. Wie sollte man ohne eine positive Auseinandersetzung mit der Vergangenheit eine neue Zukunft für sie schaffen und ihr Vertrauen gewinnen? Ließen sich die Gewissensbisse, die sie verfolgten, einfach auslöschen? Hatten sie nicht ihre Lieben einem ungewissen und bedrohlichen Schicksal überlassen? Wie sollte man sich nicht schuldig fühlen, weil man überlebt hatte, während so viele andere vernichtet worden waren? Die Kinder sahen in uns einen Teil ihrer Vergangenheit. Indem man jede Verbindung zu uns abschnitt, lief man Gefahr, ihnen das Gefühl zu geben, sie seien noch einmal zurückgewiesen worden.«[8]

Die Leitung der OSE vermag sich kein Gehör zu verschaffen und wird erst viele Jahre später auf deren eigenen Wunsch wieder Verbindung zu diesen Kindern aufnehmen.

## Die Kinder aus den Konzentrationslagern

Im Konzentrationslager Buchenwald fanden die Amerikaner in Block 66 tausend jüdische Kinder, Jungen, die aus Polen und Ungarn stammten. Diese Kinder hatten in den Gettos gelebt, bevor sie 1944 in verschiedene Konzentrationslager deportiert und dann in Buchenwald zusammengefaßt wurden. Ohne Familie können und wollen sie nach der Befreiung nicht in ihre Heimatländer zurückkehren. Fürsprecher setzen sich daraufhin bei den westlichen Ländern für sie ein. Großbritannien erklärt sich bereit, 270 von ihnen aufzunehmen, die Schweiz 250 und Frankreich 480. Das Gesundheits- und das Außenministerium requirieren das Sanatorium des Departements Eure in Écouis und geben dort 427 Jungen in die Obhut der OSE.

Die Not dieser jungen Menschen ist unermeßlich, und die Betreuer stehen vor zahlreichen Schwierigkeiten. Elie Wiesel[9] beschreibt das schwierige Verhältnis, das sich zuweilen zwischen den »Kindern«, von denen einige bereits achtzehn Jahre alt sind, und ihren Erziehern einstellt: »Arme Betreuer! Glauben sie wirklich, sie können uns, die wir dem Tod ins Auge gesehen haben, etwas beibringen? Wir wissen mehr als sie [...]. Der Jüngste unter uns hat mehr Lebenserfahrungen als der Älteste von ihnen. [...] Sie tun uns leid. Die Armen! Sie haben ja keine Ahnung.« Diese jungen Leute bilden eine Gemeinschaft für sich, mit eigenen Oberhäuptern und Grup-

8 In *Notre mémoire*, 1993, zitierte Aussage. Siehe auch Ernst Papaneck, *Out of Fire*, New York 1975.

9 Elie Wiesel, *Alle Flüsse fließen ins Meer*, München 1997, S. 162. Elie Wiesel war einer dieser Jungen, die von der OSE in Écouis betreut wurden.

pen. Ihre Parole lautet: »Nichts wie in Buchenwald.« So lehnen sie es ab, daß das Brot an die einzelnen verteilt wird, weil das sie an die verhaßte »Brotration« erinnert. Es muß mitten auf den Tisch gestellt werden. Was sie jedoch nicht daran hindert, sich vorsichtshalber die Taschen damit vollzustopfen. Das vorherrschende Gefühl ist Mißtrauen. Ernest Jouhy, Leiter des pädagogischen Dienstes, berichtet: »Als wir ihnen zum erstenmal Camembert vorsetzten, den sie noch nie gegessen hatten, behaupteten sie sogleich, wir gäben ihnen verdorbene Nahrungsmittel, die die Franzosen nicht mehr essen wollten. Wenn ein Telegramm an einen Onkel in Amerika oder einen Verwandten in Australien nicht innerhalb von acht Tagen beantwortet wurde, beschuldigten sie die Erzieher, die Antwort unterschlagen zu haben. Wenn die so lange erwartete Kleidung nicht zum gewünschten Zeitpunkt eintraf, gab es in ihren Augen nur eine Erklärung dafür: Die OSE verkaufte die von den Amerikanern geschickten Kleider auf dem Schwarzmarkt.«[10]

Über die Vergangenheit zu sprechen scheint schwierig; beliebter sind lange Diskussionen über die Zukunft: Einen Beruf erlernen oder studieren? Bleiben oder weggehen? Die große Mehrzahl träumt davon, nach Palästina auszuwandern.

Natürlich versuchen die Jugendlichen verzweifelt, irgendeinen Verwandten zu finden, auch in weit entfernten Weltgegenden. Die Hinweise sind meist spärlich: ein Name, ein Ort. Nur wenige erinnern sich an eine vollständige Adresse. Eines der Kinder gibt die ausgesprochen komplizierte Adresse seines Onkels an; Tag für Tag während der Gefangenschaft hat der Junge sie im Geist wiederholt, um sie nicht zu vergessen. Aber bei den meisten Kindern beschränkt die Erinnerung sich auf Bruchstücke. Doch dank der Suchanzeigen in Zeitungen und dank der Arbeit von Hilfsorganisationen in der ganzen Welt wird eins von zwei Kindern den gesuchten Verwandten wiederfinden.

10 »Le problème pédagogique des jeunes de Buchenwald«, in: *Les enfants de Buchenwald*, Genf (Union-OSE) 1946.

1946 berichtet Andrée Salomon, daß mehrere tausend Kinder in der Obhut der OSE bleiben. Wir müssen sie, wie sie es ausdrückt, »als unsere eigenen Kinder ansehen«; wir müssen uns um ihr Wohlergehen und ihre Ausbildung kümmern und dafür sorgen, daß sie eine Zukunft für sich sehen. Wir müssen ihnen das Vertrauen in das Leben wiedergeben.

Die OSE fürchtet allerdings, nicht die nötigen menschlichen und finanziellen Ressourcen zu besitzen, um diese Arbeit über Jahre durchzuhalten, und gibt daher allen Lösungen Vorrang, die den Kindern eine stabile Zukunft ermöglichen. Jede Akte wird sorgfältig durchgesehen, und Andrée Salomon bittet die Erzieher und Betreuer, die das Kind kennen, mit ihm die besten Zukunftsperspektiven zu besprechen und dabei stets die persönlichen Wünsche im Auge zu behalten.

Zahlreiche Adoptionswünsche werden an die OSE herangetragen. Wir müssen die Möglichkeit, dem Kind wieder eine Familie zu geben, sorgfältig prüfen und dabei auch die drohenden Hindernisse und Schwierigkeiten berücksichtigen.

Eine Zeitlang erhalten Patenschaften den Vorrang: Das Kind bleibt in der OSE-Einrichtung, erhält aber geistige und finanzielle Unterstützung von einer Person oder einer Familie, die es von Zeit zu Zeit auch zu sich holt. Diese Lösung erweist sich jedoch schon bald als unbefriedigend für das Kind; es fühlt sich nicht zu Hause in einer Familie, die nicht die seine ist und deren zuweilen gehobene Lebensverhältnisse allzusehr mit seinem Leben in der Heimgemeinschaft kontrastieren.

Wir drängen daher die »Freunde der OSE«, die sich inzwischen als Gruppe konstituiert haben, sich eher um die Heime zu kümmern als um individuelle Patenschaften.

In den Kinderheimen genießen Gesundheit und Schulausbildung Priorität: Die Kinder gehen wieder in die Schule, und die Erzieher sind Tag und Nacht im Einsatz. Singen, jüdische Religionserziehung, Sport, intensiver Nachhilfeunterricht,

Ausflüge aufs Land ... Georges Loinger stellt den Club »Sport und Freude« auf die Beine und organisiert in Gournay Fortbildungsveranstaltungen für Sportlehrer. Er beaufsichtigt sämtliche sportlichen Aktivitäten der OSE- und der EIF-Einrichtungen. Jacques Cohn, verantwortlich für die pädagogische Betreuung der Heime, hat in den dunklen Zeiten der Okkupation Fernlehrgänge für Jugendliche in der Region Limoges organisiert. Als ein Mensch von außergewöhnlicher Güte widmet er sich ganz den Kindern und Jugendlichen, mit denen er sehr enge individuelle Beziehungen knüpft. Nach der Erfüllung seiner Aufgabe und der Gründung des Staates Israel wird er zusammen mit seiner jungen Frau Margot, einem der hübschesten Mädchen unserer Gruppe, nach Israel gehen. Dort wird er sich im Rahmen der Aliyah um eingewanderte Kinder kümmern.

In den Heimen stellt sich uns die neue und schwierige Frage, wie wir den Kindern die Familie ersetzen können. Joseph Weill wird später sagen: »Um der Wahrheit die Ehre zu geben, müssen wir eingestehen, daß wir darauf überhaupt nicht vorbereitet waren. Das Problem ist, daß wir zu dieser Zeit über kein qualifiziertes Personal verfügen und die Kinder fragil, wenig begeistert und instabil sind.« Ernest Jouhy erklärt 1945: »Wir brauchen ausgebildetes Personal.« Der Beruf des Erziehers existiert noch nicht, oft handelt es sich um junge Leute, die keine Arbeit haben und eine gewisse Zeit bei der OSE arbeiten, ohne berufliche Kompetenz und ohne wirkliche Motivation. 1946 finden die meisten dieser zeitweiligen Mitarbeiter entweder eine Arbeitsstelle, oder sie wandern aus, oder sie gehen zu ihren Familien zurück, weil man sie dort für die Gründung eines Geschäfts braucht ...

Schließlich sind da noch jene, die Jacques Cohn die »Idealisten« nennt, junge Leute verschiedenster, nicht ausschließlich jüdischer Herkunft, die eine pädagogische Berufung verspüren. Zum Teil kommen sie aus dem Ausland (aus den Vereinigten Staaten, der Schweiz, aus Palästina ...), verbringen ein Jahr in Frankreich und erlernen auf diese Weise ihren Beruf. Für diese jungen Betreuer ist die Arbeit ein »Priesteramt«, erläutert Jacques Cohn. So problematisch das sein mag, müssen sie dennoch bleiben, »weil es um die Zukunft unserer Kinder geht. Es ist ganz wesentlich, daß die Kinder in stabilen Verhältnissen leben, die ihnen eine zuverlässige, sichere Orientierung bieten, und daß die Betreuer nicht allzuoft wechseln.«

Die OSE versucht auch, selbst Fachkräfte auszubilden, vor allem Kindergärtnerinnen. Mehrere junge Mädchen, die sich in ihrer Obhut befinden und während des Krieges versteckt worden sind, erhalten solch eine Ausbildung.

In all diesen Jahren bemühen wir uns auch ständig, wenngleich in unterschiedlichem Maße, den Kindern die Möglichkeit zu geben, die Verbindung zu ihrer jüdischen Herkunft aufrechtzuerhalten. In der Nachkriegszeit haben die Kinder, die ihre Herkunft haben geheimhalten müssen, oft große Schwierigkeiten, die Bedeutung der Tradition und der religiösen Unterweisung zu erkennen. Aber es geht für sie auch darum, die religiöse Überzeugung und Praxis ihrer Eltern fortzusetzen. Sämtliche Kinderheime fördern das Studium der biblischen Schriften und die Feier bestimmter Feste, ohne jedoch allzusehr darauf zu drängen. Einige Heime sind stärker religiös orientiert; dort holt man die Kinder zusammen, die an einer orthodoxen Praxis interessiert sind.

## »Die Gottesidee bei Malebranche«

Wieder einmal kommt Julien und mir die Solidarität unserer Freunde zugute. Dika Jefroykin leiht uns ein wunderbares Anwesen in der Oise, wo wir im Sommer 1945 unterkommen, nachdem wir die Wohnung in der Rue Bazin an ihre Eigentümerin zurückgegeben haben.

Im September mieten wir von einer sehr jungen Frau, deren deportierte Eltern nicht heimgekehrt sind, ein möbliertes Haus in Chatou. Der Garten dieses Hauses wird für uns ein Ort des Friedens, unser erstes Haus, das »Paradies« für Fran-

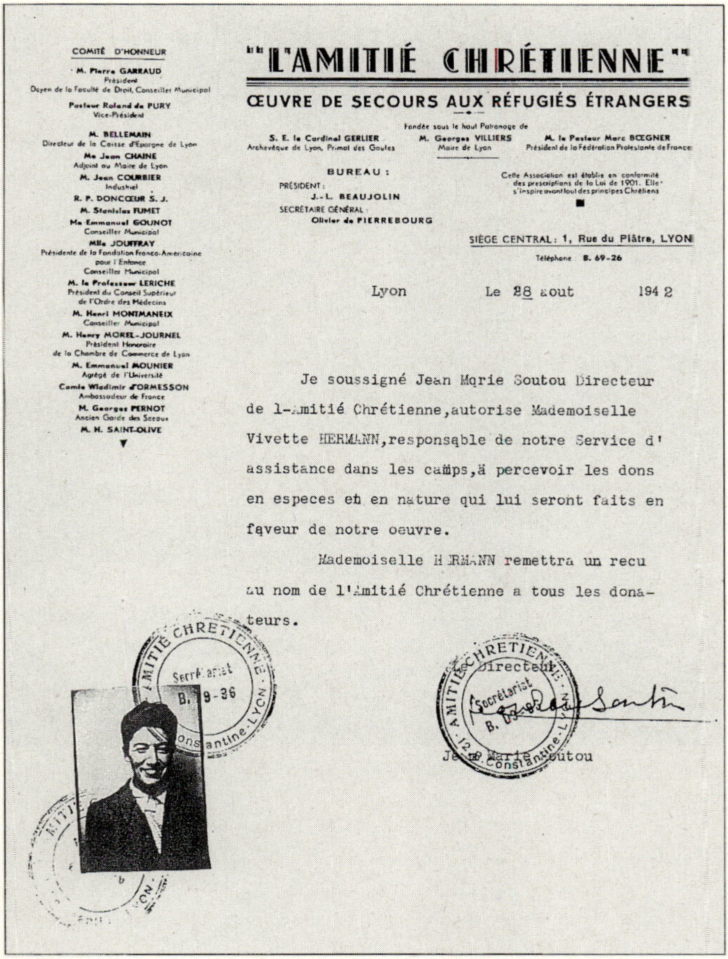

COMITÉ D'HONNEUR

M. Pierre GARRAUD
Président
Doyen de la Faculté de Droit, Conseiller Municipal

Pasteur Roland de PURY
Vice-Président

M. BELLEMAIN
Directeur de la Caisse d'Epargne de Lyon

Me Jean CHAINE
Adjoint au Maire de Lyon

M. Jean COURBIER
Industriel

R. P. DONCŒUR S. J.

M. Stanislas FUMET

Me Emmanuel GOUNOT
Conseiller Municipal

Mlle JOUFFRAY
Présidente de la Fondation Franco-Américaine pour l'Enfance
Conseiller Municipal

M. le Professeur LERICHE
Président du Conseil Supérieur de l'Ordre des Médecins

M. Henri MONTMANEIX
Conseiller Municipal

M. Henry MOREL-JOURNEL
Président Honoraire de la Chambre de Commerce de Lyon

M. Emmanuel MOUNIER
Agrégé de l'Université

Comte Wladimir d'ORMESSON
Ambassadeur de France

M. Georges PERNOT
Ancien Garde des Sceaux

M. H. SAINT-OLIVE

"L'AMITIÉ CHRÉTIENNE"

ŒUVRE DE SECOURS AUX RÉFUGIÉS ÉTRANGERS

Fondée sous le haut Patronage de

S. E. le Cardinal GERLIER
Archevêque de Lyon, Primat des Gaules

M. Georges VILLIERS
Maire de Lyon

M. le Pasteur Marc BŒGNER
Président de la Fédération Protestante de France

BUREAU :
PRÉSIDENT :
J.-L. BEAUJOLIN
SECRÉTAIRE GÉNÉRAL :
Olivier de PIERREBOURG

Cette Association est établie en conformité des prescriptions de la Loi de 1901. Elle s'inspire avant tout des principes Chrétiens

SIÈGE CENTRAL : 1, Rue du Plâtre, LYON

Téléphone B. 69-26

Lyon Le 28 aout 1942

Je soussigné Jean Marie Soutou Directeur de l-Amitié Chrétienne, autorise Mademoiselle Vivette HERMANN, responsqble de notre Service d' assistance dans les camps, ä percevoir les dons en especes et en nature qui lui seront faits en fqveur de notre oeuvre.

Mademoiselle HERMANN remettra un recu au nom de l'Amitié Chrétienne a tous les donateurs.

Le Directeur
Jean Marie Soutou

AMITIÉ CHRETIENNE Secrétariat B. 9-36 12 Constantine. LYON

Bescheinigung, die Vivette Hermann berechtigt, Spenden für die Amitié chrétienne entgegenzunehmen.

Julien Samuel bei der Lektüre des Judenstatuts.

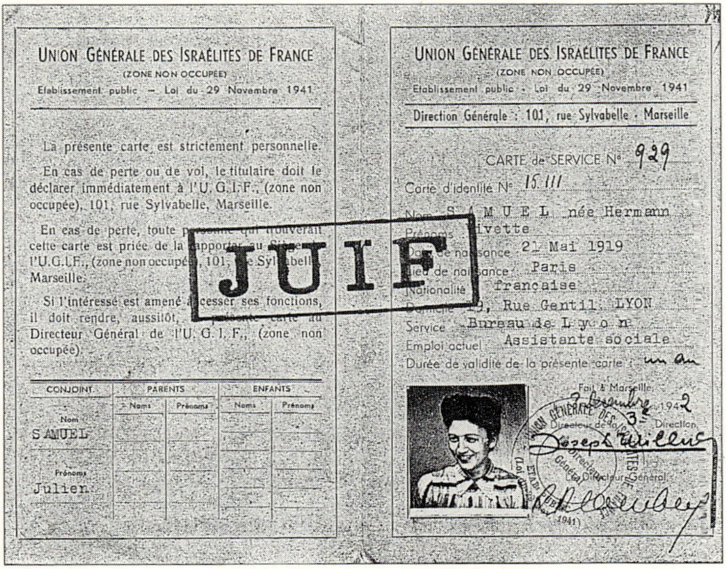
UNION GÉNÉRALE DES ISRAÉLITES DE FRANCE
(ZONE NON OCCUPÉE)
Etablissement public — Loi du 29 Novembre 1941

La présente carte est strictement personnelle.

En cas de perte ou de vol, le titulaire doit le déclarer immédiatement à l'U. G. I. F., (zone non occupée), 101, rue Sylvabelle, Marseille.

En cas de perte, toute personne qui trouverait cette carte est priée de la rapporter au Siège de l'U.G.I.F., (zone non occupée), 101, rue Sylvabelle, Marseille.

Si l'intéressé est amené à cesser ses fonctions, il doit rendre, aussitôt, la présente carte au Directeur Général de l'U. G. I. F., (zone non occupée).

| CONJOINT | PARENTS | | ENFANTS | |
|---|---|---|---|---|
| | Noms | Prénoms | Noms | Prénoms |
| Nom SAMUEL | | | | |
| Prénoms Julien | | | | |

JUIF

UNION GÉNÉRALE DES ISRAÉLITES DE FRANCE
(ZONE NON OCCUPÉE)
Etablissement public - Loi du 29 Novembre 1941
Direction Générale : 101, rue Sylvabelle - Marseille

CARTE de SERVICE N° 929
Carte d'identité N° 15.111
Nom S A M U E L née Hermann
Prénoms Vivette
Date de naissance 21 Mai 1919
Lieu de naissance Paris
Nationalité française
Domicile 19, Rue Gentil LYON
Service Bureau de Lyon
Emploi actuel Assistante sociale
Durée de validité de la présente carte : un an

Fait à Marseille
3 Décembre 1942
Directeur de la 3e Direction
Joseph Millner
Le Directeur Général
UNION GÉNÉRALE DES ISRAÉLITES DE FRANCE (Loi du 29 Nov. 1941)

Der Ausweis, den Vivette Samuel im Dezember 1942 von der UGIF erhielt.

Vivette und Julien Samuel im Oktober 1942 bei ihrer Hochzeit im Heim Le Couret.

Régine und Françoise 1944 in Chambéry.

Georges Garel, der das Untergrundnetz der OSE zur Rettung der jüdischen Kinder aufbaute; hier bei Kriegsende mit seinem Sohn Jean-Renaud.

Dr. Malkin mit Dora Werzberg und Simone Weill, genannt Reinette, 1942 in Rivesaltes.

Germaine Masour, die eine zentrale Rolle in der Gruppe Garel spielte.

Georges Loinger 1947.

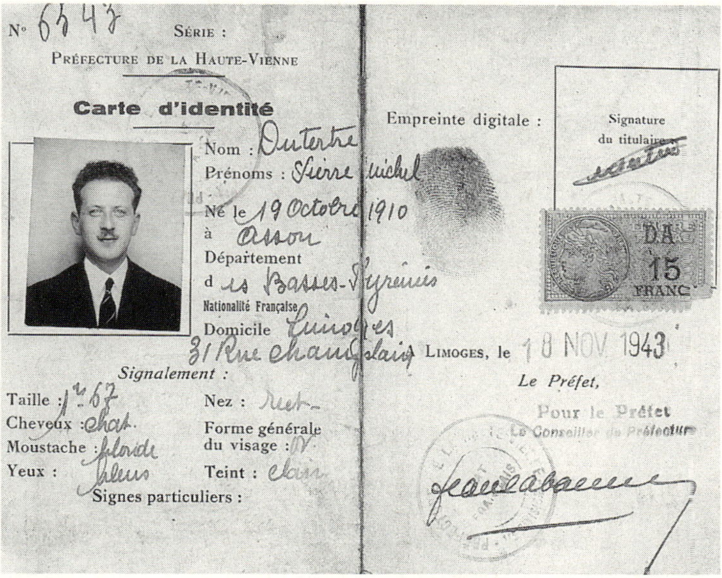

N° 6343 Série :

Préfecture de la Haute-Vienne

**Carte d'identité**

Nom : Dutertre

Prénoms : Pierre Michel

Né le 19 Octobre 1910

à Asson

Département d. Basses-Pyrénées

Nationalité Française

Domicile Limoges

31 Rue Champlain

Signalement :

Taille : 1m67 | Nez : rect.

Cheveux : chat. | Forme générale du visage : ov

Moustache : blonde

Yeux : bleus | Teint : clair

Signes particuliers :

Empreinte digitale :

Signature du titulaire

DA 15 FRANC

Limoges, le 18 NOV 1943

Le Préfet,

Pour le Préfet

Le Conseiller de Préfecture

Der Personalausweis von Pierre Dutertre, *alias* Pierre Dreyfus, 1943.

Abfahrt der ersten Gruppe von Emigranten, die im Juni 1945 nach Palästina auswandern.

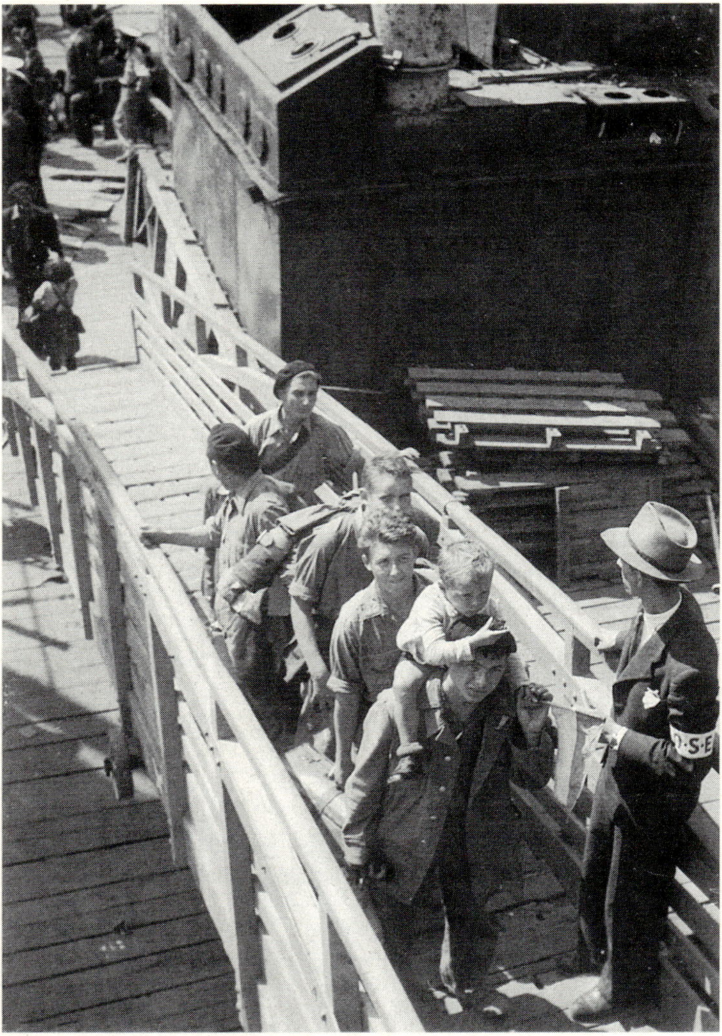

Abfahrt der ersten Gruppe von Emigranten, die im Juni 1945 unter Führung von Armand Rein nach Palästina auswandern.

Ein amerikanischer Militärseelsorger verabschiedet 1945 Abreisende auf dem Bahnhof; in der Mitte Dr. Malkin.

Lazare Gurvic nimmt im Juni 1945 die Kinder von Buchenwald in Empfang.

Joseph Weill, auf dem Foto links, und Dr. Revel bei der Ankunft des Zuges mit den Kindern von Buchenwald im Bahnhof von Andelys.

Die Kinder von Buchenwald im Juni 1945.

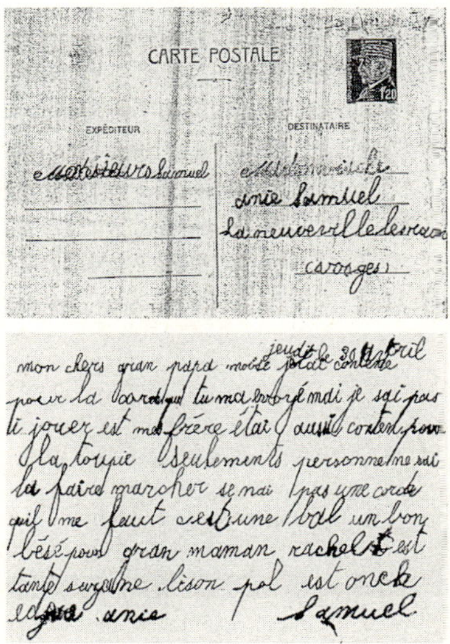


Die Postkarte, die die kleine Annie Samuel kurz vor ihrer Deportation schrieb.

Exemplaire à conserver par l'Enfant.

## COMITÉ ISRAÉLITE POUR LES ENFANTS
### VENANT D'ALLEMAGNE ET DE L'EUROPE CENTRALE

RÉCEPTION - HÉBERGEMENT - ÉDUCATION

38, RUE DU MONT THABOR, PARIS (1er)

TÉLÉPHONE : OPÉRA 93-42

Je soussigné ~~W e i n e r  Wolf Hersch~~
(nom de famille et prénoms du père ou de la mère ou du tuteur ou du répondant)

déclare par la présente confier au "COMITÉ ISRAÉLITE POUR LES ENFANTS VENANT D'ALLEMAGNE ET DE L'EUROPE CENTRALE" ou à tel autre organisme désigné par cette œuvre ou éventuellement par les autorités compétentes:

**l'enfant** ~~Weiner O t t o~~
(nom et prénoms)

né le 13 février 1927 à Vienne (ville et pays) nationalité allemand

résidant actuellement à Vienne XVI.Bachgasse 9 (adresse complète)

enfant dont je suis : père - ~~mère - tuteur ou(*)~~ XXXXXXXXXXXXX (préciser les liens de parenté)

Ledit enfant est le fils - ~~la fille(*)~~ XXXXXX de :

**père** Nom de famille : Weiner Prénoms : Wolf Hersch

Né le 10 juin 1898 à Czudin (ville et pays) Nationalité : allemand

Adresse actuelle : Vienne XVI.Bachgasse 9

Profession (diplômes et qualités) employé

**mère** Nom de famille : Weiner Prénoms Klara

Nom de jeune fille: Rattin Née le 15 mars 1900 à Vienna (ville et pays)

Adresse actuelle : ~~Vienne XVI.Bachg.9~~ Nationalité : allemand

Profession (diplômes et qualités) ~~en menage~~

Renseignements complémentaires sur la famille de l'enfant (santé, milieu social, situation matérielle, etc.) : ~~Le père est sans travail. Le comité d'israelite~~ en Allemagne doit subventionnee cette famille.

Si cette déclaration est signée par un tuteur ou par un répondant, indiquer l'adresse et la profession de celui-ci :

En conséquence, la dite œuvre israélite ou tel autre organisme à lui substitué, agissant sous le contrôle du Comité Central des Réfugiés créé par arrêté du Ministre des Affaires étrangères en date du 29 décembre 1938, aura tous droits et pouvoirs à l'effet de veiller à la protection de la santé et des intérêts moraux de l'enfant susdit jusqu'à l'âge de 18 ans, étant précisé que le Comité n'encourra aucune responsabilité de ce chef et que je l'en dégage expressément.

Le présent mandat ne pourra être annulé que dans le cas où j'obtiendrais un domicile fixe dans un pays quelconque et où j'aurais les sommes nécessaires pour faire venir chez moi mon enfant - mon pupille (*) et subvenir à ses besoins. Toutefois il est bien entendu que dans ce dernier cas, je ne demanderai plus au "Comité Israélite pour les Enfants venant d'Allemagne et de l'Europe Centrale" ou à l'organisme qui lui aurait été substitué, de s'en charger à nouveau.

A Vienne , le 22 fevrier 1939

SIGNATURE LÉGALISATION

Wolf Hersch Weiner

der Isr. Kultusgemeinde Wien
Abteilung für Jugendfürsorge

Zur Rettung der Kinder mußten auch zahlreiche Formulare und Atteste ausgefüllt werden; hier für ein und dasselbe Kind, Otto Weiner, die Aufnahmeurkunde für Frankreich, der Auswanderungsantrag für die Vereinigten Staaten (rechts), dann der Antrag beim amerikanischen Konsulat und schließlich die von der OSE 1945 erstellte Karteikarte (folgende Seiten).

[illegible]

# DEMANDE D'EMIGRATION D'ENFANT

(La suite donnée à cette demande demeure réservée)

**ÉTAT CIVIL**

Nom : WEINER Prénom : Otto Sexe : M

Né le 13-2-1927 à Vienne (Autriche)

Nationalité d'origine : autrichienne actuelle : ex-autrich.

Documents : Recépissé Français ou Etrangers ?

Religion : ISRAELITE Orthodoxe (oui ou non) : Oui

Adresse actuelle : c/o ABBÉ GOENS SERANON A.M.

**FAMILLE**

Père :
- Nom : WEINER Prénom : Herman
- Né le 10-juin 1898 à ROUMANIE Religion : ISRAELITE
- Nationalité : autrichienne Profession : COMMERÇANT
- Adresse actuelle : Vienne 66, Schleiergplatz 4
- Date de l'entrée en France : —

Mère :
- Nom de jeune fille : RATTIN Prénom : Clara
- Née le 15-Mars 1900 à Vienne Religion : ISRAELI.
- Nationalité : autrichienne Profession : —
- Adresse actuelle : idem.
- Date de l'entrée en France : —

| | NOM | AGE | ADRESSE ACTUELLE |
|---|---|---|---|
| Frères : | — | | |
| Sœurs : | ALICE WEINER | 10 ans | Vienne 66, Schleiergplatz 4 |

**TUTEUR**

Nom :

Adresse :

**PARENTS EN FRANCE OU A L'ÉTRANGER** (Sauf aux États-Unis)

| NOM ET PRÉNOM | PARENTÉ | ADRESSE ACTUELLE |
|---|---|---|
| RATTIN Herman | gd-père | Vienne même adresse |

16/198 Nice (87)

DEMANDE D'INSCRIPTION.

---

NOM (en majuscules) WEINER PRÉNOMS Otto

Adresse actuelle de l'enfant Institution Consuelo 37 Bd. Grosso; Nice

Noms et prénoms des parents Wolf-Hersch et Clara [redacted]

Adresse actuelle (ou à défaut dernière adresse) des parents, (ou à défaut, nom et adresse du tuteur) Vienne 16, Bachgasse 9

Composition de la famille

Situation de la famille (profession ou occupation des parents) ancien employé de commerce

Lieu de naissance et pays natal de l'enfant Vienne - Autriche

Date de naissance 13 Février 1924

Nationalité allemande

Pièces d'identité (marquez quelles sont les pièces d'identité de l'enfant, telles que : acte de naissance, carte d'identité, passe-port - indiquez l'autorité l'ayant délivré avec lieu, date et validité

Date de l'arrivée en France 15 mars 1939 venant de Allemagne via

Donnez le nom et l'adresse de votre plus proche parent ou ami aux Etats-Unis (ou outre-Mer) et indiquez le degré de parenté s'il y a lieu :

Nom Mr. Joachim Parnas c/o Mr. Goldberg Adresse 2460, Davidson Avenue, Bronx, New-York City

Degré de parenté Nationalité

Etes-vous enregistré ou avez-vous un affidavit à un Consulat américain pour l'immigration aux Etats-Unis? Si oui, à quelle date et à quel Consulat ? pas enregistré

Avez-vous demandé le transfert de votre dossier à un autre Consulat?

Si oui, auquel et à quelle date ?

Indiquez le pays natal du père Autriche ?

Observations spéciales

O. S. E.
Oeuvre de Secours aux Enfants
Regroupement Familial
62, rue Spontini
P A R I S - 16 *

Paris, le 23 août 1945

W E I N E R Otto: né le 13 février 1927 à Vienne
nation: apatr. d'orig. autrichienne

Arrivé d'Allemagne en France en mars 1939 avec un convoi d'enfants israëlites et pris en charge par l'Oeuvre de la Guette. A la dissolution de celle-ci en décembre 1941 recueilli par l'OSE et placé à l'Ecole professionnelle à Nice. Parti en Suisse en 1943 et de là au printemps 45 en Palestine.

Parents à l'étranger:
oncle Max Rattin, 2001 University street, New York

Die Familie Samuel nach dem Krieg in Chatou.

Vivette Samuel nach dem Krieg beim Tippen der Texte für *Comme des brebis*.

çoise und Jean-Pierre und später auch für Nicole, die im Februar 1948 geboren wird.

Da bin ich nun in Chatou, als »Hausfrau und Mutter«. In materieller Hinsicht ist das Leben sehr hart. Die Lebensmittel sind weiterhin rationiert, und das wird auch noch einige Jahre so bleiben. Zum Heizen haben wir nur einen kleinen Ofen im Wohnzimmer und als einziges Heizmaterial Eierbriketts. Gebadet werden die Kinder in der Nähe des Ofens. Im Garten dampft den ganzen Tag ein Kessel mit Wäsche. Es ist schwer, mit nur einem Gehalt auszukommen, aber es ist nicht daran zu denken, daß ich wieder eine Arbeit aufnehme. Eine junge Elsässerin hilft mir im Haushalt.

Bô Cohn, wie wir ihn, dem Beispiel der Kinder folgend, vertraulich nennen, schlägt mir vor, zwei Jahre lang in Chatou Kurse in Französisch und Philosophie für ein beschleunigtes Abitur abzuhalten. Nach fünf Jahren Krieg knüpfe ich damit wieder an meinen ursprünglichen Lehrerberuf an. Diese Schulstunden im Garten bedeuten für mich wie für die Jugendlichen eine Rückkehr zum normalen Leben. Für einige von ihnen ist Französisch eine Fremdsprache, aber sie sind mit solchem Eifer bei der Sache und bemühen sich so sehr, die verlorene Zeit wieder aufzuholen, daß sie in bemerkenswerter Geschwindigkeit vorankommen. Mehrere von ihnen werden später studieren.

Die Philosophie berührt mich nicht mehr. Was zählt schon die Gottesidee bei Malebranche, das Thema meiner letzten Arbeit an der Sorbonne? Mich interessiert die Sozialarbeit; ich muß erkennen, daß meine Ausbildung trotz meiner Erfahrung unvollständig ist. Ich beschließe, das staatliche Diplom für Sozialarbeit zu erwerben. Dank meines Universitätsabschlusses und meiner praktischen Arbeit kann ich die Diplomprüfung schon nach einer Kurzausbildung erfolgreich ablegen.

Ich muß oft schon um fünf Uhr morgens aufstehen, meine kleine Nicole allein lassen und den Zug nach Saint-Germain-en-Laye nehmen, um dort im Entbindungsheim die Säuglinge zu baden.

Der Unterricht, den ich den Jugendlichen erteilte, hat mir Gelegenheit zu einem reichen Gedankenaustausch gegeben. Germaine Masour und George Garel, die in die Vereinigten Staaten fahren wollen, um dort Geld zu beschaffen, bitten mich, eine Sammlung mit Lebensberichten zusammenzustellen. Ich erkläre mich bereit, mit Jugendlichen über ihren Weg während des Krieges zu sprechen, auch wenn das Ziel dieser Sammlung ohne Zweifel darin besteht, Mitleid bei den Geldgebern zu wecken und auf diese Weise an Spenden zu gelangen (die wir allerdings dringend benötigen).

So treffe ich denn 1946 und 1947 mit gut fünfzig Jugendlichen zusammen. Jeder von ihnen verbringt ein paar Stunden in Chatou, und wir unterhalten uns ohne vorgegebene Ordnung. Die jungen Leute scheinen erleichtert und glücklich, sich einmal aussprechen zu können. Es ist, als befreiten sie sich von einem Schweigen, das wie eine drückende Last auf ihnen ruhte. Noch unter dem bewegenden Eindruck des Gesprächs, schreibe ich ihren Bericht nieder.[11]

Auf Anregung eines Erziehers gibt eine Gruppe von Jugendlichen eine ausschließlich von den jungen Bewohnern der Kinderheime verfaßte Monatszeitschrift heraus, die den Titel *Lendemains OSE* trägt. Alle Kinder der OSE können darin schreiben, und bei der Lektüre spürt man, wie unterschiedlich ihre Meinungen sind, etwa zur Frage des Judentums. Die zehnte Nummer, mit der die Zeitschrift ihren ersten Geburtstag feiert, ist repräsentativ für die behandelten Themen: das Leben in der OSE, die alltäglichen Beschäftigungen, die Erinnerung an »schmerzliche Ereignisse«, die sie haben miterleben müssen, aber auch Notizen über Fahrten ... Die weltoffene, für jedermann bestimmte Zeitung, die keine politische oder ideologische Ausrichtung besitzt, soll als Beispiel für Demokratie dienen. Sie findet recht weite Verbreitung in Frankreich und auch im Ausland. In ihren Artikeln kann man verfolgen, wie eine Jugend sich aus ihrem Alptraum befreit.

11 Zu diesen Berichten siehe das Kapitel »Wege der Kinder« am Ende des Buches.

All diese Initiativen sollen den Kindern und Jugendlichen helfen, ihre Identität wiederzufinden, und sie auf eine Zukunft vorbereiten, in der sie sich auf ihre eigene Kraft verlassen können.

## Nochmals die OSE ...

Auch nachdem ich mein Diplom in Sozialarbeit erworben habe, bleiben wir in Chatou. Im September 1950 bietet mir die ADIR, eine Vereinigung ehemaliger deportierter und internierter Frauen aus den Reihen der Résistance, meine erste Stelle in meinem neuen Beruf an. Alle Frauen in diesem Verein empfangen mich mit großer Wärme. Meine Arbeit gefällt mir. Wieder einmal geht es darum, die richtigen Strategien gegenüber staatlichen Behörden zu finden, diesmal um Frauen die offizielle Anerkennung als »ancien combattant« (Veteran) zu verschaffen, ein Titel, der den Anspruch auf die im berühmten Artikel 64 festgelegten Vorteile sichert, insbesondere das Recht auf kostenlose Behandlung bei Krankheiten, die in einem ursächlichen Zusammenhang mit der Deportation stehen ... Ich habe einige Kämpfe zu bestehen, und wie in Rivesaltes muß ich mich durch einen Wust von Vorschriften und Gesetzestexten arbeiten, um diesen Frauen, die körperlich und seelisch gelitten haben, die ihnen zustehende Anerkennung zu verschaffen.

Ich liebe diese Frauen und bewundere sie sehr. Dennoch sind die ersten Monate sehr hart für mich; ich muß mir anhören, mit welcher Verachtung sie, die in den Untergrundorganisationen der Résistance gekämpft hatten, von den »aus rassischen Gründen Deportierten« sprechen. Ich bekomme nächtliche Alpträume davon, doch ich empfinde das alles auch als eine Probe auf meine Gefühle diesen Frauen gegenüber ... Nach Ablauf der dreimonatigen Probezeit beschließe ich zu bleiben.

Anfang 1954 fragt mich Robert Job, der inzwischen Generaldirektor der OSE ist, ob ich nicht wieder zurückkommen möchte. Die Kriegskinder verlassen nach und nach die Heime; neue Erfordernisse zeichnen sich bei den aus Nordafrika eintreffenden Kindern ab, deren Familien in Schwierigkeiten geraten sind.

Die OSE-Leitung meint, daß ich »angesichts meiner Vergangenheit« die neuen Probleme bewältigen und für ein harmonisches Zusammenleben zwischen »unseren« Kindern (die keine Eltern mehr haben) und den Neuankömmlingen sorgen könne, die bei den Erziehern und den übrigen Kindern als privilegiert gelten.

Julien hat die OSE 1950 verlassen und die Leitung des Fonds social juif unifié (FSJU) übernommen. Ich gebe schließlich dem Drängen meiner Freunde nach. Ich übernehme die Leitung des Sozialdienstes und des Kinderhilfswerks. Später werde ich die Gesamtleitung der OSE übernehmen. Aber das ist eine andere Geschichte ...

## Fünfzig Jahre danach

Auf der Grundlage der Gespräche, die ich 1946–1947 mit Jugendlichen aus den OSE-Heimen geführt hatte, schrieb ich einen Bericht, dem ich den Titel *Comme des brebis* (Wie Schafe) gab. Er entsprach dem Wunsch, den Akzent auf einen speziellen Aspekt der eben erst vergangenen grausamen Realität, die Rettung der Kinder, zu setzen, aber reinen Tisch mit der Vergangenheit zu machen, indem ich sie auf ein paar vollgeschriebene Blätter Papier bannte. Als der Bericht fertig war, legte ich ihn 1948 mehreren Verlagen vor. Er wurde gut aufgenommen, aber man sagte mir, dafür sei es »zu spät … oder zu früh«. Fast ein wenig erleichtert legte ich das Manuskript beiseite und widmete mich Nicole, die gerade erst geboren war, und meinen Studien. Die Arbeit bei der ADIR mit den ehemaligen Internierten und Deportierten der Résistance war für mich eine Art Übergangsphase. Danach ordnete ich sorgfältig meine Akten über die Zeit der Okkupation und schloß dieses Kapitel, um mich ganz der neuen Aufgabe in der OSE zu widmen, der Frage nämlich, wie wir den Kindern und ihren Familien helfen konnten, die durch die Übersiedlung von Nordafrika nach Frankreich nach dem Krieg in Schwierigkeiten geraten waren. Ich sah mir keinen Film mehr über die Deportation an, noch las ich Bücher darüber.

Erst in den achtziger Jahren brach die Vergangenheit plötzlich wieder in mein Leben ein. »Ehemalige«, die inzwischen in den Vereinigten Staaten lebten, kamen nach Frankreich, und ich empfing sie am Sitz der OSE. Diese Männer und Frauen, die inzwischen um die Fünfzig waren, fragten die Leiterin der OSE, die ich nun war, nach Einzelheiten aus ihrer Kindheit, ohne auf den Gedanken zu kommen, daß ich vielleicht gar nicht in der Lage war, ihre Fragen zu beantworten. Ich holte die Akten wieder hervor.

Einigen konnte ich Bruchstücke einer Antwort hinsichtlich ihrer persönlichen Lebensgeschichte geben; bei anderen konnte ich nur Vermutungen äußern, aufgrund ihrer eigenen Erinnerungen und ihrer Zeitangaben. Wie dem auch sei, jedenfalls zwangen mich ihre Fragen, mich wieder mit den Dingen zu beschäftigen, die ich hatte vergessen wollen.

Manche kamen mit äußerst präzisen Erwartungen, etwa der Mann, der »Paulette« suchte, das Kind der Familie in der Nähe von Toulon, die ihn bis zu seiner Abfahrt in die Vereinigten Staaten beherbergt hatte. In seiner Akte fand sich keinerlei Hinweis auf diese Pflegefamilie. Er insistierte jedoch, und mir wurde klar, daß diese Suche große Bedeutung für ihn hatte. Da erinnerte ich mich an die detektivischen Talente der Gruppe um Germaine Masour und die damals eingesetzten Methoden und riet ihm, eine Suchanzeige in *La Dépêche du Midi* aufzugeben. Einige Monate später schrieb er mir und bedankte sich; er hatte Paulette gefunden.

Wenn ich mich zuweilen über diese späten Nachforschungen wunderte, erhielt ich stets dieselbe Antwort: »Wir hatten Europa mit Erleichterung verlassen, aber unsere Integration war sehr hart. Wir mußten eine neue Sprache lernen, unseren Lebensunterhalt verdienen, eine Familie gründen. Unseren Kindern haben wir nichts erzählt, um sie mit alledem zu verschonen; aber unsere Enkel stellen uns Fragen. Was sollen wir ihnen antworten?« Die Suche ging weiter und konfrontierte mich mit meiner eigenen Geschichte, die ich nun leider nicht mehr mit Julien teilen konnte, weil er 1981 gestorben war.

Nach und nach verschwanden Protagonisten und Zeugen dieser Zeit. Lazare Gurvic starb 1960, Eugène Minkowski 1972, Goerges Garel 1979, Andrée Salomon 1985 und Joseph Weill 1988.

Die aus der Kriegszeit stammenden Archive der OSE, die es erlaubt hätten, die Spur der versteckten Kinder wieder aufzunehmen, waren durch mehrere Umzüge teilweise verstreut ... Eile war geboten, denn die in Privatbesitz befindlichen Dokumente liefen Gefahr, im Laufe der Jahre dasselbe

Schicksal zu erleiden ... Und die Dokumente, die in Dokumentationszentren aufbewahrt wurden, waren oft nicht leicht zugänglich.

Mir war es wichtig, der OSE ihr Gedächtnis zurückzugeben, die Erinnerung an ihre härteste, schwärzeste, aber auch kämpferischste Zeit. Ich erinnerte mich noch gut an meinen Vater, der Anfang des Krieges am Aufbau des Centre de documentation juive contemporaine mitarbeitete, das sich um die Bewahrung der Archive für die kommenden Generationen kümmerte. Ich hatte ihn vorwurfsvoll gefragt: »Wie kannst du an alte Papiere denken, während wir Tag für Tag unser Leben aufs Spiel setzen?« Nun verstand ich ihn.

Die 1983 für den 50. Jahrestag des Bestehens der OSE-Frankreich begonnene Rekonstruktion der Archive ließ sich erst wirklich nach meiner Pensionierung 1985 durchführen, weil ich mich dieser Aufgabe nun erst vollständig widmen konnte.[1] Aber schon 1980 hatten mehrere Mitglieder der OSE auf unsere Bitte hin Berichte über ihre Arbeit während des Krieges niedergeschrieben.[2]

Seit Anfang der neunziger Jahre kam es dann zu zahlreichen Treffen in Frankreich, Belgien, Israel, den Vereinigten Staaten ..., die eine neuerliche Verbindung zu den einstmals versteckten Kindern herstellten.

Im Dezember 1993 schließlich fand anläßlich der 80. Wiederkehr der Gründung der Union-OSE unter Vorsitz von Simone Veil in der großen Aula der Sorbonne ein Kolloquium über »Gedächtnis und Zukunft« statt. Ich hatte über die Tätigkeit der OSE während des Krieges zu sprechen, aber es ging mir vor allem darum, persönlich Zeugnis abzulegen und

1 Die Archive befinden sich bei der AIU in Paris und stehen Forschern und Historikern zur Verfügung.

2 *Mes vingt ans à l'OSE*, von Germaine Masour, 1983. Ein autobiographischer Versuch von Joseph Weill, *Déja*, 1988. Mehrere Berichte von Jacques Salon über seine junge Frau Nicole Weill, die 1944 deportiert wurde, und ihre Tätigkeit in der italienisch besetzten Zone. Berichte von Ruth Lambert, Madeleine Dreyfus, Fanny Loinger, die im Dezember 1993 in *Notre mémoire* zusammengefaßt wurden. All diese maschinenschriftlichen Berichte befinden sich in der AIU.

meine Rolle in diesem Geschehen so darzustellen, wie sie gewesen ist. Ich war ein Glied in einer Kette. Ich mußte Zeugnis ablegen, um diese großartige Kette der Solidarität wieder lebendig werden zu lassen und ihre Geschichte, unsere Geschichte, festzuhalten.

War nun nicht auch die Zeit gekommen, einen Schritt weiter zu gehen und zu schreiben? Wer sonst hätte diese Geschichte als unmittelbarer Zeuge aufschreiben sollen?

Da stehe ich nun vor ungeordneten Erinnerungen, die ich lange Zeit verdrängt habe, blättere in zahllosen Texten, die wie durch ein Wunder erhalten geblieben sind, trotz der verflossenen Zeit, der Umzüge, des Vergessens ... In alten Schuhkartons stoße ich auf durcheinandergewürfelte Fotos, auf Ausweise, auf Briefe, geschrieben in Französisch und Englisch, aber auch in Russisch und Jiddisch ... nach und nach wird ein roter Faden erkennbar, ich suche mir chronologische Anhaltspunkte, und als wickelte ich ein Wollknäuel ab, beginne ich zu schreiben.

Immer wieder stoße ich auf dunkle Flecken in meiner Erinnerung. Wo war ich am 3. Oktober 1940, als das Judenstatut bekanntgegeben wurde? Wußte ich damals, was sich da anbahnte? In solchen Augenblicken, die mich mit meinem Vergessen konfrontieren, kann ich nicht weiterschreiben; ich verbringe Stunden damit, meine Papiere zu ordnen, in Büchern nachzulesen, einen Weg zu finden. Bis dann Briefe, Ausweise, Behördenstempel es mir erlauben, durch Vergleich und wie von außen Erinnerungen zu rekonstruieren, die mir entfallen sind, obwohl alles dafür spricht, daß es doch meine eigenen Erinnerungen sind. So finde ich unter einem Stapel alter Fotos ein von der Direktorin von Annel unterzeichnetes und mit »Orléans, 12. Oktober 1940« datiertes Schreiben, in dem sie für mich um die Genehmigung bittet, meine Eltern in der freien Zone besuchen zu dürfen. Daraus ersehe ich, daß die Fahrt von Orléans in der besetzten Zone nach Vichy ging. Aber wo habe ich dank dieses »Ausweises« damals die Demarkationslinie überschritten? Ich kann mich nicht daran erinnern.

Mit einiger Verblüffung erfahre ich, daß sich in Professor Meyersons Papieren, die nach seinem Tod 1983 in die Archives nationales kamen, zwei Texte von mir aus dem Oktober 1940 und ein Dutzend Briefe aus derselben Zeit befinden. Sie stammen von mir, da kann es keinen Zweifel geben; ich erkenne den Anschlag meiner alten Schreibmaschine ... Und so werde ich mit der Gewißheit konfrontiert, daß ich nicht nur über Paris gefahren bin, sondern auch mehrere Texte geschrieben habe, die sich hauptsächlich mit dem Judenstatut befaßten.

Das Vergessen überrascht mich; es scheint, als wäre dies der einzige Weg gewesen, in dieser dunklen Zeit durchzuhalten. 1992 bin ich in Aix-en-Provence zu einem Gespräch eingeladen, in dessen Verlauf vor Schülern der dritten Klasse aus dieser Region auch zwei kurze Filme gezeigt werden; der eine wurde von Schülern während eines Besuchs in Auschwitz gedreht, der andere ist ein Dokumentarbericht von *Envoyé spécial* über die Skinheads. Zwei Frauen, die im Januar 1943 im Alter von vierzehn Jahren in Marseille verhaftet wurden, berichten über ihre Deportation in das Konzentrationslager Auschwitz, über die Trennung von ihrer Mutter und ihren Schwestern, die gleich bei der Ankunft vergast wurden, und über ihre Heimkehr nach Frankreich 1945. Im Saal herrscht Stille, eine lastende Stille. Ich bin da, ich höre zu, aber keinen Augenblick denke ich daran, daß ich zum Zeitpunkt ihrer Verhaftung ebenfalls in Marseille war.

In einer Nebenbemerkung erwähnt der Gesprächsleiter meine Tätigkeit in Rivesaltes. Eine der beiden Frauen wendet sich an mich und fragt leise, ob ich die OSE kenne. Ich antworte ihr, daß mein Mann zu dieser Zeit Leiter der OSE in Marseille gewesen ist. Da ergreift sie das Wort und ruft: »Ich habe gerade erfahren, daß der Ehemann von Madame Samuel Leiter der OSE in Marseille war. Ich möchte sagen, daß ich drei kleine Brüder hatte, die von der OSE vor der Deportation gerettet worden sind. Als ich zurückkam, habe ich sie wiedergefunden, die OSE hatte sie aufgenommen und sich um sie gekümmert.« Im Saal herrschte bewegte Stille

Die Rettung der Kinder scheint einen Augenblick lang den Schrecken der Deportationen auszugleichen.

Aber ich fühle mich unwohl, als ich nach Paris zurückfahre. Wie habe ich nur während des Gesprächs verschweigen können, daß ich selbst während der Razzien im Januar 1943 in Marseille war? Diese quälende Frage macht mir Angst. Ich bin äußerst deprimiert, ohne zu wissen, warum. »Ich fühle mich leer«, sage ich einer Freundin, »leer wie nach einer Geburt. Aber«, füge ich mit dieser Stimme hinzu, die aus den Tiefen des Unterbewußten kommt, »aber damals im Januar 1943 in Marseille bin ich schwanger geworden.« Und plötzlich verstehe ich. Ich hatte das alles nicht wissen, das alles auf Distanz halten wollen, die Angst, die Wut, die Scham, um diese schrecklichen Ereignisse überstehen, um weiterleben und Kinder haben zu können. Erst jetzt drängen diese vergrabenen Gefühle wieder an die Oberfläche.

Schon 1989, bei den Dreharbeiten zu dem Film von Bernard Mangiante, *Les Camps du silence*, in Rivesaltes, wohin ich damals zum erstenmal zurückkehrte, hatte ich, statt wie vorgesehen über die Rolle des Comité de Nîmes in den Lagern zu sprechen, spontan und fast gegen meinen Willen hervorgestoßen: »Ich schämte mich für das, was Menschen Menschen antun konnten.« Die Worte sprudelten ganz von selbst hervor.

Manchmal weckte so die Gegenwart ganz unerwartet die Vergangenheit auf. 1973 zum Beispiel, als meine Enkelin Barbara, Jean-Pierres Tochter, mit ihren Großeltern mütterlicherseits schon aus unserem Haus auf dem Land abgereist war, bevor ich dort ankam, so daß ich sie nicht mehr antraf, ergriff mich eine schreckliche Angst, die mehrere Stunden anhielt, bis mir plötzlich klar wurde, daß es sich um einen Reflex all jener Ängste handelte, die zu empfinden ich mir nicht erlaubt hatte, wenn ich 1943 und 1944 nach Hause zurückkam, weil ich mir gar nicht vorzustellen wagte, was Françoise hätte zustoßen können, die gerade erst ein paar Monate alt war ...

War es dieselbe Angst, die sich auch bei Françoise gezeigt

hatte, als sie sechs Jahre alt war? Sie war zur Erholung in ein Kinderheim in die Berge gefahren; dort hatte sie viel geweint und sich so standhaft geweigert zu sprechen, daß Julien beschloß, sie zurückzuholen. Doch als er nach einem gemeinsam verbrachten Tag mit ihr abfahren wollte, hatte sie es sich anders überlegt. »Jetzt weiß ich, daß ihr meine Adresse kennt«, hatte sie gesagt. Auch ihre Tochter Judith kannte diese Angst, verlassen zu werden.

Auf dieser Suche nach der Vergangenheit, bei der ich auf dunkle Zonen oder unerwartete Erinnerungen stoße, wird mir klar, welches Gewicht die Weitergabe lange zurückgedrängter Gefühle und Empfindungen besitzt. Ist es nicht am Ende dieser Arbeit Zeit, einen Schlußstrich zu ziehen?

Für mich ist es heute nicht mehr die Zeit, sich allein mit der Vergangenheit zu befassen. An unscheinbaren Zeichen habe ich erkannt, daß die Zeit der Versöhnung gekommen ist. Als ich der jungen deutschen Koproduzentin des Films von Bernard Mangiante begegnete, empfand ich ihr ernstes Schweigen als ein Wort des Friedens. Und vielleicht besteht für uns alle nun die schwierigste Arbeit nicht darin, Vichy nochmals den Prozeß zu machen oder unermüdlich das schreckliche Schicksal zahlloser Menschen ins Gedächtnis zu rufen, sondern das so schwierige – und für die Zukunft so entscheidende – Problem der Gleichgültigkeit zu begreifen. Seit dem Kriegsende hätte ich mir gewünscht, daß man jenen das Wort gebe, die ohne jede Reaktion blieben, während Zehntausende von Menschen und vor allem auch von Kindern unaussprechlichen Prüfungen entgegengingen. Daß man ihnen das Wort gebe, nicht um sie zu bestrafen, sondern um sie zu verstehen. Und nicht zu verstehen, um ihnen die Absolution zu erteilen, sondern damit jeder für sich und in sich selbst die Zonen todbringender Gleichgültigkeit aufspüren kann.

Primo Levi hat geschrieben: »Vielleicht läßt sich das Geschehen nicht verstehen und soll auch gar nicht verstanden werden, wenn verstehen fast schon rechtfertigen hieße.« Aber wir dürfen nicht länger glauben, daß eine empfangene Wunde sich nur durch eine zugefügte Wunde schließen könnte. Ich habe mich entschlossen, einen Schlußstrich zu ziehen, nicht um zu vergessen, sondern um die Lehren aus der Vergangenheit zu ziehen und gegen die Übel von heute anzukämpfen, die immer noch dieselben sind wie die von gestern und mit Ausschluß, Zurückweisung und Intoleranz zu tun haben.

Dieses Buch hat für mich heute die Bedeutung eines Vermächtnisses. Ja, darum geht es: um ein Erbe, das weitergegeben, eine Geschichte, die weitervermittelt werden muß. Ich mußte es schreiben, um die Akteure wiedererstehen zu lassen, um Zeugnis abzulegen von dem notwendigen Widerstand inmitten der Dunkelheit, um den – zu jeder Zeit, an jedem Ort gültigen – Vorrang des Lebens über den Tod zu bezeugen.

Dieses Buch widme ich meinen sechs Enkelkindern, Judith, Barbara, Maïa, Elie, Vincent und Laurent.

# Wege der Kinder

Unmittelbar nach dem Krieg schrieb ich auf Bitten der OSE Berichte von Kindern nieder. Aus der 1947 entstandenen Sammlung *Comme des brebis* habe ich eine kleine Auswahl getroffen, die mir ein möglichst gutes Bild von der Verschiedenartigkeit ihrer Wege zu vermitteln scheint. Einige dieser Berichte sind erst später geschrieben worden: der von Paul Niederman in den achtziger Jahren, der von Claude Bégué-Morhange in den neunziger Jahren und der von Ehud Loeb 1993.

## Gerda Einbinder – ein Kind aus Deutschland

Gerda Einbinder wurde 1927 als Kind einer bürgerlichen deutschen Familie in Breslau geboren. Ihre Mutter stammte aus Preußen, ihr in Frankfurt geborener Vater hatte ein Kleidergeschäft. Als ich sie nach ihren Eltern frage, verkrampft sich ihr Gesicht. Sie war ein glückliches Kind, sagt sie mir, stolz, unbezähmbar, ständig in Bewegung; sie log niemals, zahlte alles sofort in gleicher Münze heim. Als die Sechsjährige einmal mit ihrem Roller versehentlich gegen einen Passanten stieß, bekam sie eine Ohrfeige. Sogleich zahlte sie es ihm mit ihren kleinen Fäusten heim. Niemand hat ihr jemals in der Öffentlichkeit Tränen entlockt, außer an jenem 10. November 1938, und während sie mir davon erzählt, verhärtet sich ihr Blick.

Man muß wissen, daß Herschel Grynzpan, ein junger Jude polnischer Herkunft, in Paris den deutschen Diplomaten Ernst von Rath tötete. Am nächsten Tag ergreift man im ganzen Deutschen Reich antisemitische Maßnahmen von einer bis dahin unbekannten Schärfe. Jüdische Wohnungen, jüdische Geschäfte und Synagogen werden geplündert und in Brand gesteckt. Die Geschichte wird später zeigen, daß diese angeblich spontane Reaktion des deutschen Volkes [1] von langer Hand vorbereitet worden ist und daß die Ermordung von Raths nur als Vorwand herhalten muß. Polizei und SS haben den Befehl erhalten, sich überall an den Juden und ihrem Eigentum zu vergreifen.

Gerda erzählt mir:

»Ich schlief in meinem kleinen Zimmer, als plötzlich mitten in der Nacht das Telefon schellte und mich aufweckte. Ich hatte schreckliche Angst.«

Es ist der Onkel väterlicherseits, der direkt über dem Geschäft wohnt und seinem Bruder mitteilt, daß eine Horde Hitlerjungen und SS dabei ist, alles zu verwüsten und zu plündern. Einige Minuten später trifft er ein; es ist ihm gelungen, sich zu retten. Man versteckt ihn, und Gerda geht zitternd wieder ins Bett. Dann plötzlich der Lärm von Stiefeln, Faustschläge an die Tür, wildes Gebrüll – auf der Suche nach dem Onkel bricht die Meute in ihre Wohnung ein. Gerda flüchtet sich entsetzt in die Arme ihrer Mutter: »Sie haben vor unseren Augen alles zertrümmert; sie haben die Bücher zerrissen, sie haben Flaschen an den Möbeln zerschlagen.« Die Mutter flüstert ihr immer wieder ins Ohr: »Du weißt von nichts.« Und das Kind zittert: »Sie werden sehen, daß ich rot werde; sie werden wissen, daß ich rot werde, und Papa mitnehmen.« Als nichts mehr zum Zerschlagen übrig ist, gehen sie und nehmen den Vater mit und den Onkel, den sie am Ende doch gefunden haben.

Das Leben geht weiter, die Familie wartet auf Nachricht vom Vater. Gerda kann nicht mehr in die Schule gehen. Die Nachbarn ziehen sich aus Angst, sich zu kompromittieren, zurück. Hitlerjungen werfen mit Steinen nach ihr. »Aber ich hatte kräftige Fäuste.« Es folgen endlose Eingaben, um zu erfahren, wo der Vater sich befindet. Die kranke Mutter wird ohnmächtig, als sie erfährt, daß ihr Mann in einem

1 Es handelt sich um die sogenannte »Kristallnacht«.

Konzentrationslager ist. Das Geschäft, in dem nichts mehr zu verkaufen ist, muß aufgelöst werden. Alles ist geplündert worden, Tische und Schränke hat man mit Äxten zertrümmert.

Nach drei Monaten mit Ersuchen und Eingaben kehrt der Vater eines Abends zurück. Er tritt ein, setzt sich, ohne ein Wort zu sagen, und beginnt zu weinen. Er ist abgemagert, gebeugt, schmutzig, gebrochen; was er erlebt hat, weckt nicht seinen Widerstandsgeist, sondern drückt ihn nieder. Entsetzt erfährt das Kind von den Schikanen, den Demütigungen, den endlosen Appellen im Regen, dem Fehlen von Solidarität unter den Gefangenen ...

Die Familie will das Land verlassen, unternimmt mühsame Versuche, in die Vereinigten Staaten zu gelangen, wohin 1936 bereits Verwandte ausgewandert sind. Die Chance einer früheren Ausreise bietet sich für Gerda. Das jüdische Internat, in dem sie einige Monate verbracht hatte, ist ebenfalls in der Nacht zum 10. November verwüstet worden, die Schülerinnen trieb man im Nachthemd über die Felder. Und nun hat die ganze Einrichtung ein Gemeinschaftsvisum für Frankreich erhalten. Gerdas Eltern zögern keinen Augenblick: Das Kind soll mitfahren und in Frankreich warten, bis die Familie nachkommt und alle zusammen in die Vereinigten Staaten fahren können.

Im März 1939 reist die Gruppe ab. Die Kinder werden in Paris von der Baronin Rothschild empfangen. Im Zug haben sie ihre ersten französischen Worte gelernt: »Merci madame.« Diese Episode bleibt Gerda im Gedächtnis als ein märchenhafter Augenblick: »Ich dachte damals, eine Baronin ist eine Fee.«

Die Kinder verbringen zunächst drei Tage im Krankenhaus, wo ihr Gesundheitszustand überprüft wird. Gerda ist unglücklich. Sie leidet unter der Abwesenheit ihrer Eltern. Die neuen Gesichter, die unbekannte Sprache stoßen sie ab. Die unerläßliche Disziplin ist schwer zu ertragen: »Wir mußten den Teller immer ganz leer essen, und das war nicht gut. Ich war es nicht gewöhnt, Suppe zu essen, und nachts mußte ich in einem großen Krankenhausbett schlafen, wo ich doch an mein kleines gemütliches Zimmer gleich bei meinen Eltern gewöhnt war.«

Am 24. März 1939 fährt ein Teil der Kinder nach Maubuisson im Departement Seine-et-Oise. Dort stoßen sie auf eine andere Gruppe, die ein paar Tage zuvor aus Wien eingetroffen ist. Es bilden sich zwei Klans. Die Kinder vergessen, daß ihrer aller Exil dieselbe Ursache hat. Die Berlinerinnen verachten die allzu herausgeputzten Wienerinnen und machen sich über ihren Akzent lustig. Doch nach und nach sorgt die sprachliche Gemeinschaft in diesem fremden Land für Zusammenhalt, und am 24. April verläßt eine vollkommen homogene Gruppe Maubuisson; ein Teil geht nach La Guette[2], ein anderer, die Kinder aus streng religiösen Familien, nach Montmorency. »La Guette war das Paradies.« Ein schönes, sonniges Schloß, und vor dem Portal heißt eine Gruppe ganz in Blau gekleideter Kinder aus der Pfalz sie willkommen ... Gerda erlebt eine glückliche Zeit im Schoß dieser Gemeinschaft aus 132 deutschen Kindern, die nun in einem freien Land wieder zu leben lernen. Bei allen verblassen langsam die bedrückenden Erinnerungen an die schlimmen Tage im November.

Dann bricht der Krieg aus. Gerda wird versteckt, und bis 1946 weiß sie nicht, was aus ihren Eltern geworden ist. Erst dann erfährt sie, daß es ihren Eltern gelungen ist, den Alptraum zu überleben und nach Ecuador auszuwandern, wohin sie ihnen bald folgen wird.

## Paul Niederman – Rivesaltes »verlassen«

Paul Niederman, der am 1. November 1927 in Karlsruhe geboren ist, wird im Oktober 1940 zusammen mit seinen Eltern, seinen Großeltern und seinem jüngeren Bruder in Gurs inter-

2 Siehe im Kapitel »Rivesaltes: Hinter dem Stacheldraht«. Die Kinder von La Guette werden später unter Leitung ihrer Direktorin Flore Loinger in die Südzone gebracht und verteilt.

niert.[3] Fast fünfzig Jahre später berichtet Paul in einem Text, den er mir anvertraut, von seiner Ankunft und seinem Leben in Rivesaltes:

»Wir kamen ohne meine Großeltern im Lager Rivesaltes an. Man hatte uns bei der Abfahrt in Gurs getrennt und meine Großeltern in ein anderes Lager bei Noé in der Haute-Garonne gebracht. Mein Großvater ist dort gestorben. Das erfuhr ich aber erst nach dem Krieg. Meine Großmutter hat wie durch ein Wunder alles überlebt. Sie litt an Diabetes, und da sie während des Krieges nichts zu essen hatte, besserte sich ihr Diabetes ganz beträchtlich ...

Als wir in Rivesaltes ankamen, wurden wir in die Baracken gebracht, die Frauen auf die eine Seite, die Männer auf die andere. Ich konnte meine Mutter ziemlich oft sehen, weil ich mich innerhalb des Lagers frei bewegen durfte.

Das erste, woran ich mich erinnere, ist eine dichte rote Wolke, die von der Decke herabfiel, als wir eine der Baracken betraten. Es waren Flöhe. Das hatte ich noch nie gesehen. Es war absolut unwahrscheinlich und scheußlich. Auch Läuse gab es und Wanzen, aber die Flöhe sind fürchterlich, die stürzen sich auf einen ... Ich würde sagen, das Jahr, das ich in Rivesaltes verbrachte, habe ich mit der Jagd auf Flöhe und Läuse verbracht. Ich sehe mich noch, wie ich im Sommer am Spätnachmittag, wenn es nicht mehr so heiß war, mit meinem Vater draußen an die Baracke gelehnt im Schatten hockte und sämtliche Flöhe und Läuse zerquetschte, deren ich habhaft werden konnte. Natürlich gab es keine Insektenvertilgungsmittel, wir mußten sie einzeln jagen. Das war langwierig. Und des Nachts holte man sich neue, es nahm kein Ende. Wir wurden Experten für die Flohsuche, wir wußten genau, an welchen Stellen in den Kleidern sie sich versteckten ...

Die Hygiene war generell ein großes Problem. Wenigstens waren die Latrinen nicht ganz ungeschützt wie in Gurs. Sie hatten dieselbe Bretterkonstruktion wie in Gurs, boten aber

3 Er gehört zu den aus Baden und der Pfalz vertriebenen Juden, siehe im Abschnitt »Die OSE und ihre Geschichte« im Kapitel »Das Engagement einer Zwanzigjährigen«.

ein wenig mehr Initimität. Es gab auch weniger Epidemien. Aber wenn jemand krank wurde, mußte er vor allem sehen, daß er nicht ins Krankenrevier kam, weil er sich dort sämtliche Krankheiten einfing, die gerade im Umlauf waren. Ich glaube schon, daß es dort Pfleger und Ärzte gab, aber ich habe nie einen gesehen. Mein kleiner Bruder holte sich Mumps. Meine Mutter wußte sofort, was es war, weil er starkes Fieber hatte. Er war ganz aufgedunsen ..., aber er durfte auf keinen Fall ins Krankenrevier; beim Morgenappell hat sie meinen Bruder versteckt, und ich habe seine Stelle eingenommen. Dann bin ich schnell zu meinem Vater zurück. Mein Bruder blieb den ganzen Tag bei meiner Mutter. Schließlich ist er von allein wieder gesund geworden.

In Rivesaltes versuchten einige zu flüchten, aber alle wurden am Bahnhof von Perpignan wieder aufgegriffen, denn das war die einzige Möglichkeit fortzukommen.

In Gurs regnete es fürchterlich viel, in Rivesaltes war der Tramontane am unangenehmsten. Rivesaltes ist eine Ebene am Fuß der Pyrenäen. In Rivesaltes war es immer windig, wie es in Gurs immer geregnet hatte. Wir hatten unsere kleinen Öfchen aus Konservendosen mitgebracht, und es war wahrhaftig nicht leicht, sie bei diesem Wind zu benutzen. Außerdem war in Rivesaltes Brennholz noch schwerer zu finden. Wir waren gezwungen, unsere Kojen zu Kleinholz zu machen und sie zu verfeuern. In den Baracken konnte man kein Feuer machen, aber dort half die menschliche Körperwärme ...

Ich besaß keine Vorstellung von der Größe des Lagers. Ich wechselte immer nur zwischen der Baracke meines Vaters und der meiner Mutter und meines Bruders in der Nähe der Küche. Dort stöberten wir in den Mülltonnen. Ich bin sicher, daß viel Gutes und Eßbares ins Lager kam (soweit das in Kriegszeiten möglich war). Aber zuerst bediente sich die Lagerleitung, dann kamen die Wärter und dann die Ratten. Für die Internierten blieb da nicht viel übrig. Es gab ständig Topinambur, weiße Rüben ..., Dinge, die ich heute absolut nicht mehr ertragen kann. Als es Tomaten gab, aß ich morgens, mittags, abends gekochte Tomaten – bis zum Erbrechen. Weil das Lager eine Fuhre gekauft hatte, die nun wegmußte. Danach habe ich auf dieselbe Weise einen ganzen Monat lang Kürbis gegessen. Aber am längsten hielten die Artischocken. Aus Gründen, die ich nicht kenne, wurden Artischocken angeliefert (ich hatte noch nie zuvor welche gesehen), und man machte aus allem, was davon übrigblieb, Suppe: aus den Blättern, den Stengeln, den Blattstielen, den Strünken ... Deshalb können mein Bruder und ich auch heute, nach mehr als vierzig Jahren, den Geruch von Artischocken nicht mehr ertragen ... Fleisch habe ich dort nie gegessen, ich glaube nicht, daß es welches gab, oder allenfalls in der Suppe zerkocht. Ich jedenfalls träumte von Kartoffeln und Nudeln, ich träumte des Nachts davon.

Zusammen mit meinem Bruder stöberte ich also in den Mülltonnen und versuchte, etwas Eßbares zu finden. Die ganze Zeit verbrachten wir damit, nach Flöhen zu suchen und dann nach Nahrung. Wir waren bis aufs Skelett abgemagert (ich war 1,60 Meter groß und wog 35 Kilo).

Manchmal teilte man uns ein wenig Brot zu, winzige Rationen, die nicht einmal für ein ›Butterbrot‹ reichten. Weil ich die Freude an diesem Stück Brot möglichst lang ausdehnen wollte, habe ich mir einmal die Hand verletzt. Ich wollte das Stück in möglichst dünne Schnitten schneiden, um länger daran essen zu können. Eines Tages schnitt ich mir dabei, ohne es zu merken, in den Handballen, und es gab nichts zum Verbinden. Davon habe ich eine große Narbe zurückbehalten. Man hat mir ein Taschentuch um die Hand gebunden, und wir hofften, daß die Wunde sich nicht entzündete. Mehr konnten wir nicht tun. Anfangs störte mich das Taschentuch, weil ich es beständig festhalten mußte, aber die Wunde ist schließlich gut verheilt.

Es gab Strenggläubige im Lager, die jeden Tag ihre Gebete verrichteten. Und an Festtagen gab es Feiern, die etwas besser organisiert waren und durch die Anwesenheit jüdischer Hilfsorganisationen wie der OSE möglich gemacht wurden, von denen ich damals nicht sonderlich viel wußte. Aber mein

Vater hatte schon seit langem auf die Ausübung seiner Religion verzichtet. Wir konnten uns nicht erklären, warum uns solche Ungerechtigkeit traf.

Niemand wußte, welches Schicksal uns bevorstand. Wir hatten keinerlei Information, wir wußten nichts. Es gab da Mitarbeiterinnen der OSE, die, wie ich glaube, als Sozialarbeiterinnen getarnt, so etwas wie Schulunterricht zu organisieren versuchten. Um uns die Anfangsgründe der französischen Sprache beizubringen, vielleicht zur Vorbereitung auf eine eventuelle Flucht.[4]

Im Frühjahr 1942, ein Jahr nach meiner Ankunft, traten die ›Sozialarbeiterinnen‹ an meine Eltern heran und schlugen ihnen vor, ihre Kinder aus dem Lager herauszuholen. Wir waren in der freien Zone, in Rivesaltes (wir wußten nicht, daß diese Zone ein halbes Jahr später besetzt werden würde), und trotzdem trat man an unsere Eltern heran und bat sie um ihre Einwilligung, uns herauszuholen. Es muß sehr schmerzlich für sie gewesen sein, aber sie taten das Richtige, denn ich bin heute noch da. Sie haben sicher gedacht, daß so wenigstens zwei von uns gerettet würden. Wir hatten nichts mehr von unseren Großeltern gehört, und unsere einzige sonstige Familienangehörige, eine entfernte Kusine, Martha, war ebenfalls verschwunden. Wir waren also nur noch vier. Meine Eltern willigten ein, uns gehen zu lassen. Eines Tages im März oder April 1942 bin ich mit meinem Bruder und sechs oder sieben anderen Kindern, die ich nicht kannte, losgefahren. Wir verließen das Lager durch die umliegenden Weinberge. Wir wußten damals nur eines: daß wir unsere Eltern verließen. Die Trennung war hart, alle haben geweint, und unsere Eltern erklärten uns, daß es besser sei, wenn wir weggingen, sie würden dann später für sich selbst sorgen. Vor unserer Abfahrt ließen sie uns die Adresse unserer Familienangehörigen in den Vereinigten Staaten auswendig lernen. Ein Onkel und eine Tante. Es war keine Rede davon, irgend etwas mitzuneh-

4 So nahmen viele Kinder uns wahr – und dachten dabei an Flucht –, während die Entlassung von Kindern unter fünfzehn Jahren zu dieser Zeit (vor Juni 1942) legal und mit Zustimmung der Eltern erfolgte.

men (außerdem hatten wir nichts), wir mußten sie also auswendig lernen.

Im Morgengrauen brachen wir auf. Eine Betreuerin kam uns vor dem Appell holen. Ich nehme an, sie mußten die Wärter bestechen[5], die Milizionäre, diese Typen, die immer mit ihren Gewehren, Baskenmützen und Armbinden herumliefen. Ich habe keine einzige Uniform auf unserem Weg gesehen. Ich bin mir sicher, daß sie einige bestochen haben müssen, denn ich habe gesehen, daß die Burschen in den Weinbergen draußen vor dem Lager uns den Rücken zukehrten, als hätten sie uns nicht gesehen. Wir schlüpften unter dem Stacheldraht durch. Dort war es nicht wie in Gurs, es war leichter, aus dem Lager herauszukommen. Aber alle, die es versucht haben, sind dann später wieder aufgegriffen worden, in der Stadt oder am Bahnhof.

Als wir auf dem Feldweg ankamen, sahen wir einen holzgasbetriebenen Kleinlastwagen (es gab nur solche). Ich erinnere mich noch genau daran, denn so etwas hatte ich damals noch nie gesehen. Da war ein Fahrer, den ich nicht kannte, und Madame Zlatin[6], die ein Kopftuch und einen marineblauen Umhang trug (obligatorisch für eine Helferin des Roten Kreuzes, als die sie offiziell galt). Wir stiegen in den Lastwagen, aber an die Fahrt habe ich keinerlei Erinnerung mehr. Alles war verschlossen, wir durften nicht hinaussehen, sondern mußten uns versteckt halten. Ich kann nicht sagen, welchen Weg wir genommen haben, aber schließlich kamen wir in Palavas-les-Flots an. Ich weiß nicht, wie sie es anstellten, daß wir auf der ganzen Strecke nicht angehalten wurden.

Wir kamen also dort an, in der Nähe von Montpellier, an der Küste, in einem Haus, das Solarium marin genannt wurde, einer ehemaligen Pension offenbar, und wurden von

5 Das war nicht der Fall, und die Wachleute im Lager waren auch nicht bewaffnet. Offenbar überlagern sich hier Erinnerungen aus verschiedenen Zeiten.

6 Ich bin Madame Zlatin oft auf dem Bahnhof von Montpellier begegnet. Sie nahm die Kinder in Empfang und brachte sie nach Palavas-les-Flots. Sie leitete später mit ihrem Mann das Heim in Izieu, dessen Kinder von Barbie verhaftet und deportiert wurden.

einer dicken italienischen Dame empfangen, die Mamanita hieß. Sie kochte und organisierte alles. Es war ein Heim der OSE, in das Kinder von überall her zusammengeholt worden waren. Manche kamen aus Rivesaltes, andere waren gerade erst aus Belgien geflohen. Ihre Eltern waren interniert worden oder verschwunden.«

Von Palavas kam Paul Niederman in das Kinderheim von Izieu, das er wie durch ein Wunder wenige Wochen vor der Razzia im April 1944 verließ. Die OSE brachte ihn zusammen mit anderen Jungen, die älter als vierzehn Jahre alt waren, im März 1944 in die Schweiz. Seinen kleinen Bruder hatte man mit einer Gruppe von Kindern in die Vereinigten Staaten bringen können.

## Martin Oppenheimer – die Odyssee eines Unbezähmbaren

Die Geschichte Martin Oppenheimers ist die eines schmerzvollen Weges, der dennoch von Mut und Widerstandsgeist geprägt ist. Martin wurde 1924 in Deutschland geboren. Als ich ihm 1946 begegne, ist er zweiundzwanzig Jahre alt. Er ist sehr groß, aber sein allzu rasches Wachstum scheint auf Kosten seines Allgemeinzustands gegangen zu sein. Er hat schöne schwarze, ein wenig träumerische Augen.

Martin ist erst neun Jahre alt, als bei Hitlers Machtergreifung SS-Horden in das Anwesen seiner Eltern eindringen und alles verwüsten. Wenn Kinder in der Schule sich einmal freundschaftlich ihm gegenüber verhalten, schreitet der Lehrer ein: »Schämt ihr euch nicht, mit diesem Juden zu spielen?« Er beginnt schon sehr bald, sich zu wehren und zurückzuschlagen. Vor Keilereien hat er keine Angst.

Auch das Familienleben ist schwierig. Einer seiner Brüder ist 1931 gestorben. Seine älteste Schwester wird 1933 nach Frankreich, dann nach Holland geschickt. Nach einer erzwungenen Rückkehr nach Deutschland kann sie endlich

1937 in die Vereinigten Staaten auswandern, wohin ihr die zweite Schwester ein Jahr später folgt. Martins Vater, ein praktizierender Jude, muß mit ansehen, wie sein Haus 1935 zugunsten eines seiner Hausangestellten eingezogen wird. Die Familie zieht nach Frankfurt, wo sie in angespannter familiärer Atmosphäre lebt.

Martin geht bei einem jüdischen Tischler in die Lehre, wo er sich auf die Herstellung von Koffern mit doppeltem Boden spezialisiert, wie sie zahlreiche Emigranten benutzen, die das Land verlassen wollen. Im August 1938 stirbt Martins Vater, und Martin muß für den Lebensunterhalt der Familie sorgen. Um diese Zeit wird er Besitzer der Tischlerei; sein Meister überläßt sie ihm, als er in die Vereinigten Staaten auswandert. Doch Martin wird verhaftet und nach Buchenwald gebracht. Er ist nun vierzehn Jahre alt.

»Das war eine schreckliche Erfahrung. Vor der Arbeit hatte ich keine Angst. Ich war geschickt und kannte mich aus. Aber das bißchen Nahrung, das man uns gab, die endlosen Appelle in Wind, Regen und Kälte und die Sorgen um meine Mutter machten mich Tag für Tag kränker. Ich war der Jüngste unter meinen Leidensgenossen, aber keiner konnte etwas für mich tun. Am schlimmsten waren die Mißhandlungen, die man uns völlig grundlos zufügte. Sechs Wochen lang hielt ich mich ganz gut, bis ich eines Tages beim Appell einem alten Mann (auch er außerhalb der festgesetzten Altersgrenzen) aufhelfen wollte, der unter den Schlägen zweier Wärter im Schnee zusammengebrochen war. Ich wurde für diesen menschlichen Reflex fürchterlich geschlagen. Die Gesichter und die Namen dieser Bluthunde haben mich noch lange in meinen schlaflosen Nächten verfolgt.

Ich beschloß zu flüchten. Wenn ich gefaßt wurde, drohte mir die Todesstrafe, aber im Lager zu bleiben bedeutete auch den sicheren Tod. Ich entschloß mich, zusammen mit einem Kameraden mein Glück zu versuchen. An einer Stelle am Rand des Lagers versteckten wir eine lange Stange. Eines Abends schlossen wir uns einer Gruppe an, die zu den Latrinen geführt wurde, und versteckten uns. Gegen drei Uhr morgens, als die Aufmerksamkeit der Wachen erlahmte, gelang uns das Wunder, mit Hilfe unserer Stange über den mit Starkstrom geladenen Zaun zu springen, der das Lager umgab. Ich hatte in sechs Wochen dreizehn Kilo verloren. Ich war sehr schwach und hatte mir eine beidseitige Rippenfellentzündung geholt. Darum flüchtete ich zu meiner Mutter. Wegen meines Alters wurde ich nicht noch einmal verhaftet, sondern erhielt die Auflage, Deutschland innerhalb von vier Monaten zu verlassen. Zwei Monate lang arbeitete ich als Streckenarbeiter bei der Eisenbahn. Dann erhielt ich mein offizielles Visum für Frankreich, und mit gebrochenem Herzen mußte ich meine Mutter verlassen.«

Martin fährt allein nach Straßburg, wo er von Andrée Salomon empfangen wird, die für die Aide sociale israélite arbeitet. Vier Monate später bricht der Krieg aus. Straßburg wird evakuiert, und Martin sieht sich endgültig von seiner Mutter abgeschnitten. Mit einer Gruppe Kinder fährt er nach Clermont-Ferrand. Dort sucht er Arbeit (angesichts seiner Nationalität ein fast aussichtsloses Unterfangen) und findet im März 1940 eine Stelle als Knecht auf einem Bauernhof in Moissac im Departement Tarn-et-Garonne. Glücklich, seinen Lebensunterhalt selbst verdienen zu können und unabhängig zu sein, bleibt er dort bis Januar 1941.

Die Besetzung eines Teils von Frankreich und die ersten antijüdischen Maßnahmen wecken in ihm den Wunsch, wieder unter jungen Juden zu sein. Er schließt sich dem ersten landwirtschaftlichen Zentrum der EIF in Lautrec an, das von Castor[7] geleitet wird. Der Anfang ist hart. Martin ist der einzige Arbeitserfahrene unter diesen jungen Leuten, für die die »Rückkehr zur Scholle« eher Notwendigkeit als Berufung ist. Er steht um vier Uhr morgens auf und versorgt bis acht Uhr das Vieh. Bis elf Uhr arbeitet er in der Schreinerei, nachmittags kümmert er sich bis vier Uhr um die Verpflegung der Gruppe und arbeitet dann nochmals bis sieben Uhr in der Schreinerei. Unter dieser Belastung leidet seine Gesundheit

7 Robert Gamzon.

beträchtlich. Als das Rote Kreuz ihm Ende 1941 mitteilt, daß seine deportierte Mutter im Sterben liegt, erleidet er einen Nervenzusammenbruch mit anschließender vollständiger Amnesie, und man bringt ihn ins Krankenhaus Clairvivre in Straßburg, in die psychiatrische Abteilung von Dr. Pfersdorf. Wegen seiner wachsenden Unruhe wird er in die psychiatrische Anstalt in Vauclerc verlegt. Durch die Behandlung und die dort verbrachte Zeit bessert sich sein Zustand. Er bleibt noch eine Weile und arbeitet im Rahmen der Beschäftigungstherapie.

Durch Vermittlung von Andrée Salomon, die sein Schicksal auch weiterhin verfolgt, schließt er sich im Februar 1942 der Landjugend der EIF im Departement Rhône an. Alles geht gut, bis im Juli acht neue Jugendliche eintreffen, die gerade aus dem Lager Gurs befreit worden sind. Der Boden reicht nicht aus für alle siebenunddreißig Jugendlichen ... Martin ist mit der wenigen Arbeit, die man ihm zuweist, nicht zufrieden.

Im Oktober 1942 finden die ersten Razzien auf Ausländer in der freien Zone statt. Die Mitglieder der Gruppe verstreuen sich. Martin wird von Dr. Pfersdorf nochmals ins Krankenhaus eingewiesen. Er behält dennoch seinen echten Namen bei, weil er hofft, daß sein Antrag auf Auswanderung in die Vereinigten Staaten endlich Erfolg hat.

Im November 1942 besetzen die Deutschen die freie Zone, und Martins – sehr relative – Sicherheit ist bedroht. Im Februar 1943 versteckt er sich in einem Pflegeheim in Toulouse, aber das Nichtstun macht ihm sehr zu schaffen. Er spricht inszwischen fließend Französisch und wechselt seine Identität. Er wird Henri Martin und geht auf den von der Untergrundabteilung der Éclaireurs israélites de France verwalteten Hof im Departement Tarn-et-Garonne.

Die Razzien nehmen zu, die jungen Leute (auch die mit falschem Namen) müssen sich in die Umgebung zerstreuen. Aufgrund einer Denunziation wird der für diesen getarnten Hof zuständige Arzt im Oktober 1943 in seiner Wohnung verhaftet. Martin arbeitet bei einem Bauern. Tagsüber arbeitet er, nachts ist er mit dem Fahrrad unterwegs und hält die Verbindung zwischen den in der Umgebung versteckten Jugendlichen aufrecht. Das geht so bis zum 6. Juni 1944. Nach der Landung der Amerikaner in der Normandie beschließen die jungen Leute, sich einer Widerstandsgruppe anzuschließen, die gegen die in der Region stationierte SS-Kompanie »Der Führer« kämpft.

»Eines Abends im Juli erhält unsere kleine Gruppe den Befehl, ein Treibstofflager einzunehmen. Vier von meinen Kameraden und ich selbst melden sich sogleich freiwillig. Durch eine List gelingt es uns, die Wachsoldaten auszuschalten, bevor sie Alarm schlagen können. Die Boches – insgesamt dreißig – werden von unserer Gruppe gefangengenommen. Als wir die Gefangenen am Morgen in unser Lager bringen, erkenne ich zu meiner Überraschung unter ihnen die beiden Wächter aus dem KZ Buchenwald, die mich vor fünf Jahren so fürchterlich geschlagen hatten. Ich spreche sie mit ihren Namen an. Sie drehen sich um und sehen mich erstaunt, aber auch beunruhigt an. Sie fragen mich, woher ich sie kenne. Ich helfe ihrem Gedächtnis nach. Sie erbleichen und bitten mich um Gnade, zeigen mir Fotos von ihrer Familie. Ich denke an meine Mutter, die man nicht einmal in ihrem Bett hat sterben lassen. Mein Herz ist zu Stein geworden. Wie oft hatte ich davon geträumt, diese Bluthunde eines Tages vor meine Fäuste zu bekommen. Werde ich mir die Gelegenheit, mich zu rächen, entgehen lassen, die das Schicksal mir hier bietet? Ich berichte meinem Leutnant von dem seltsamen Wiedersehen und frage ihn um Rat. ›Wer von uns beiden hat mehr gelitten‹, fragt er, ›du oder ich? Du mußt wissen, was du tun willst.‹ Die beiden Männer wurden erschossen. Der Schrecken hatte ein Ende.«

Nach der Befreiung will Martin in die reguläre Armee eintreten. Er erhält eine Intensivausbildung in Castelsarrasin. Doch einige seiner Kameraden erinnern ihn auf brutale Weise daran, daß er Jude und Deutscher ist. Wieder sind Schlägereien an der Tagesordnung. Seine Kompanie unterstützt ihn, und er ist stolz darauf, aber auf die Dauer zehren die ständigen Angriffe an seinen Nerven. »Ich werde immer ein schmutziger Ausländer bleiben«, sagt er. Er setzt seine Ausbildung in Montauban fort, doch dann beschließt die Armee, ihn nicht aufzunehmen. Er wird entlassen.

Nach einem kurzen Zwischenaufenthalt bei der OSE, die ihn als Lebensmittelbeschaffer in einem Kinderheim einsetzt, geht er im Dezember 1945 als Schreiner zur SNCF. Dort bleibt er bis Oktober 1946. Zu dieser Zeit treffe ich mit ihm zusammen. Er wird danach Frankreich verlassen und in die Vereinigten Staaten gehen, wo seine beiden verheirateten Schwestern leben. »Aber ich werde dort nicht bleiben«, sagt er beim Abschied. »Ich möchte endlich ein eigenes Vaterland haben. Ich werde nach Palästina gehen, und ich hoffe, meine Schwestern gehen mit.«

Als ich 1983 wieder auf diesen Bericht stieß, wollte ich gerne wissen, was aus Martin geworden war, und machte mich auf die Suche nach ihm.

Auf einer Reise nach Israel traf ich Andrée Salomon, die, wie ich wußte, mit ihm in Verbindung gestanden hatte. Ich erfuhr, daß er in Israel einige Anpassungsschwierigkeiten gehabt, dort aber eine Frau gefunden hatte, »ein Kind des Holocaust«, wie er selbst es ausdrückte. Schließlich fand ich seine Spur in den Vereinigten Staaten wieder, aber er war bereits gestorben.

## Nicolas Rosenthal – die Weigerung, sich von den Eltern zu trennen

Nicolas Rosenthal wird sich als verantwortungsbewußter Sohn aus freien Stücken dazu entschließen, das Schicksal seines Vaters zu teilen.

Der Sohn eines deutschen Arztes aus Mannheim ist schon vor 1939 nach Frankreich gekommen. Anfang des Krieges ist er in der fünften Klasse des Gymnasiums von Montbéliard. Von seinen Eltern abgeschnitten, monatelang ohne Nachricht von ihnen und ohne Geld, beschließt er, eine Lehre in einer Hutfabrik in Paris zu beginnen, um möglichst schnell seinen Lebensunterhalt selbst zu verdienen.

Ende Oktober 1940 erfährt er von der Vertreibung seiner Eltern aus Mannheim, ihrer Ankunft im Lager Gurs, ihrer Verlegung nach Rivesaltes und schließlich von der Eingliederung seines Vaters in eine Kompanie ausländischer Arbeiter in der Nähe von Perpignan. Er ist tief unglücklich, weil er ihnen nicht helfen kann. Er setzt seine Lehre bis Juli 1942 fort und verläßt Paris, da er rechtzeitig vor den großen Razzien gewarnt worden ist.

Als junger Zeltwanderer verkleidet, überquert er die Demarkationslinie. Nun ist er in der freien Zone. Wohin soll er gehen? Drei Jahre ist es her, daß er seine Eltern verlassen hat. Nun beeilt er sich, sie wiederzusehen und ihnen in ihrem Unglück ein wenig Trost zu spenden. Er geht direkt in die Fremdarbeiterkompanie, in der sein Vater arbeitet.

Vater und Sohn schließen einander gerührt in die Arme. Wie sehr der Vater sich verändert hat! Dr. Rosenthal ist abgemagert, von den Sorgen zermürbt, seine Kleider sind zerlumpt, aber noch immer ist er voller Würde und Mut.

Die Razzien im August bringen die Arbeiter ins Lager Rivesaltes zurück. Nicolas wird zusammen mit den anderen aufgegriffen und findet seine Mutter im Deportationsblock wieder, am selben Tag, an dem ihr Transport abgehen soll. Dr. Rosenthal, der sich nun wieder als Arzt betätigt, begleitet den folgenden Transport, und der erst sechzehn Jahre alte Nicolas schließt sich ihm an.

Ein Jahr lang erdulden Vater und Sohn gemeinsam die schrecklichen Schikanen und die Zwangsarbeit, stützen sich wechselseitig und bewahren sich eine ungewöhnliche Moral. Dann wird Nicolas in ein anderes Lager verlegt; er wird seinen ausgezehrten, im Sterben liegenden Vater erst zwölf Monate später wiedersehen. Die Mutter ist gleich bei der Ankunft in Auschwitz vergast worden.

Der siegreiche Vormarsch der Russen rettet Nicolas vor dem sicheren Tod.

Er kehrt nach Frankreich zurück, unglücklich und gezeichnet von dem, was er erlebt hat. 1947 ist er einundzwanzig Jahre alt. Ein großer Junge mit klaren Augen und einer bemerkenswert aufrechten Gesinnung. Er würde gerne Medizin studieren, aus Berufung und um in die Fußstapfen seines Vaters zu treten. Doch die sieben Jahre Gymnasium, die ihm fehlen, machen das unmöglich. Er wird seinen Weg woanders suchen.

*Zusatz zur deutschen Übersetzung:* Nach der Veröffentlichung der französischen Ausgabe dieses Buches schickte Pierre Vormus, mit dem Nicolas Rosenthal seit 1946 befreundet ist, ihm ein Exemplar nach Argentinien; bewegt schrieb Nicolas Rosenthal daraufhin einen Brief an Vivette Samuel, aus dem die folgenden Passagen entnommen sind:

»Ich habe gerade Ihr Buch gelesen und möchte Ihnen von Herzen dazu gratulieren. Und Ihnen dafür danken, daß Sie meinen Vater darin erwähnen. Als ich das Buch in Händen hielt, öffnete es sich ›ganz von selbst‹ an der Seite mit der Überschrift ›Nicolas Rosenthal‹. (...) Haben Sie mich in Rivesaltes gekannt?

Bitte nehmen Sie es mir nicht übel, doch die einzige Person aus der OSE, an die ich mich erinnere, ist Madame Andrée Salomon, von der ich noch ein Hochzeitsgeschenk besitze, nämlich einen Kidduschbecher.

Zu meinem Lebenslauf darf ich folgendes anmerken:

Tatsächlich habe ich die Demarkationslinie 1942 überschritten, weil jemand – wer? – mich gewarnt und mir geraten hatte, Paris schnellstmöglich zu verlassen. Ich besaß echte falsche Papiere und bin ins Lager gegangen, zusammen mit meinem Vater, der mit Erlaubnis der Compagnie de travailleurs étrangers [CTE] in Barcarès das Wochenende mit Mutter verbrachte. Wenig später wurde das Lager abgeriegelt, und mit Hilfe der OSE habe ich es zusammen mit meinem Vater verlassen und mich der CTE in Barcarès angeschlossen, weil ›man‹ uns versicherte, daß dann keine Gefahr bestünde, daß unsere Angehörigen, vor allem meine Mutter, deportiert würden. Es ist bekannt, welchen Wert dieses Verspechen hatte. Was die Deportation selbst angeht, wurden wir alle drei mit demselben Transport deportiert, meine Mutter, mein Vater und ich sowie noch ein Vetter meines Vaters. Sie schreiben, ich sei aus freien Stücken mit meinen Eltern gegangen, und das ist wahr. Das war für mich gar keine Frage. (Wenn man meine Mutter vor meinem Vater deportiert hätte, wäre ich übrigens mit ihr gegangen.) Dagegen stellt sich die Frage: Wenn ich gewußt hätte, wohin wir fuhren, hätte ich dann genauso gehandelt? Oder hätten meine Eltern akzeptiert, daß ich mit ihnen gehe? Tatsache ist, daß wir NICHTS über den Bestimmungsort und die Endlösung wußten! (...) Jedenfalls besaß ich meine echten falschen Papiere und hätte das Lager ohne Schwiergkeiten verlassen können. Als mein Vater und ich bei der CTE in Ille-Sur-Têt waren, haben wir uns eines Tages auf den Weg gemacht, um die Pyrenäen zu überqueren. Aber uns wurde sehr schnell klar, daß Mutter im Lager war, und wir kehrten wieder um.

Als wir in Drancy abfuhren, waren wir alle vier im selben Waggon. Aber in Cosel, kurz vor der Ankunft des Transports in Auschwitz, wurden mein Vater und ich von Mutter und dem Vetter getrennt. Wir hatten nicht die geringste Ahnung, was Auschwitz war! Mein Vater arbeitete in verschiedenen Lagern als Arzt. Anfangs waren wir zusammen. Dann wurden wir getrennt. Um uns schließlich im Konzentrationslager Graditz wiederzufinden, wo mein Vater als Chefarzt arbeitete und die Typhusepidemie bekämpfte, an der er in meinen Armen starb, nachdem ich selbst davon genesen war. Ich wurde am 8. Mai '45 von der Roten Armee befreit.«

## Roger – die Schwierigkeit, zu lügen

Roger wurde 1928 in Paris geboren, als Sohn polnischer Eltern. Sein Vater hatte Polen 1919 verlassen und war nach einem kurzen Zwischenaufenthalt in Deutschland 1921 nach Paris gekommen. Er baute ein Lederwarengeschäft auf und heiratete fünf Jahre später eine Exilpolin. Roger war ihr einziges Kind.

Seine Schulausbildung gleicht der aller kleinen Pariser. Er besucht zunächst die kommunale Schule im XVIII. Arrondissement und ab Herbst 1939 das Lycée Condorcet.

Im Mai 1940 schließt die Familie sich dem »Exodus« an, kehrt nach dem Waffenstillstand aber wieder in die Hauptstadt zurück.

Roger, der bis dahin nur am Rande mit der Religionsgemeinschaft in Berührung gekommen ist, macht nun rasch mit dem »Judenproblem« Bekanntschaft. Von den ersten Razzien 1941 sind auch Freunde der Familie betroffen. Eine stumme Unruhe zieht in den Haushalt ein. Von überall her treffen schlechte Nachrichten ein. Zunächst erfahren sie, daß die Großeltern in Polen in einem Getto interniert worden sind; dann, im Juni 1942, wird das Tragen des gelben Sterns Pflicht. Dennoch verändert sich Rogers Leben mit seinen Eltern nicht sonderlich. Als die Ferien beginnen, legt er den Stern ab und fährt mit seiner Pfadfindergruppe ins Zeltlager – seit mehreren Jahren schon ist er Mitglied der französischen Pfadfinder. Die Eltern bleiben allein in Paris. Beide sind Anhänger der extremen Linken und werden rechtzeitig vor den Razzien im Juli gewarnt. Sie fliehen in Richtung freie Zone. An der Demarkationslinie ereilt sie das Unglück. Sie werden verhaftet, als Juden erkannt und auf der Stelle deportiert.

Roger erhält die traurige Nachricht erst bei seiner Rückkehr aus den Ferien vierzehn Tage später. Zusammen mit seiner einundzwanzigjährigen Kusine, deren Eltern dasselbe Schicksal ereilt hat, verläßt er sogleich Paris und flüchtet nach Saint-Rémy-de-Provence in die zukünftige Schwiegerfamilie der jungen Frau. Sechs Monate untätigen Wartens in einer eher kühlen Umgebung lassen ihn seinen Verlust erst richtig spüren.

Früh gereift, versucht er sein Schicksal und das seiner Eltern zu begreifen. Waren sie nicht deportiert worden, weil sie Kommunisten sind? Und war der Kampf gegen den Faschismus nicht jedes Opfer wert?

Nein, er spürt es deutlich, sie haben ihren Kampf auf einer anderen Ebene verloren. Was bedeutet es also, ein Jude zu sein?

»Ich bin Franzose«, wird er später schreiben. »Französisch ist meine Muttersprache, die französische Kultur meine Kultur. Das Heldenepos des Vercingétorix hat mir einen Schauer eingejagt, ich habe die Herren, die die Bauernaufstände niedergeschlagen haben, und Ludwig XIV. gehaßt, den tyrannischen Eroberer Napoleon verdammt und verachtet. Wie sehr dagegen habe ich Robespierre geliebt, wie sehr habe ich mich für die Revolution begeistert. Frankreich ist meine Heimat, mein Vaterland. Aus seiner Geschichte habe ich die Hoffnung auf seine Zukunft geschöpft.«

Seine innere Not wächst. Er verläßt die Familie, die ihn aufgenommen hat, und geht zu seinem Onkel nach Roanne. Es folgt eine neuerliche Enttäuschung. Der Onkel verhält sich distanziert, kümmert sich vor allem um die eigenen Kinder. Die Untergrundabteilung der Éclaireurs israélites nimmt sich seiner an, bringt ihn im Internat des Gymnasiums von Roanne unter, in der dritten Klasse, unter seinem echten Namen, denn er ist Franzose. Im Laufe des Jahres 1943 verschärft sich die Lage. Nun drohen allen Juden Verhaftung und Deportation. Im Juli bringt man Roger für die Ferienzeit bei einem Bauern unter, der jedoch nur an seiner Arbeit interessiert ist und jeden persönlichen Kontakt vermeidet. Im September nimmt er die Gefahr einer neuerlichen Überquerung der Demarkationslinie auf sich, um nach Grenoble in die italienische Zone zu seiner inzwischen verheirateten Kusine zu gelangen.

Über das Untergrundnetzwerk der OSE wird er dorthin gebracht und unter falschem Namen in einem kleinen Pensionat im Departement Isère untergebracht. Es sind insgesamt zwölf Jungen und Mädchen, die jeden Morgen mit dem Bus ins zehn Kilometer entfernte Gymnasium fahren. Mittwochs müssen sie die Strecke zu Fuß zurücklegen, weil es kein Transportmittel gibt. Roger fühlt sich sehr unwohl. Die falsche Identität drückt ihn wie ein schlecht sitzender Schuh. Wenn er von seinen Eltern erzählen soll – er muß sagen, sie leben in Marokko –, werden seine Qualen unerträglich. Warum kann er sich nicht einmal seinen besten Freunden anvertrauen? Er schämt sich, daß er seine ganze Umgebung täuschen und gerade jene belügen muß, die ihm aus seiner Einsamkeit heraushelfen möchten.

Im März 1944 findet man für ihn einen Platz in einem privaten Heim in der Nähe des Gymnasiums, wo er die zweite Klasse unter günstigeren Bedingungen beenden kann. An seinen freien Tagen nimmt die Familie eines Industriellen aus der Stadt ihn zu sich und schenkt ihm eine ermutigende Zuwendung. Auch sie muß er belügen. Im Sommer geht er wieder auf einen Bauernhof; der Bauer, der eine höhere Schulbildung genossen hat, ist ihm in Freundschaft zugetan und lehrt ihn, die Erde und die bäuerliche Arbeit zu lieben. Im August 1944 besetzen die FFI[8] den Hof, wo Roger mit unerträglicher innerer Spannung auf das Ende des Alptraums wartet. Er kann es nicht länger aushalten, und in einem etwas verfrühten Ausbruch streift er seine Maske ab und ruft in aller Öffentlichkeit: »Ich bin Jude, ich heiße Roger Waksman.«

## Eddy Sandman – ein gescheiterter Rettungsversuch

Eddys Geschichte steht für das tragische Ende mancher Rettungsaktionen der OSE, denn trotz aller Bemühungen konnte ihn nichts vor dem Tode retten.

8 Forces françaises de l'intérieur – Französische Streitkräfte im Innern (Résistance).

Eddy Sandman wurde 1938 in Luxemburg geboren. Zusammen mit seinen Eltern kommt er 1940 nach Frankreich; nach der Internierung im Lager Rivesaltes wird er nach Perpignan ins Krankenhaus gebracht. Auf der Karteikarte heißt es kurz und kalt: »Eltern im Lager, Kind im Krankenhaus.« Jede Woche kommt seine Mutter zu uns und bittet, Eddy in einer Kinderkrippe unterzubringen.

Als Eddys Zustand sich im Februar 1942 etwas verbessert, können wir ihn endlich aus dem Krankenhaus herausholen. Er soll mit einer Gruppe Kinder ins Departement Creuse fahren. Seine Mutter erhält eine Sondergenehmigung, damit sie ihn einige Tage vorher in Perpignan besuchen kann. Sie läuft die acht Kilometer zu Fuß, um Eddy wiederzusehen, den sie seit mehreren Monaten nicht gesehen hat. Als sie zurückkommt, ist sie vollkommen demoralisiert: Eddy ist jetzt vier Jahre alt und kann nicht mehr sprechen; aus seinem Mund kommt ein endloses Gemisch aus Französisch, Deutsch und Spanisch; er hat alles vergessen, er hat seine Mutter nicht wiedererkannt, er lächelt nicht mehr, er kann kaum laufen. »Was haben sie mit ihm gemacht?« fragt sie. Wir sorgen dafür, daß sie am Tag der Abfahrt an den Bahnhof in Rivesaltes kommen darf. Der Zug aus Perpignan hält drei Minuten in Rivesaltes. Drei Minuten im Durcheinander des Bahnhofs und der Abfahrten, damit diese Mutter ihr Kind in die Arme nehmen kann.

Eddys Gesicht ist so blaß wie das einer Wachsfigur, die zu lange im Dunkeln war. Im Zug stellen wir fest, daß er unter einem Analprolaps leidet. Der Leiter des Heims in Chabannes zögert, ihn aufzunehmen, weil er einer sehr speziellen Pflege bedarf, die in diesem Kinderheim nur schwer zu leisten ist.

Im Mai 1942 erhalten wir Fotos von den aus dem Lager befreiten Kindern, darunter auch eine Vergrößerung von Eddy, der kaum wiederzuerkennen ist. Es ist wie eine Auferstehung. Man teilt uns mit, daß er fröhlich und lebhaft sei. Er ist sehr schön geworden. Seine Mutter weint vor Freude.

Im August 1942 beginnt die Deportation von Ausländern,

die nach 1936 nach Frankreich gekommen sind. Eddys Eltern werden deportiert, und es gelingt uns, ihn vor der »Familienzusammenführung« zu bewahren, indem wir ihn in ein anderes Heim verlegen. Wir versuchen, ihn zusammen mit anderen Kindern von Deportierten in die Vereinigten Staaten zu bringen. Aber der Kriegseintritt der Vereinigten Staaten im November 1942 verhindert die Abfahrt der in Marseille wartenden Gruppe.

Im März 1943 lösen wir die Kinderheime auf; Eddy bringen wir bei einer Familie im Departement Indre unter, bei der er ein Jahr bleibt. Im Mai 1944 müssen wir ihn nochmals verlegen, weil die Kinder im Departement Indre durch »Indiskretionen« in Gefahr geraten sind. Wir beschließen, ihn heimlich in die Schweiz zu bringen. Eine Betreuerin bringt ihn nach Lyon, wo er eine Nacht verbringen soll, bevor er über die Grenze gebracht wird und sich wirklich in Sicherheit befindet. Eddy wird einer algerisch-jüdischen Familie anvertraut, die sich bereit erklärt hat, Kinder zu beherbergen. Doch in dieser Nacht werden sie alle verhaftet, und als die Betreuerin am nächsten Morgen kommt, findet sie die Wohnung leer. Nach so vielen Verlegungen, Listen, Verstecken und so kurz vor dem Ziel scheitert dennoch der Versuch, Eddy zu retten.

Eine schreckliche, unausgesprochene Angst hat mich bis ans Ende des Krieges verfolgt. Wenn seine Mutter überlebt hätte und nach all diesen Qualen gekommen wäre, um ihren Sohn zurückzuverlangen, den sie uns anvertraut hatte und den wir nicht zu retten vermocht hatten ... Ich wußte, daß sie diese neue Tragödie, für die wir zum Teil verantwortlich waren, nicht hätte ertragen können. Aber Eddy und seine Eltern erfuhren dasselbe tragische Schicksal.

Während des Barbie-Prozesses wurde Eddy Sandmans Name noch einmal mit großer Bewegung genannt. Eines der Kinder der Familie Savarin, bei der Eddy von 1943 bis 1944 im Departement Indre untergekommen war, hatte sich zunächst an Serge Klarsfeld und dann an die OSE gewandt, um die Spur des kleinen Jungen wiederzufinden.

## Corinne – der Preis einer Rettung

Corinnes Geschichte ist die einer Rettungsaktion, für die deren Initiatorinnen einen sehr hohen Preis zu zahlen hatten.

Bis September 1943 bietet Grenoble, das in der italienischen Zone liegt, sichere Zuflucht. Doch nach der Besetzung durch die Deutschen beginnen auch hier Razzien und massive Deportationen, so daß die Stadt zu einem der gefährlichsten Orte für Juden wird. Zu diesem Zeitpunkt beschließen Monsieur und Madame W., Grenoble zu verlassen; ihre etwa drei Monate alte Tochter Corinne geben sie in die Obhut einer Kinderkrippe der Protection de l'enfance in Grenoble, die von der OSE geführt wird.

Im Januar 1944 wird Monsieur W. von der Gestapo verhaftet und gezwungen, den Aufenthaltsort seiner Tochter preiszugeben. Die Gestapo erscheint sogleich, um das Kind zu holen. Als sie feststellen, daß es sich um einen Säugling handelt, beschließen die Deutschen, mit einer Krankenschwester wiederzukommen.

Der Leiter der Krippe informiert die OSE, daß eine deutsche Krankenschwester Corinne holen kommen wird. Die jungen Leute von der Untergrundsektion treffen sogleich alle Vorbereitungen, um Corinne zu befreien, koste es, was es wolle. Man beschließt, sie zu entführen.

Renée, eine blonde junge Frau, die fließend Deutsch spricht, meldet sich freiwillig. Sie erscheint zur angekündigten Zeit in der Kinderkrippe und legt dort ein in Deutsch aufgesetztes, mit dem Hitleradler versehenes Dokument vor, das die Herausgabe des Kindes anordnet. Ein Wagen steht bereit. Innerhalb von zehn Minuten ist alles erledigt: Die falsche Krankenschwester kommt heraus, das Kind auf den Armen. Der Wagen ist gerade fort, als die Gestapo eintrifft. Corinne wird unverzüglich bei einer Pflegemutter in der Savoie in Sicherheit gebracht.

In ihrer Wut, hereingelegt worden zu sein, setzen die Deutschen alles in Bewegung, um die Urheber dieser Entführung ausfindig zu machen. Der Heimleiter kann am Ende beweisen, daß er in gutem Glauben gehandelt hat, aber irgendwie gelangen sie an eine Personenbeschreibung und die Adresse der OSE-Mitarbeiterin Mademoiselle Kahn. Da sie sie zu Hause nicht antreffen, verhaften sie gewissermaßen als Repressalie deren jüngere Schwester an ihrer Arbeitsstelle. Obwohl die junge Frau gefoltert wird, verrät sie nichts über die Aktivitäten der OSE. Sie wird in Drancy interniert und dann deportiert. Sie wird nicht zurückkehren. In Auschwitz kümmert sie sich um ein kleines Mädchen, das sie in Drancy »adoptiert« hat und das sich an sie hängt. Gemeinsam werden sie in die Gaskammer gehen.

Im Juli 1945 kehrt Corinnes Mutter allein aus Auschwitz zurück. Sie bringt Corinne in der Kinderkrippe in Perpignan unter, danach bei einer nichtjüdischen Familie, den Mas, wo Corinne zehn Jahre bleibt. Als die Mutter sie wieder zu sich nimmt, leidet Corinne sehr darunter, daß sie schon wieder aus ihrer Adoptivfamilie herausgerissen wird, und es kommt zu starken Spannungen zwischen den beiden, die sie 1958 schließlich veranlassen, bei der OSE Rat einzuholen.

In Paris findet Corinne Kontakt zu jüdischen Jugendgruppen und freundet sich mit den Töchtern des Rabbi Metzbach an. Mit Genehmigung des zuständigen Vormundschaftsgerichts erhält diese Familie das Sorgerecht für Corinne. Sie begegnet dem Mann, den sie später heiraten wird. Mit achtzehn Jahren geht sie mit ihm in die Vereinigten Staaten. Sie haben zwei Söhne. Nach dem Tod ihres Mannes geht sie nach Israel und kümmert sich dort um autistische Kinder. Die beiden Söhne, inzwischen verheiratet und Familienväter, bleiben in den Vereinigten Staaten. Corinne bleibt ständig in Kontakt mit Madame Meyer, geborene Kahn, und Renée, der jungen blonden Frau, die ihr einst das Leben gerettet haben …

## Eva – die Versuchung der Konversion

Man spricht nur wenig über die sehr reale Versuchung mancher in christlicher Umgebung untergebrachter Kinder, der Religion den Rücken zu kehren, in deren Namen sie verfolgt worden sind, und von ihrer verzweifelten Suche, eine Synthese zwischen Judentum und Christentum zu finden. Der nachfolgende Bericht scheint mir in dieser Hinsicht wichtig.

Eva wurde 1927 in Wien geboren und kam 1939 nach Frankreich. Sie ist in einer gläubigen, aber von geistiger Offenheit geprägten Familie aufgewachsen. Seit frühester Kindheit möchte sie die Frau eines Rabbis oder eine Religionsprofessorin werden ... Mit neun Jahren tritt sie einer zionistischen Jugendgruppe bei und träumt davon, nach Palästina auszuwandern. Aber ihre Eltern, die zwei ihrer Söhne durch Krankheit verloren haben, wollen sich nicht von ihr trennen. Nach dem sogenannten Anschluß möchten sie alle zusammen nach Palästina auswandern, aber die Bearbeitung der Anträge zieht sich hin. Der Plan, Eva mit einer Gruppe von Kindern nach Palästina zu schicken, zerschlägt sich, weil man kein Schiff findet. Darum fährt Eva nach Frankreich, wo man eher eine Möglichkeit zur Auswanderung zu finden hofft. Die Eltern wollen sich bemühen, rasch nachzukommen.

So verläßt denn Eva mit zwölf Jahren ihre Heimat. Sie wird in La Guette[9] aufgenommen. Dort lebt sie glücklich in einer Gemeinschaft, von der sie schon lange träumt, und wartet voller Ungeduld auf die Fahrt ins gelobte Land. Doch dann bricht der Krieg aus, und Eva sieht sich endgültig von ihren Eltern abgeschnitten. In ihrem kindlichen Optimismus vermag sie sich nur einen Krieg von kurzer Dauer vorzustellen. Sie beteiligt sich an Selbstschutzarbeiten und predigt ihren Kameradinnen das zionistische Ideal.

Im Mai 1940 müssen die Kinder evakuiert werden. Eva kommt in die Hotelfachschule in Clermont-Ferrand, wo sie

9 Das Haus gehört der Baronin Rothschild.

bis November 1941 bleibt, und anschließend nach Le Couret. In diesem streng religiösen Heim fühlt Eva sich wohl; sie will nichts wissen von den Verhaftungen und Deportationen draußen. Die Nachricht, ihre Eltern seien »mit unbestimmtem Ziel« abgereist, nimmt sie mit Skepsis auf.

Ihre Tarnung nimmt in der Folge den Charakter eines Versteckspiels an. Eva lebt von einem Tag auf den anderen, und um nicht noch einmal ihre Freundinnen zu verlieren, verzichtet sie darauf, mit einer Kindergruppe nach Mexiko zu fahren. Im März 1943 geht sie unter falschem Namen in eine Hotelfachschule im Süden.

Im Januar 1944 läßt sie sich taufen.

Als ich sie 1946 treffe, begreife ich, daß diese Taufe nur das Ende einer langen religiösen Krise gewesen ist. Sie erklärt mir: »Auf meine angsterfüllten Fragen: Warum? Warum nur? hat nur Christus eine Antwort gewußt. Das Christentum habe ich in der Bibel gefunden. Es ist in meinen Augen die einzige Lösung, die Frieden und universelle Gemeinschaft ermöglicht. Ich habe gedacht, das christliche Ideal der Einheit aller Menschen in Gott ist dem der Juden überlegen, die ihren Glauben mehr und mehr verlieren und nur noch nach materiellem Fortkommen in einem Land streben, das sie aus der Bedrückung rettet.« Sie sagt mir, wie schwer der Kampf eines Menschen in Worte zu fassen sei, »der alles, was ihm lieb ist, aufgeben muß, um sich ganz in Gottes Hand zu geben«. So scheint sie sich in der Gestalt Christi wiederzufinden: »Hat Christus nicht gesagt: ›Wer sein Haus, Brüder und Schwestern, Vater und Mutter für mich aufgibt, der wird tausendfach belohnt und das ewige Leben finden‹?« Eva gibt mir einige Seiten aus einem Tagebuch, das sie zwischen März 1943 und Januar 1944 geschrieben hat. Der Abschnitt trägt die Überschrift »Mein religiöser Kampf«. In diesen Zeilen spürt man, daß sie hin und her gerissen ist zwischen dem »Licht Christi« und der »Religion meiner Väter, die mir so teuer ist«. So schreibt sie an ihre, wie sie sagt, »zweite Mutter«, ihre »spirituelle Mutter«, die Leiterin eines Kinderheims der OSE: »Nein! Ihre Tochter will Sie nicht verraten. Ich leide, weil ich, solange ich hier bin, einem Licht nachlaufen werde, das zu erreichen ich nicht das geringste Verlangen habe. Mutter, Madame, Sie haben mich die Liebe zu Gott gelehrt. Bitten Sie ihn, daß ich bei Ihnen bleibe, bei Ihnen und bei meinem Volk. [...] Ich verleugne nichts. Ich gebe lediglich ein paar Rituale auf, die für mich keine Daseinsberechtigung mehr haben. Ich möchte Christin und Jüdin sein, und wenn die Vorsehung es erlaubt, werde ich mich stets bemühen, mein Bestes meinen Brüdern, meinen Blutsbrüdern zu geben ...«

Nach dieser Periode mystischen Zweifels geht Eva 1947 illegal nach Israel und tritt dort sogleich in einen Kibbuz ein. Sie ist zur jüdischen Religion zurückgekehrt und hat drei inzwischen verheiratete Töchter, die ebenfalls in Israel leben.

## Claude Bégué-Morhange – die Mutter wiederfinden

Für Kinder, die Angehörige wiederfinden, welche die Deportation überlebt haben, bleibt das Leben oft schwierig. In einem sehr bewegenden, in den USA erschienenen Buch[10] erzählt Claude Bégué-Morhange, was sie empfunden hat, als sie als achtjähriges Mädchen, das bereits den Vater verloren hat, die Mutter wiedersieht, die aus Auschwitz zurückkehrt.

»Zumindest habe ich sie wiedergefunden; ihr Blick und ihr Lächeln sind unverändert, sie lassen mich die erschreckende Magerkeit übersehen, das Fehlen der langen blonden Haare, an deren Stelle kurze, struppige Büschel voller grauer Strähnen getreten sind. Aber was zählte das schon? Sie war da, und ich hatte so oft mit dem Gott der Katholiken über ihre Heimkehr verhandelt, dabei im voraus auf ihr Lächeln und ihre Fröhlichkeit verzichtet, wenn sie nur zurückkäme, gleich ob abgemagert oder gar böse. Sie war da, das Objekt meiner

10 Claude Bégué-Morhange, *Chamberet-Recollections from an Ordinary Childhood*, Vermont 1987.

Liebe [...], in einem Bett liegend, das sie ein Vierteljahr nur verlassen sollte, um in ein anderes Krankenhausbett zu wechseln. Was zählte das? Sie war zurückgekommen, genau rechtzeitig zu meinem Geburtstag, und ich hatte ein Geschenk erhalten, *Der kleine Prinz*, den ich nicht sogleich mochte, weil ich weder den Inhalt noch die Widmung verstand, die sie mir hineingeschrieben hatte – Wie durch ein Wunder der Hölle entronnen –, und weil ich noch nicht begonnen hatte, mir Abend für Abend, über Jahre hinweg, die obsessiven Berichte vom alltäglichen Leben in einem deutschen Vernichtungslager anzuhören. [...] Als ich sie einige Monate später (die sie in einem Erholungsheim verbrachte) wiedersah, fand ich meine Mutter wieder und verlor sie zugleich. Sie ist nun wirklich außer Lebensgefahr, aber das Ödem läßt sie aufgedunsen erscheinen und zerstört die Harmonie ihrer Züge nachhaltiger als die erschreckende Magerkeit, die dafür gesorgt hatte, daß sie ganz Lächeln, ganz Blick war. Als ich sie wiedersehe, brauche ich einige Sekunden, um meine Mutter in dieser Dame wiederzuerkennen, die mir zuwinkt und mich anlacht, als sie mich sieht. [...] Der Krieg ist vorüber. Wir beide sind nicht tot. Wir leben im selben Haus zusammen, wir lieben uns. Aber innerhalb dieser wenigen Monate bin ich gleichsam für immer erwachsen geworden. Von nun an ist es meine Aufgabe, meine Mutter zu beschützen, die dem Tod entronnen ist und noch lange zerbrechlich bleibt, zumindest meinen wir das. [...] Von nun an ist es meine Aufgabe, ihr zuzuhören und ihre Berichte in mich aufzunehmen, ohne noch zu wissen, daß dies das Vorspiel zu einer anderen Mission ist, der Aufgabe nämlich, für sie und in ihrem Namen das Unsagbare auszusprechen, das zu überleben und zu besiegen sie die Kraft haben wird, auch wenn sie sich nicht entschließen kann, es niederzuschreiben [...]; sie vertraut es der mündlichen Überlieferung an und dem Kettenglied, das aus ihr hervorgegangen ist und nun die Aufgabe des Vorsängers übernimmt.«

## Ehud Loeb – die Pflegefamilie

Hier ein Auszug aus einem sehr bewegenden Bericht von Ehud Loeb, wie er ihn auf dem Kolloquium zum 80. Geburtstag der OSE vorgetragen hat. Auf diesem Kolloquium, das im Dezember 1993 in der großen Aula der Sorbonne stattfand, sprachen mehrere Kriegskinder vor einem Publikum, in dem sich auch andere befanden, die denselben Weg gegangen waren.

»Wer bin ich? Geboren wurde ich in einer Kleinstadt südlich von Baden-Baden, nicht weit von Straßburg, aber auf der anderen Seite des Rheins. Meine Namen: Herbert Oppenheimer, aus dem in Frankreich Hubert Odenheimer, dann Hubert Odet wurde, mein Deckname 1943; dann Herbert Loeb (nach meiner Adoption); in Israel nahm ich den Vornamen Ehud an; mein Familienname spricht sich in Hebräisch Lev aus. Ich bin also Ehud Lev. In dieser Vielzahl der Namen spiegeln sich ein wenig die Etappen meiner Odyssee. [...]

Ich war sechseinhalb Jahre alt, als wir – die 6538 Juden Badens und der Pfalz – am 22. Oktober 1940 zusammengetrieben und in mehreren Zügen in das ›Internierungslager‹ in Gurs gebracht wurden, im Rahmen der ersten ›Entjudungsaktion‹ des Deutschen Reiches. Ich brauche nicht im Detail daran zu erinnern, daß in diesem Lager – nach Ansicht der Überlebenden, der Forscher und der Historiker – vor allem im Winter 1940–1941 absolut unmenschliche Bedingungen herrschten, eine prekäre sanitäre und medizinische Situation. Gurs war das Vorzimmer von Auschwitz-Birkenau. 1038 Menschen fanden dort den Tod, darunter meine Großmutter. Meine Eltern wurden im August und September 1942 nach Auschwitz deportiert und in Auschwitz-Birkenau vergast.

Erst vor ungefähr sechs Monaten habe ich es zum erstenmal gewagt, eine in Israel lebende Kusine um Einzelheiten über den Tod meiner Eltern zu bitten. Ich erinnere mich noch sehr gut an sie, aber ich wünschte mir eine Bestätigung, daß meine Erinnerung mich nicht täuschte. Diese Kusine hat mir erzählt, wie sehr meine Eltern mich liebten und wie sehr sie mich verwöhnten; ich war ihr einziges Kind, nach drei fehlgeschlagenen Schwangerschaften.

Mein Vater konnte nicht mehr in der Druckerei und Schreibwarenhandlung seines Schwiegervaters arbeiten, und so wohnten wir seit 1936 in dem von der jüdischen Gemeinde unterhaltenen Armenhaus, in dem insgesamt dreißig Personen lebten. Dennoch taten meine Eltern ihr Bestes, um mich zu ernähren, zu kleiden, großzuziehen und zu verwöhnen; ich war ihre einzige Freude. In Gurs mußten sie im Februar 1941 eine schwierige Entscheidung treffen: einwilligen, daß man mir zur Flucht aus dem Lager verhalf und mich in die Obhut der OSE, also von Fremden, gab. Sie konnten nicht wissen, ob einer von uns diese Hölle überleben würde. Eineinhalb Jahre, bis zu ihrem Tod in Auschwitz, lebten sie in der Ungewißheit über das Schicksal ihres Kindes. Es ist eine mutige Tat, wenn Eltern sich unter solchen Umständen von ihrem einzigen, über alles geliebten Kind trennen, ohne zu wissen, wer sich seiner annimmt, ohne zu wissen, ob es überleben wird oder ob es dem sicheren Tod entgegengeht, während sie selbst vielleicht gerettet werden.

Die OSE nahm mich von Februar 1941 bis Januar 1946 in ihre Obhut. Von Gurs wurde ich in das Kinderheim in Chabannes gebracht, wo ich mehrere Monate blieb, abgemagert, krank, aber vor allem verzweifelt wegen der Trennung von meinen Eltern. Noch heute erinnere ich mich an die ganzen Nächte, die ich bitterlich weinte, an die Schwestern und Betreuerinnen, die mich vergeblich zu trösten versuchten. Danach, im November 1942, versteckte die OSE mich bei einer christlichen Familie, in einer Stadt im Departement Indre. Dort blieb ich bis 1944, mit einer kurzen Unterbrechung 1943; da die Gefahr zu groß wurde, versteckte man mich dann in einem kleinen Dorf ganz in der Nähe. Jules und Jeanne Roger wurden 1989 von Yad Vashem als ›Gerechte unter den Völkern‹ anerkannt. Er war Metzger, sie bestellte die Felder und den Garten. Jules Roger kämpfte im Untergrund; durch seinen Beruf konnte er an Benzin gelangen, und natürlich nutzte er seine Autofahrten zu anderen Zwecken. Ihr Haus war oft voll von verletzten Widerstandskämpfern, und überall lagen Operationspläne. Und zur selben Zeit hielten sie zwei jüdische Kinder versteckt. Da war noch ein zweiter Junge, etwas jünger als ich, der aus Polen und Belgien geflohen war, auch er von der OSE bei dem Ehepaar untergebracht. Sie trotzten der Gefahr, denunziert, verhaftet und auf der Stelle erschossen zu werden. Die Rogers waren tiefgläubige Katholiken, aber sie haben niemals versucht, mich zu bekehren. Im Katechismusunterricht war ich der beste Schüler, und in dem kleinen Dorf, in dem ich 1943 versteckt lebte (nur der Pfarrer wußte, daß ich Jude war), sang ich mit großer Begeisterung im Kinderchor. Das Ehepaar Roger sagte mir, nach dem Krieg würde ich meine Eltern wiederfinden und zu meinem Volk zurückkehren.

Die Rettung Tausender jüdischer Kinder in Frankreich war nur möglich dank der aktiven Unterstützung Hunderter jüdischer und nichtjüdischer Menschen und einiger christlicher Institutionen, die mit vollem Wissen gegen die veröffentlichten Gesetze der Vichy-Regierung und das unverständliche Schweigen des Heiligen Stuhls handelten. Hunderte von Franzosen setzten ihr Leben ein, um diese ›petits refugiés juifs‹ zu retten, das heißt Menschen, die zuerst Kinder (petit), dann Flüchtlinge (refugiés) und dann Juden (juifs) waren. Nebenbei sei angemerkt, daß im Deutschen die Reihenfolge eine andere ist; dort heißt ›petits refugiés juifs‹ nämlich ›jüdische Flüchtlingskinder‹ – Juden, Flüchtlinge, Kinder. Beeinflußt der Charakter eines Volkes auch seine Syntax und Grammatik? Diese Retter blieben und bleiben leider großenteils namenlos. Ihre Dossiers in Yad Vashem in Jerusalem, die Urkunde und die Medaille, die man ihnen verliehen hat, die wenigen Publikationen, in denen sie genannt werden, reichen nicht aus, um des gewaltigen Mutes und der Menschenwürde gerecht zu werden, die sie bewiesen haben. Wir selbst und unsere Kinder verdanken ihnen das Leben.

Auch meine Adoptiveltern werde ich stets in ehrenvoller Erinnerung behalten; als sie mich im Januar 1946 aufnahmen, war ich mit meinen zwölf Jahren in einem schwierigen Alter, ich war geschwächt, entwurzelt, aus der Heimat vertrieben, durch Jahre der Einsamkeit und der Angst geprägt, und ihre Lebensweise wie auch die neue Sprache waren mir vollkommen fremd. Ich lebte dann in einem Land, der Schweiz, das alles bot, was ich in den Jahren der Entbehrung hatte vermissen müssen. Meine Adoptiveltern haben mir alles gegeben: ihren Namen, ihre Zuneigung, ihre Liebe, meine Schulausbildung und meine Berufsausbildung. Ich hatte wieder eine Familie gefunden. Und sie taten alles, damit ich vergesse. Aber kann man die Vergangenheit vergessen und begraben? [...]

Ich habe meinen Traum verwirklicht: in Israel zu leben und das Land der Pogrome und Krematorien hinter mir zu lassen, den offenen oder verdeckten Antisemitismus, dem man leider auch heute noch hier und da begegnet. Als eine unserer Töchter, damals gerade erst acht Jahre alt, zum erstenmal in die Schweiz fuhr, um ihre Großeltern zu besuchen, fragte ich sie: Was wirst du sagen, wenn man dich eine ›schmutzige Jüdin‹ nennt? ›Wieso?‹ fragte sie und verstand meine Frage gar nicht. ›Ich kann ihm doch wohl nicht sagen, daß er ein schmutziger Christ ist!‹ Mir wurde klar, daß unsere Kinder ohne die drückenden Erinnerungen, ohne die Komplexe, ohne das verdrängende Schweigen aufgewachsen sind, mit denen wir leben. Im klaren Bewußtsein der Vergangenheit sind sie frei, stolz, stark und voller Zuversicht. Sie sind, was ich hätte sein wollen, als ich in ihrem Alter war.«

## Was ist aus ihnen geworden?

Die Geschichte, die ich erlebt habe, wäre nicht möglich gewesen ohne eine lange Kette der Solidarität. Hier sei kurz aufgezeichnet, was aus einigen der Menschen geworden ist, von denen in diesem Buch die Rede war. Zahlreiche andere hätten es ebenfalls verdient, hier genannt zu werden.

*José Cartier-Bresson, geb. Hermann*

Sie studierte Medizin und praktizierte als Kinderärztin, bevor sie Psychoanalytikerin wurde; diesen Beruf übt sie heute noch aus. Sie heiratete und bekam drei Kinder, dann drei Enkelkinder. Sie wurde mit dem Croix de guerre für Widerstandskämpfer ausgezeichnet.

*Georges Garel*

Georges Garel übernahm 1945 die Leitung der OSE, um die begonnene Arbeit fortzusetzen und das Hilfswerk in die Legalität zurückzuführen. Als er seine Aufgabe 1948 als erfüllt ansah, ging er in seinen Beruf als Ingenieur zurück. Er wurde in seiner Funktion von Robert Job abgelöst, blieb aber bis 1978 Präsident der OSE. Aus seiner Ehe mit Lili Tager gingen sieben Kinder hervor. Als Ritter der Ehrenlegion, Offizier des Verdienstordens und Träger der Medaille der Résistance starb er im Januar 1979.

*Abbé Glasberg*

Auch nach dem Krieg setzte er seine Arbeit für die Ausländer und seinen Kampf gegen die Ausschließung fort. Er leitete ein Orientierungszentrum für Ausländer und publizierte 1946 mit seiner Gruppe das Buch *A la recherche d'une patrie*, einen Bericht über die Erlebnisse von Mitgliedern der Amitié chrétienne während des Krieges und der Okkupation. Er starb in den neunziger Jahren.

*Olga und Lazare Gurvic*

Nach dem Krieg blieben Lazare und Olga Gurvic am Sitz der Union-OSE in Genf. Lazare wurde Vizepräsident des Schweizer Zweiges und Generalsekretär der Union-OSE. Er starb im November 1960, seine Frau folgte ihm einige Jahre später.

*Rachel Hermann*

Als sie nach dem Krieg nach Paris zurückkehrte, erfuhr sie mit uns allen, daß ihr Mann nicht zurückkommen würde. Damals war sie fünfundfünfzig Jahre alt. Sie lebte in bescheidenen Verhältnissen von einer Kriegerwitwenrente und einer Zuwendung des Joint. Sie kämpfte für die Rückgabe ihrer Wohnung, doch erst nach einem zehnjährigen Rechtsstreit erreichte sie dieses Ziel. In dieser Zeit nahm sie ihre literarische Arbeit in Paris wieder auf und schrieb für jiddische und hebräische Zeitschriften. Sie reiste viel, fuhr in die UdSSR und nach Israel, auf der Suche nach Mitgliedern ihrer Familie. Sie starb 1979, nachdem sie die Geschichte ihres Lebens aufgeschrieben hatte, für ihre Kinder und Enkelkinder und als »Grabstein aus Papier« zum Andenken an ihren Mann.

*Gilbert Lesage*

Nur die Befreiung bewahrte Gilbert Lesage vor schwerwiegenden Repressalien der Vichy-Regierung, die ihn schon lange verdächtigte, ein doppeltes Spiel zu treiben. Er erhielt 1985 in Yad Vashem die Medaille der Gerechten und starb in den neunziger Jahren.

*Georges Loinger*

Ausgezeichnet mit dem Croix de guerre, der Medaille der Résistance und als Ritter der Ehrenlegion, wurde er Direktor der Compagnie israélienne de navigation Choham Zim in Paris und blieb es dreißig Jahre lang. Auch seit er in den Ruhestand getreten ist, betätigt er sich aktiv im Rahmen der ARJ (Anciens Résistants juifs de France), deren Präsident er ist. Flore und Georges haben zwei Söhne und zwei Enkelkinder.

*Germaine Masour* (alias *Dessonaz*)

1945 übernahm sie die Verantwortung für die Familienzusammenführung und die Auswanderung. Sie begleitete eine Gruppe Kinder in die Vereinigten Staaten und nutzte die Gelegenheit, um dort Geld für die Kinder der OSE zu sammeln. 1961 ging sie in den Ruhestand. Bis zu ihrem Tod im Jahr 1983 unterhielt sie herzliche und sehr persönliche Beziehungen zu allen Kindern, die sie kennengelernt hatte, und zu ihren einstigen Mitarbeiterinnen. Sie hinterließ einen schönen unveröffentlichten Text mit dem Titel *Mes vingt ans à l'OSE*.

*Régine Rabner*

Nach dem Krieg wurde sie Betreuerin in dem Heim, das sie aufgenommen hatte; danach arbeitete sie in jüdischen Hilfswerken. Sie heiratete und hatte zwei Kinder. Sie starb in den achtziger Jahren.

*Andrée Salomon*

Sie verließ die OSE am 30. September 1947. Nach dem Krieg nahm sie nach und nach ihre zionistischen Aktivitäten wieder auf. Als ihr Mann Tobie, ein angesehener Chemiker, in den Ruhestand trat, ließ sie sich mit ihm und ihrem Sohn Jean in Beersheba in Israel nieder. Obwohl schwer erkrankt, kümmerte sie sich auch weiterhin um all »ihre« Kinder überall auf der Welt. Nach 1980 beteiligte sie sich an der Rekonstruktion der OSE-Archive. Sie hatte das Glück, ihre beiden Enkelkinder heranwachsen zu sehen, bevor sie 1985 starb. Sie hatte es stets abgelehnt, für die Ehrenlegion vorgeschlagen zu werden.

*Jacques Salon*

Nur mit großen Schwierigkeiten überwand er den Verlust seiner Frau, Nicole Weill, die 1943 mit einer Gruppe Kinder deportiert wurde. Zusammen mit einer Mitarbeiterin der OSE begann er später ein neues Leben und hatte mit ihr vier Kinder. Er nahm seine Tätigkeit als Unternehmer wieder auf und starb 1989; er hinterließ einen wichtigen, aber nicht publizierten Bericht über seine und Nicole Weills Tätigkeit.

*Julien Samuel*

Nach der Befreiung übernahm er die Leitung der nach Paris zurückverlegten medizinisch-sozialen Abteilung der OSE. Im Januar 1950 wurde er Generaldirektor des Fonds social juif unifié (FSJU). Er starb 1981.

*Joseph Weill*

Noch 1945 beteiligte er sich in Deutschland an einer medizinischen Hilfsaktion für die Überlebenden der Konzentrationslager. Auch weiterhin beteiligte er sich an der Rekonstruktion der verschiedenen OSE-Dienste. Als seine Arbeit getan war, zog er sich mit seiner Frau und seinen drei Kindern in seine elsässische Heimat zurück und praktizierte wieder als Arzt; daneben war er Präsident des Konsistoriums im Departement Bas-Rhin. 1983 publizierte er auf eigene Kosten einen mehr als achthundert Seiten umfassenden Text über seine vielfältigen Aktivitäten; der Text trägt den Titel *Déjà*. Er war Ritter der Ehrenlegion und starb 1988.

# Einige Zahlen[1]

*Allgemeine Zahlenangaben für Frankreich*

1939 leben 300 000 bis 330 000 Juden in Frankreich.
18 000 bis 20 000 werden Anfang des Krieges in den Lagern interniert.
Etwa 100 000 Juden befinden sich nach dem Juni 1940 auf den Straßen des »Exodus«.
75 % der Juden entgingen der Vernichtung (86,2 % der Kinder, die besser geschützt waren als die Erwachsenen).
72 400 jüdische Kinder (unter achtzehn Jahren) überlebten, und 11 600 wurden getötet.

*Zahlen zur Tätigkeit der OSE*

Januar bis Juni 1942:
816 Kinder werden in Kinderheimen der OSE untergebracht.
578 Kinder werden in Pflegefamilien untergebracht.
206 Kinder wurden im ersten Halbjahr aus den Lagern befreit; zählt man die aus dem Jahr 1941 hinzu, sind es 623 Kinder.
4500 Erwachsene erhalten Unterstützung in den Lagern.
3412 Familien mit insgesamt 2373 Kindern erhalten Unterstützung.
46 Kinder werden in die Vereinigten Staaten gebracht.

Ende 1944 verzeichnet der französische Zweig der OSE in seinen Karteien 5700 Kinder, die in Kinderheimen oder Pflegefamilien untergebracht worden sind.

1 Die Zahlenangaben stammen meist aus den Artikeln von Annette Wieviorka und Renée Poznanski sowie aus einem Bericht der OSE, der in dem Band *Au secours des enfants du siècle* enthalten ist.

## Zeittafel

### 1939

| | |
|---|---|
| 23. August | Deutsch-sowjetischer Nichtangriffsvertrag (Hitler-Stalin-Pakt). |
| 3. September | Kriegserklärung an Deutschland. |
| September | Internierung »feindlicher Ausländer« in den Internierungslagern. |

### 1940

| | |
|---|---|
| 4. Mai | Baubeginn des Vernichtungslagers Auschwitz. |
| 17. Mai | Marschall Pétain wird zum Vizepräsidenten des Staatsrats ernannt. |
| 12. Juni | Durchbruch durch die französischen Linien. |
| 14. Juni | Einmarsch der Deutschen in Paris. |
| 17. Juni | Bildung einer neuen Regierung; Marschall Pétain bittet in einer Rede um Waffenstillstand. |
| 18. Juni | Aufruf General de Gaulles aus London. |
| 22. Juni | Unterzeichnung des Waffenstillstands. |
| 10. Juli | Marschall Pétain wird französischer Staatschef. |
| 27. September | Deutscher Erlaß über die Registrierung der Juden in der besetzten Zone. |
| 3. Oktober | Verkündung des Judenstatuts durch die Vichy-Regierung. |
| 4. Oktober | Gesetz über die Internierung der »Ausländer jüdischer Rasse« in speziellen Lagern. |

| | |
|---|---|
| 7. Oktober | Den algerischen Juden wird die französische Staatsbürgerschaft aberkannt. |
| 18. Oktober | Deutscher Erlaß über die Registrierung der jüdischen Unternehmen und die Einsetzung eines Treuhänders. |
| 22. Oktober – 7. November | Auf deutsche Anforderung erhalten die Personalausweise von Juden den Zusatz »Juif«. |
| Oktober | 7000 Juden aus Baden und der Pfalz werden nach Frankreich abgeschoben und in das Lager Gurs gebracht. |

**1941**

| | |
|---|---|
| 23. März | Schaffung des Kommissariats für Judenfragen. |
| 14. Mai | Verhaftung und Internierung Tausender ausländischer Juden durch die französische Polizei. Sie werden in den Lagern Pithiviers und Beaune-la-Rolande interniert. |
| 2. Juni | Das zweite Judenstatut schließt die Juden von den freien Berufen und vom Hochschulstudium aus. |
| Juni | Registrierung der Juden in der freien Zone. |
| 13. August | Konfiszierung der Radiogeräte bei den Juden in der Nordzone. |
| 21. August | Einrichtung des Lagers Drancy. |
| 3. September | Erste massive Vergasung in Auschwitz. |
| 29. November | Einrichtung der UGIF. |
| 8. Dezember | Kriegseintritt der Vereinigten Staaten |

## 1942

| | |
|---|---|
| 20. Januar | Auf der sogenannten Wannseekonferenz beschließen die Nazis die »Endlösung der Judenfrage«. |
| 7. Februar | Ausgangssperre für Juden zwischen 20 und 6 Uhr. |
| 27. März | Erste Deportationen aus Frankreich, mit 1000 im Dezember 1941 verhafteten Juden. |
| 16. April | Pierre Laval tritt an die Spitze der Regierung. |
| 6. Mai | An der Spitze des Kommissariats für Judenfragen wird Xavier Vallat von Louis Darquier de Pellepoix abgelöst. |
| 1. Juni | In der Nordzone werden die Juden verpflichtet, den gelben Stern zu tragen. |
| 8. Juli | Drastische Einschränkung der Freiheit für Juden; in der Nordzone wird ihnen u. a. der Besuch von Restaurants, öffentlichen Veranstaltungen und Parks verboten. |
| 16. Juli | Razzia des Vel' d'hiv in Paris. |
| August | Erste Razzien auf Juden in der Südzone. |
| 4. September | Einrichtung des Arbeitsdienstes STO. |
| 8. November | Landung der Amerikaner in Nordafrika. |
| 11. November | Besetzung der Südzone durch Deutsche und Italiener. |
| 26. November | Selbstversenkung der französischen Flotte in Toulon. |
| 11. Dezember | Ein Erlaß Pierre Lavals verpflichtet die Juden in ganz Frankreich, in ihrem Personalausweis den Zusatz »Juif« eintragen zu lassen. |

**1943**

| | |
|---|---|
| Januar | Schaffung der Miliz unter dem Befehl von Joseph Darnand. |
| 24. Juli | Sturz Mussolinis. |
| 3. September | Italien kapituliert und unterzeichnet einen Waffenstillstand. |
| 9. September | Die Deutschen besetzen die ehemals italienische Zone. |

**1944**

| | |
|---|---|
| 6. Juni | Landung der Alliierten in der Normandie. |
| 25. August | Die zweite französische Panzerdivision dringt in Paris ein, die Deutschen kapitulieren; in Ostfrankreich gehen die Kämpfe jedoch weiter. |

**1945**

| | |
|---|---|
| 27. Januar | Auschwitz wird befreit. |
| 11. April | Buchenwald wird befreit. |
| 8. Mai | Unterzeichnung des Waffenstillstands. |
| 14. November | Beginn der Nürnberger Prozesse. |

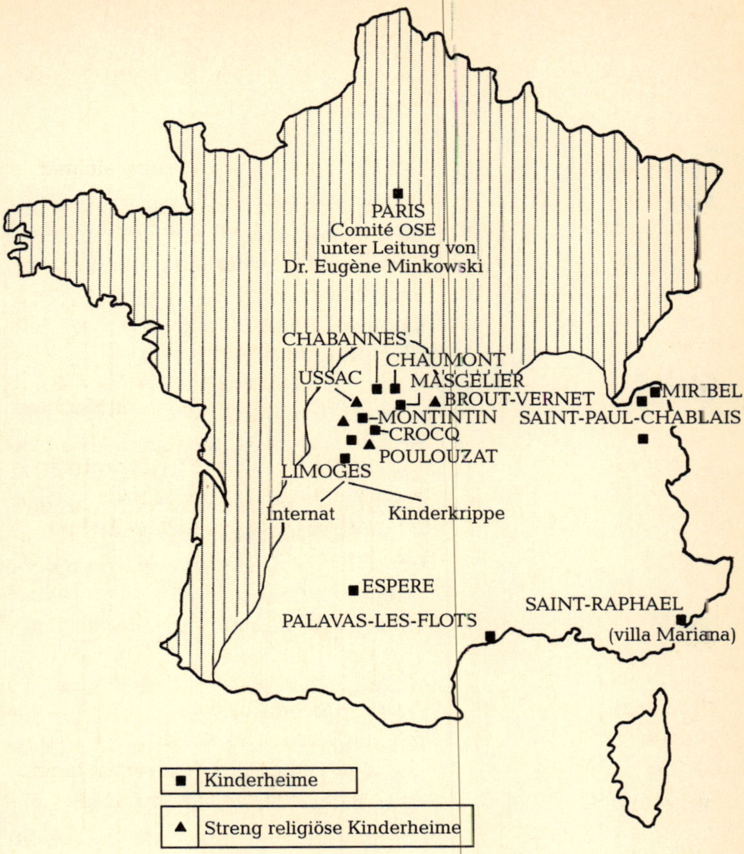


Kinderheime der OSE von Ende 1939 bis Februar 1944.

## Abkürzungen

| | |
|---|---|
| **ADIR** | Association des déportées et internées de la Résistance (Vereinigung der deportierten und internierten Frauen der Résistance) |
| **CAR** | Comité d'aide aux refugiés (Komitee für Flüchtlingshilfe) |
| **CIMADE** | Comité inter-mouvements d'aide aux évacués (Organisationsübergreifendes Komitee für die Unterstützung der Evakuierten) |
| **EIF** | Éclaireurs israélites de France (Israelitische Pfadfinder Frankreichs) |
| **GTE** | Groupement de travailleurs étrangers (Fremdarbeiterbrigaden) |
| **HICEM** | Hilfsorganisation für die jüdische Emigration |
| **Joint** | American Jewish Joint Distribution Committee (Gemeinsames Komitee der amerikanischen Juden für die Verteilung von Hilfsgütern) |
| **ORT** | Organisation – Reconstruction – Travail (Organisation – Wiederaufbau – Arbeit) |
| **OSE** | Œuvre de secours aux enfants (Kinderhilfswerk) |
| **SSAE** | Service social d'aide aux émigrants (Sozialer Hilfsdienst für Emigranten) |
| **STO** | Service du travail obligatoire (Arbeitsdienst) |
| **UGIF** | Union générale des israélites de France (Vereinigung der Israeliten Frankreichs) |
| **YMCA** | Young Men's Christian Association (Christlicher Verein junger Männer) |

# Literatur

Es handelt sich um eine Kurzbibliographie, der zahlreiche Titel hinzugefügt werden müßten, damit sie einigermaßen erschöpfend wäre.

*Au secours des enfants du siècle – Regards croisés sur l'OSE*, hg. von Martine Lemalet, Paris 1993.

Bégué-Morhange, Claude: *Chamberet – Recollections from an Ordinary Childhood*, Vermont 1987.

Baumann, Denise: *La Mémoire des oubliés*, Paris 1988.

Brauner, Alfred: *Ces enfants ont vécu la guerre*, Paris 1946.

Caen, Simon: *Georges Garel*, Grenoble 1988–1989.

Conan, Éric, und Henry Rousso: *Vichy, un passé qui ne passe pas*, Paris 1994.

Delpard, Raphaël: *Les Enfants cachés*, Paris 1993: dt.: *Überleben im Versteck: jüdische Kinder 1940–1944*, Bonn 1994.

Fayol, Pierre: *Le Chambon-sur-Lignon*, Paris 1990.

Grynberg, Anne: *Les Camps de la honte*, Paris 1991.

Gurvic, Lazare, *L'OSE, ses buts et ses activités pendant la période 1912–1945*, Union-OSE, Genf 1947.

Hemmendinger, Judith: *Les Enfants de Buchenwald*, Lausanne 1984; dt.: *Die Kinder von Buchenwald*, Rastatt 1987.

*In Fight for the Health of the Jewish People – 50 Years of OSE*, World Union-OSE, New York 1968.

Kieval, Hillel J.: *Legality and Resistance in Vichy France: The Rescue of Jewish Children*, Proceedings of the American Philosophical Society, Oktober 1980.

Klarsfeld, Serge: *Le Mémorial des enfants juifs déportés de France*, hg. und veröffentlicht von der Association des fils et filles de déportés juifs de France und der Beate-Klarsfeld-Stiftung, Paris 1994.

Knout, David: *Contribution à l'histoire de la Résistance juive en France. 1940–1944*, Paris 1947.

*L'Activité des organisations juives en France sous l'Occupation allemande*, CDJC, Paris 1947.
*L'Étoile jaune – Hommage à Eugène Minkowski*, Union-OSE, Genf 1972.
Latour, Annie: *La Résistance juive en France*, Paris 1970.
Lazare, Gurvic: *In Memoriam*, Union mondial-OSE, Paris 1961.
Lazare, Lucien: *La Résistance juive en France*, Paris 1987.
»Le Procès Barbie«, *Les Nouveaux Cahiers* 76, Paris, Frühjahr 1984.
»Le sauvetage des enfants juifs de 1940 à 1944«, Kolloquium, *Le Monde juif* 136, Paris 1989.
*Les Enfants de Buchenwald*, Union-OSE, Genf 1946.
Papaneck, Ernst: *Out of the Fire*, New York 1975.
Poznanski, Renée: *Être juif en France pendant la Seconde Guerre Mondiale*, Paris 1994.
Vegh, Claudine: *Je ne lui ai pas dit au revoir*, Paris 1979; dt.: *Ich habe ihnen nicht auf Wiedersehen gesagt: Gespräche mit Kindern von Deportierten*, München 1983.
Weill, Joseph: *Contribution à l'histoire des camps d'internement dans l'Anti-France*, Paris 1946.
Wieviorka, Annette: *Déportation et Génocide*, Paris 1992.
Wolf, Jacqueline: *Take Care of Josette*, New York 1981.
Zeitoun, Sabine: *Ces enfants qu'il fallait sauver*, Paris 1989.
Zeitoun, Sabine: *L'Œuvre de secours aux enfants sous l'Occupation en France*, Paris 1990.
Zuccotti, Suzan: *The Holocaust, The French and Jews*, New York 1981.

Ingrid Strobl

**Die Angst kam erst danach**

Jüdische Frauen im Widerstand 1939-1945

Band 13677

Von der Rettung jüdischer Kinder bis zur »Liquidierung« von Gestapospitzeln, von der Herstellung falscher Papiere bis zum Transport von Waffen und Informationen: Von Frankreich bis Polen engagierten sich jüdische Frauen aktiv im Widerstand gegen die deutsche Besatzung und »Endlösung«. In einer vergleichenden Studie untersucht Ingrid Strobl erstmals die Beteiligung jüdischer Frauen am Widerstand im von den Deutschen besetzten Europa. Anhand von Archivmaterial, Briefen und Tagebüchern und der knapp sechzig ausführlichen Interviews, die sie mit ehemaligen jüdischen Widerstandskämpferinnen aus ganz Europa geführt hat, erhellt sie ein bislang verborgenes Kapitel der Geschichte des Zweiten Weltkriegs und der Shoa.

Ingrid Strobl

**»Sag nie, du gehst den letzten Weg«**

Frauen im bewaffneten Widerstand gegen Faschismus und deutsche Besatzung

Band 4752

Hannie Schaft, »das Mädchen mit den roten Haaren«, war knapp zwanzig Jahre alt, als sie von der Gestapo in Holland zum Staatsfeind Nummer eins erklärt wurde. In Warschau jagten die Vollstrecker der »Endlösung« hinter einer »Wanda mit den Zöpfen« her, die in Wirklichkeit Niuta Tejtelbojm hieß, zwanzig Jahre alt und Jüdin war. An den Fronten des spanischen Bürgerkrieges standen die Franco-Putschisten sechzehnjährigen Milicianas gegenüber. In den Ghettos Osteuropas, in den besetzten Niederlanden, in Titos Partisanenarmee, von Lyon bis Bialystok kämpften auch Frauen mit der Waffe in der Hand gegen den nationalsozialistischen und faschistischen Terror. Doch während ihre männlichen Kameraden nach dem Krieg als Helden gefeiert wurden, versanken sie im Dunkel der Geschichte: Diese Frauen hatten allzu radikal gegen ihre Rolle als wehrlose, friedfertige Wesen verstoßen.

Fischer Taschenbuch Verlag

fi 1210 / 1

Gerda Szepansky

# *Frauen leisten Widerstand: 1933–1945*

Lebensgeschichten nach
Interviews und Dokumenten

Band 3741

Frauen erzählen aus ihrem Leben im Widerstand gegen die Nazidiktatur. Kläre versteckt ihren jüdischen Freund, Rosel nimmt den gelben Stern von der Jacke und geht in die Illegalität, Käthe verteilt Flugblätter ihrer Widerstandsgruppe, Maria besorgt dem von der Gestapo Gesuchten Quartier, Dinah Nelken muß in der Emigration bestehen, Gräfin von M. hilft 62 Verfolgten über die Grenze. Da steht die Christin neben der Kommunistin und Sozialdemokratin, die verfolgte Jüdin neben den Frauen, die ihre jüdischen Freunde nicht im Stich lassen. Sie bewähren sich vor der Gestapo, überstehen Gefängnis und KZ durch die Solidarität anderer Frauen. Unterschiedlich von Herkunft, Weltanschauung, Charakter und Temperament, ist ihnen allen eines gemeinsam: der Mut zur Menschlichkeit in einer unmenschlichen Zeit. Gerda Szepansky hat mit diesen Frauen gesprochen und ihre Lebensgeschichten aufgezeichnet, zur Erinnerung an dieses Kapitel deutscher Geschichte und den Widerstand von Frauen, von dem bisher zu wenig die Rede war.

Fischer Taschenbuch Verlag

fi 933 / 4

Chaika Grossman

**Die Untergrundarmee**

Der jüdische Widerstand in Bialystok

Ein autobiographischer Bericht

*Aus dem Amerikanischen und mit einem Vorwort von Ingrid Strobl*

Band 11598

»Wenn ich heute daran zurückdenke, weiß ich gar nicht, wie wir das überhaupt geschafft haben«, sagt Chaika Grossman, eine der Organisatorinnen des jüdischen Widerstandes in Polen. »Das« heißt, daß eine Handvoll junger Frauen und Männer den Kampf aufnahm gegen die Vernichtungsmaschinerie der Nazis. Eingesperrt in die Ghettos, von jeder Information abgeschnitten, haben Chaika Grossman und ihre Gefährtinnen und Gefährten beschlossen, das Unmögliche zu wagen. Diese Widerstandskämpferinnen und Widerstandskämpfer waren kaum älter als 20. Sie hatten nie zuvor eine Waffe in der Hand gehabt, ihr Traum war es gewesen, eine neue Gesellschaft aufzubauen. Chaika Grossman erzählt in ihrem Buch die Geschichte des jüdischen Widerstandes, die auch ihre eigene Geschichte ist.

Fischer Taschenbuch Verlag

fi 1124 / 4